필수영단어
3000여개 수록

30일만에 끝내는

중학 매일

영단어
완전정복

30일 만에 끝내는

중학 매일 영단어 완전정복

저 자 Max Lee

발행인 고본화

발 행 반석출판사

2023년 1월 20일 초판 3쇄 인쇄

2023년 1월 25일 초판 3쇄 발행

홈페이지 www.bansok.co.kr

이메일 bansok@bansok.co.kr

블로그 blog.naver.com/bansokbooks

07547 서울시 강서구 양천로 583. B동 1007호

(서울시 강서구 염창동 240-21번지 우림블루나인 비즈니스센터 B동 1007호)

대표전화 02) 2093-3399   **팩 스** 02) 2093-3393

출 판 부 02) 2093-3395   **영업부** 02) 2093-3396

등록번호 제315-2008-000033호

ISBN 978-89-7172-872-7 (13740)

필수영단어
3000어휘 수록

30일만에 끝내는

중학 매일

영단어
완전정복

▌▌▌▌ Preface

영어실력이 더 뛰어나다는 의미는 보통 인지하는 단어 수가 많다는 것을 뜻한다. 그리고 단어 실력을 가늠하는 최고의 기준은 비슷한 의미를 가진 동의어들의 뉘앙스 차이까지 얼마나 꿰고 있느냐는 점이다.

이런 맥락에서 동의어를 많이 아는 것이야말로 단어실력 확장의 열쇠가 된다. 이 책의 구성 또한 이 점에 초점을 맞추고 있다. 다음과 같이 동의어를 차례로 배열하고 파생어까지 제시하고 있다.

contribute 기부하다

offer 제공하다

donate 기증하다 / **donation** 기부, 기증 / **donor** 기부자

benefactor 기증자

benevolent 자애로운, 자선적인(**charitable**)

mercy 자비, 연민

영어 고득점을 위해 꼭 필요한 3,000여 표제어와 동의어, 파생어, 반의어를 실어놓았다. 이를 모두 합하면 6,000개의 중요단어를 익히는 셈이다.

영어 정복을 위해서는 재능이 아니라 습관과 끈기를 발휘하는 것이 첫째다. 학습 분량을 정할 때는 자기의 단어능력에 맞추어 매일 규칙적으로 공부하자. 시간은 하루에 40분 정도가 적당할 것이다. 하루치를 끝내기 힘들면 이 책을 2개월 코스로 잡고 매일 체크하면서 해나가면 좋은 결실을 얻을 수 있을 것이다.

이 책이 영어를 잘하고 싶은 학생들에게 영어정복을 향한 디딤돌이 되어주길 바라며 독자 여러분의 건투를 빈다.

Max Lee

단어를 외우는 것은 지겨운 일이기도 하지만 단기간에 끝낼 수 없는 영어 실력이라는 건축의 기초 작업을 세우는 일입니다. 요즘은 웹사이트에서 영어사전을 제공하기도 하지만 편리하게 단어검색을 하면 그만큼 쉽게 단어가 기억의 창고에서 사라지고 맙니다. 단어를 외울 때는 고생을 하며 외워봅시다.

1 큰소리로 읽는다.

소리 내어 읽으면 쉽게 외워집니다. 노래를 외울 때처럼 소리 내어 발음하면 쉽게 외워지므로 열 번 스무 번 정도 읽어봅시다.

2 사전으로 찾아본다.

문제의 단어 의미를 모를 때 무슨 뜻일까 생각하면서 사전을 뒤적거립니다. 알파벳 순서를 생각하면서 앞으로 넘겼다가 뒤로 넘기고… 그러면서 외워집니다.

3 책에 들어 있는 CD로 학습한 부분을 듣는다.

청취력을 겸하여 입체감 있게 학습을 하면 기억에 오래 남아 내 것이 됩니다.

4 해당 단어가 들어 있는 재미있는 문장을 읽는다.

이러면 기억에 오래가지요. 그 문장이 단서로 남아 기억을 도와줍니다. 영화에서 멋진 배우가 그 단어를 발음하는 걸 듣는다면 잊을 수가 없겠지요.

5 손으로 적어 본다.

전통적인 방법이지만 손과 뇌의 기능이 연결되어 있으므로 손의 작업을 뇌가 기억해줍니다.

중학 매일
영단어
완전정복

Day 01
~
Day 30

1st Day

stDay

---

001 | **abandon** [əbǽndən]

v. 버리다, 포기하다(forsake, give up)
opp. maintain 유지하다

He abandoned his child and wife.
그는 자기의 처자를 버렸다.

❖ **abandon oneself to** ~에 빠지다
❖ **abandonment** n. 포기

☐ **forsake** [fərséik]

v. (친구를) 저버리다, (악습을) 버리다(relinquish)

Forsake bad habits!
나쁜 습관을 버려라!

❖ **forsaken** a. 버림받은, 고독한

☐ **surrender** [səréndər]

v. 넘겨주다(hand over), 포기하다(abandon),
항복하다(yield) n. 항복, 포기, 자수, 인도

We shall never surrender to a conqueror.
우리는 결코 정복자에게 항복하지 않을 것이다.

☐ **dump** [dʌmp]

v. (쓰레기를) 내버리다

dump truck 덤프트럭

❖ **dumping** n. 덤핑

☐ **resign** [rizáin]

v. (권리, 재산을) 포기하다, 사임하다

He resigned himself to leave.
그는 졸업을 포기했다.

❖ **resign oneself to** (몸을) 맡기다, 단념하다
❖ **resignation** n. 퇴직, 포기, 체념

□ **relinquish**
[rilíŋkwiʃ]

v. 포기하다(abandon), 단념하다
He relinquished his right of succession.
그는 상속권을 포기했다.

□ **discard**
[diskáːrd]

v. 버리다(throw away), 해고하다(dismiss)
discard an old coat
낡은 코트를 버리다

□ **dismiss**
[dismís]

v. 해고하다(discard), 퇴거시키다
❖ **dismissal** n. 해고, 추방, (소송의) 각하

□ **desert**
[dezəːrt, dizə́ːrt]

v. 버리다(abandon); 도망가다
n. 사막, 받을 만한 가치, 공적
a. 불모의(barren), 쓸쓸한
The pickpocket got his just deserts.
그 소매치기는 당연히 받아야 할 벌을 받았다.

---

002 | **yield** [jiːld]

v. 산출하다(produce)
항복하다, 굴복하다(surrender)
포기하다; 양보하다; 초래하다, 낳다(bear)
n. 수확, 생산량, 보수

The tree yields good fruit.
그 나무엔 좋은 과실이 열린다.

□ **seize**
[siːz]

v. 꽉 쥐다(grasp), 사로잡다, 이해하다(comprehend),
빼앗다(capture)
I cannot quite seize the meaning.
무슨 뜻인지 알 수가 없습니다.
❖ **seizure** n. 체포, 압수

grasp
[græsp]

v. 움켜잡다, 파악하다　n. 통제, 이해력　opp. release

I grasped her by the arm.
나는 그녀의 팔을 붙잡았다.

embrace
[embréis]

v. 껴안다, (제안을) 받아들이다　n. 포옹
opp. exclude

She embraced her son tenderly.
그녀는 자기 아들을 부드럽게 껴안았다.

capture
[kǽptʃər]

v. 잡다(seize), 획득하다

capture a prize 상을 타다

❖ **captive** n. 포로　a. 매혹된(charmed)

grip
[grip]

v. 꽉 쥐다, 마음을 사로잡다　n. 파악, 손잡이

The lecturer gripped the audience.
강연자는 청중의 마음을 사로잡았다.

snatch
[snætʃ]

v. 잡아채다, 붙잡다

The snatcher snatched her bag and ran away.
그 날치기는 그녀의 가방을 잡아채 도망쳤다.

hostage
[hástidʒ]

n. 볼모, 인질, 저당, 담보물

hold a person hostage
~를 인질로 잡다

kidnap
[kídnæ̀p]

v. (아이를) 유괴하다, 납치하다

❖ **kidnapper** n. 유괴자, 납치자

abduct
[æbdʌ́kt]

v. 유괴하다(kidnap), 납치하다

The boss was abducted from his car by terrorists.
그 사장은 테러범들에게 차에서 납치 당했다.

❖ **abduction** n. 유괴, 납치

003 quit [kwit]

v. 떠나다(leave), 그만두다, 중지하다(cease)
a. 벗어난

I will quit smoking.
나는 담배를 끊을 것이다.

□ **retire**
[ritáiər]

v. 물러가다, 퇴직하다(go back, withdraw)
My father retired at the age of 60.
우리 아버지는 60세에 퇴직하셨다.
❖ **retirement** n. 은퇴, 은둔

□ **seclude**
[siklú:d]

v. 은퇴시키다, 격리시키다(separate)
a policy of seclusion 쇄국정책
a secluded life 은둔생활
❖ **seclusion** n. 격리

□ **withdraw**
[wiðdró:]

v. 물러나다, 철수하다, (손을) 빼다
He withdrew himself from the world.
그는 속세를 떠났다.
❖ **withdrawal** n. 철수, 취소

004 ability [əbíləti]

n. 능력, 수완, (pl.) 재능(talent) opp. inability

He is a man of ability.
그는 수완가다.

□ **skill**
[skil]

n. 기술, 숙련, 교묘(expertise)
❖ **skillful** a. 숙련된, 솜씨 좋은

□ **talent**
[tǽlənt]

n. 재능(ability), 인재
a talent for drawing
그림 그리는 소질

□ **genius**
[dʒíːnjəs]

n. 천재, 소질, 재주
Einstein was a mathematical genius.
아인슈타인은 수학의 천재였다.

□ **gift**
[gift]

n. 선물(present), 천부적 재능, 싼 물건
as a gift 공짜로

□ **competent**
[kámpətənt]

a. 유능한, 충분한
be competent for the task
그 일을 맡을 능력이 있다
❖ **competence** n. 능력, 적성, 권한

---

005 | **feeble** [fíːbəl]

a. 약한(weak), 쇠약한, 무능한

---

a feeble government 무능한 정부
a feeble mind 정신박약

□ **wither**
[wíðər]

v. 시들다, 위축시키다
The cold withered the leaves.
추위에 잎이 시들었다.

□ **languish**
[lǽŋgwiʃ]

v. 축 늘어지다, 시들다, 동경하다, 번민하다
languish in poverty
가난에 쪼들리다

□ **invalid**
[ínvəlid]

a. 허약한(feeble), 병약한; 무효의   n. 병자
opp. valid(=validness) 정당한, 효과적인, 합법적인

invalid chair 휠체어
my invalid mother 병약하신 어머니
an invalid claim ticket 무효가 된 티켓

---

006 | **enable** [enéibəl]

v. ~을 할 수 있게 하다

Money enables one to do a lot of things.
돈은 많은 일을 할 수 있게 해준다.

□ **capacity**
[kəpǽsəti]

n. 용량, 능력, 자격(position)
be filled to capacity
만원이다

❖ **capable** a. 유능한
❖ **capability** n. 재능

□ **efficient**
[ifíʃənt]

a. 유능한, 능률이 높은
an efficient workman 유능한 노동자
efficiency wages 능률급
annual salary 연봉(annual wage)

❖ **efficiency** n. 능률

□ **aptitude**
[ǽptitùːd]

n. 재능, 적성, 경향
aptitude test 적성 검사

❖ **apt** a. 하기 쉬운(liable), 적절한

□ **faculty**
[fǽkəlti]

n. 능력, 재능, 수완
the mental faculties
지적 능력

---

abolish [əbáliʃ]

v. 폐지하다, 철폐하다(do away with)

Slavery was abolished in the US in the 19th century.
노예제도는 미국에서 19세기에 폐지되었다.

❖ **abolition** n. 폐지, 철폐

☐ **cancel**
[kǽnsəl]

v. 지우다(cross out), 취소하다(revoke)

She canceled her trip to New York because she felt ill.
그녀는 병이 났기 때문에 뉴욕 여행을 취소했다.

☐ **repeal**
[ripí:l]

v. 무효로 하다, 폐지하다   n. 폐지, 폐기; 취소, 철회
repeal a grant 인가의 취소
the repeal of laws 법률의 폐지

☐ **removal**
[rimú:vəl]

n. 철수, 제거; 해임, 면직
snow removal 제설
the surgical removal of a tumor 종양절제

❖ **remove** v. 제거하다, 해임하다

He was removed for grafting.
그는 뇌물수수로 면직되었다.

sum [sʌm]

n. 총계(total), 금액, 개요(outline)
v. 합계하다, 요약하다

to sum up 요약하면, 결론으로(in a word, in brief)

❖ **summary** n. 요약 a. 간략한, 즉결의(brief)
summary justice 즉결재판

□ **digest**
[daiʒést]

v. (음식을) 소화하다, 요약하다(summarize) n. 요약

She couldn't digest food properly.
그녀는 음식을 잘 소화시킬 수 없었다.

❖ **digestive** a. 소화를 돕는 n. 소화제
❖ **digestion** n. 소화력, 흡수

□ **abridge**
[əbrídʒ]

v. 요약하다, 단축하다, 줄이다

abridge a long story
긴 이야기를 요약하다

Can't you boil it down a little?
좀 더 요약할 수 없나요?

□ **condense**
[kəndéns]

v. 농축하다, 요약하다(summarize)

condense a paragraph into a single sentence
하나의 단락을 한 문장으로 요약하다

009 | **absolve** [əbzálv, -sálv]

v. 용서하다(acquit), 면제하다

He was absolved of his sin.
그는 죄를 사면 받았다.

□ **acquit**
[əkwít]

v. 놓아주다, 석방하다 opp. arrest 체포하다

He was acquitted after a long trial.
그는 오랜 심문 끝에 석방되었다.

❖ **acquittance** n. 면제, 소멸

□ **forgive**
[fərgív]

v. 용서하다(pardon), 봐주다(overlook)
opp. punish 벌주다

Forgive and forget!
용서하고 잊어버려라!

□ **pardon**
[pá:*r*dn]

v. 용서하다, 사면하다   n. 용서, 사면

He asked for my pardon.
그는 내게 용서를 구했다.

□ **apologize**
[əpálədʒàiz]

v. 사과하다, 변명하다

a written apology 사과장

❖ **apology** n. 사과, 해명(excuse)

□ **excuse**
[ikskjú:z]

v. 변명하다, 용서하다   n. 변명, 사과(apology)

Your failure admits of no excuse.
네 잘못은 변명의 여지가 없다.

---

010 | **discharge** [distʃá:rdʒ]

v. (짐을) 부리다(unload), 면제하다,
해방시키다(release)   n. 하역

The doctor discharged the patient from hospital.
의사는 그 환자를 퇴원시켰다.

□ **exempt**
[igzémpt]

v. (의무, 고통을) 면제하다   a. 면제된   n. 면세자

Poor eyesight will exempt you from military service.
시력이 나빠서 너는 병역에서 면제될 것이다.

❖ **exemption** n. 면제

□ **liberty**
[líbərti]

n. 자유, 해방

liberty of the press 출판의 자유

be guilty of a liberty
제멋대로 행동하다

□ **emancipate**
[imǽnsəpèit]

v. 자유롭게 하다, 해방하다(liberate)

the emancipation of women
여성 해방

❖ **emancipation** n. 해방, 이탈

□ **release**
[rilí:s]

v. 해방하다(set free), 면제하다, (영화) 개봉하다
n. 석방, 해방(emancipation), 면제

They released the prisoners.
그들은 포로들을 석방했다.

□ **untie**
[ʌntái]

v. 풀다(loosen), 해방하다

untie a package
보따리를 풀다

---

011 | **absurd** [əbsə́:rd, -zə́:rd]

a. 어리석은(foolish), 불합리한, 모순된

It is absurd of you to suggest such a thing.
그런 걸 제안하다니 어리석다.

❖ **absurdity** n. 불합리, 부조리

□ **stupid**
[stjú:pid]

a. 우둔한(foolish), 시시한(boring)
opp. clever 영리한

a stupid party
재미없는 파티

□ **dull**
[dʌl]

a. 우둔한, 무딘(blunt) opp. sharp

All work and no play makes Jack a dull boy.
놀지 않고 공부만 한다면 어린이는 바보가 된다.(속담)

silly
[síli]

a. 어리석은(stupid)   n. 바보(fool)

You must be a fool to ask such silly
questions.

그런 어리석은 질문을 하다니 바보임에 틀림없다.

idiot
[ídiət]

n. 멍청이(fool), 바보, 천치

idiot box

텔레비전 (속어)

folly
[fáli / fɔ́li]

n. 어리석은 행동, 바보짓

He sometimes commits a folly.

그는 종종 어리석은 짓을 한다.

rational
[rǽʃənl]

a. 이성적인, 합리적인(reasonable, sane, sensible)
opp. irrational

Man is a rational being.

사람은 이성적인 동물이다.

012 | **accident** [ǽksidənt]

n. (뜻밖의) 사고, 우연(chance), 재난

❖ **accidental** a. 우연의, 부수적인

☐ **disaster**
[dizǽstər]

n. 재난(calamity), 큰 불행(misfortune)

The election results will bring political disaster.

선거 결과는 정치적인 재앙을 불러올 것이다.

❖ **disastrous** a. 손해가 막심한

☐ **catastrophe**
[kətǽstrəfi]

n. 재앙, 파국

The flood was a terrible catastrophe in which many people died.

그 홍수는 수많은 인명을 앗아간 끔찍스런 재앙이었다.

☐ **adversity**
[ædvə́:rsəti]

n. 역경, 불운(trouble, bad fortune)

A good friend will not desert you in time of adversity.

좋은 친구라면 역경에 처한 너를 저버리지 않을 것이다.

☐ **calamity**
[kəlǽməti]

n. 재난, 불행(misfortune)

A great calamity happened to me.

나에게 큰 불행이 들이닥쳤다.

☐ **misfortune**
[misfɔ́:rtʃən]

n. 불운, 역경

Misfortunes never come singly.

엎친 데 덮친다. (속담)

accuse [əkjúːz]

v. 고소하다, 비난하다(blame)

She accused me of lying.
그녀는 내가 거짓말을 한다고 비난했다.

❖ **accusation** n. 고발, 비난

☐ **prosecute**
[prásəkjùːt]

v. 수행하다(pursue), 종사하다(carry on), 기소하다

He prosecuted his studies from birth to death.
그는 평생토록 연구에 종사했다.

❖ **prosecution** n. 수행, 기소

acknowledge [əknálidʒ]

v. 인정하다(admit), 감사하다, 자백하다

He did not acknowledge himself defeated.
그는 자신의 패배를 인정하지 않았다.

acknowledge a kindness
친절에 감사하다

❖ **acknowledgement** n. 인정, 승인, 감사

☐ **gratitude**
[grǽtətjùːd]

n. 감사(thankfulness), 사의

I'd like to express my gratitude to you for your kindness.
당신의 친절에 감사의 마음을 전하고 싶습니다.

❖ **gratify** v. 만족시키다(satisfy)
❖ **grateful** a. 감사하는

admit [ædmít]

v. 들이다(allow to enter), 인정하다

He never admitted his mistakes.
그는 자기의 잘못을 인정하지 않았다.

admission free 무료입장

❖ **admission** n. 입장, 시인
❖ **admittance** n. 입장

☐ **entry**
[éntri]

n. 입장, 기입, 참가자

The sign on the door says "No Entry."
문에는 "출입 금지"라고 되어 있다.

❖ **entrance** n. 입장, 입구

☐ **attend**
[əténd]

v. 출석하다, 수행하다(accompany), 따르다, 돌보다, 시중들다

Success attends on hard work.
근면에는 성공이 따르는 법이다.

☐ **partake**
[pɑːrtéik]

v. 참여하다(participate), 함께 먹다

Will you partake of supper this evening with us?
우리와 함께 저녁식사를 하시겠어요?

☐ **participate**
[pɑːrtísəpèit]

v. 참가하다(take part in), ~의 기미가 있다

We have to participate in the discussion.
우리는 그 토론에 참석해야만 한다.

❖ **participant** a. 관여(관계)하는, 함께하는
    n. 관여자, 참가자
❖ **participation** n. 관여, 참가

□ **accompany** v. 동행하다(go with), 반주하다, 수행하다
[əkʌ́mpəni]

He went on a journey, accompanied by a servant.
그는 하인 하나를 데리고 여행을 떠났다.

❖ **be accompanied by** ~이 따르다, 수반하다

□ **induction** n. 입사, 입대, 취임식, 귀납법
[indʌ́kʃən]
opp. deduction 연역법

his induction into the army 그의 군입대

□ **warrior** n. 군인(soldier), 노병, 무인(武人)
[wɔ́(:)riər]
the Unknown Warrior 무명용사

---

016 | **confess** [kənfés]

v. 고백하다, 자인하다(recognize)
opp. conceal 숨기다

She confessed stealing the watch.
그녀는 시계를 훔쳤노라고 자백했다.

❖ **confession** n. 자백, 고백, 고해

□ **act** v. 행동하다, 작용하다, 연기하다(play) n. 행위(deed)
[ækt]
This medicine acts on the kidneys.
이 약은 신장에 효과가 있다.

supporting actor 조연
leading actor 주연

❖ **actor** n. (남자) 배우 **actress** n. 여배우
❖ **action** n. 행동, 작용, 소송, 교전
Actions speak louder than words.
행동은 말보다 더 역설(力說)적이다.

in action 전투 중, 경기 중

□ **deed**
[di:d]

n. 행위, 공적(exploit), 사실(reality)

in deed as well as in name
명실 공히

□ **active**
[金ktiv]

a. 활발한(brisk), 활동적인, 활동하고 있는

active laws 현행법

❖ **actively** ad. 적극적으로, 활발하게
❖ **activity** n. 활동, 호경기

political activity 정치 활동

□ **brisk**
[brisk]

a. 활발한(active), 빠른 opp. slow, dull

Trade is brisk.
거래가 활발하다.

❖ **briskness** n. 활발

□ **vigorous**
[vígərəs]

a. 힘찬, 박력 있는

He made a vigorous speech in defense of
the government.
그는 정부를 옹호하는 박력 있는 연설을 했다.

❖ **vigor** n. 활력, 정력(strength)

□ **energetic**
[ènərdʒétik]

a. 정력적인, 강력한(powerful)

He is an energetic man.
그는 정력적인 사람이다.

□ **strenuous**
[strénjuəs]

a. 열렬한, 분투 노력하는

She is a strenuous lover of music.
그녀는 열렬한 음악 애호가이다.

□ **acute**
[əkjú:t]

a. 격심한(intense), 날카로운(sharp) opp. dull

He suddenly felt an acute pain in his
stomach.
그는 갑자기 위에 심한 통증을 느꼈다.

☐ **critical**
[krítikəl]

a. 비평의, 위기의

He read this book with a critical eye.
그는 이 책을 비평적인 안목을 가지고 읽었다.

❖ **criticize** v. 비평하다, 비난하다
❖ **criticism** n. 비평, 비난

☐ **keen**
[ki:n]

a. 날카로운(sharp), 열망하는(eager), 강렬한

Birds have keen sight.
새는 날카로운 시력을 가졌다.

---

017 **adapt** [ədǽpt]

v. 적응시키다, (작품을) 각색하다(modify)

The story was adapted for the movies.
그 이야기는 영화로 각색되었다.

❖ **adaptation** n. 적응, 개작

☐ **adjust**
[ədʒʌ́st]

v. 조정하다, 적응시키다, 정리하다(arrange)

I have to adjust my watch.
나는 시계를 조정해야 한다.

❖ **adjustment** n. 조정, 적응

☐ **compromise**
[kámprəmàiz]

v. 타협하다, 화해하다, 절충하다 n. 타협, 절충

The workers and management reached a compromise.
노사(勞使)가 타협에 이르렀다.

☐ **mediate**
[mí:dièit]

v. 중재하다, 화해시키다 a. 중재의, 간접적인

mediate a quarrel
싸움을 중재하다

☐ **reconcile**
[rékənsàil]

v. 화해시키다(make friends again), 조정하다, 만족케 하다

I reconcile with her tonight.
나는 오늘밤에 그녀와 화해할 것이다.

❖ **reconciliation** n. 화해, 조정

☐ **accommodate**
[əkámədèit]

v. 수용하다(admit), 공급하다, 편의를 봐주다

This hotel can accommodate up to 500 guests.
이 호텔은 500명의 손님을 수용할 수 있다.

❖ **accommodation** n. 편의, (pl.) 숙박시설

☐ **conform**
[kənfɔ́ːrm]

v. 순응시키다, (습관, 규칙에)따르다

He makes his deeds conform to his words.
그는 말한 바를 행동으로 옮긴다.

---

018 | **adjourn** [ədʒə́ːrn]

v. 연기하다(put off), 휴회하다

The meeting was adjourned for a month.
그 모임은 한 달 연기되었다.

❖ **adjournment** n. 연기, 휴회

☐ **delay**
[diléi]

v. 미루다, 연기하다(postpone), 지연시키다

Ignorance delays progress.
무지가 진보를 지체시킨다.

□ **postpone**
[poustpóun]

v. 연기하다(put off), 뒤로 미루다

The regular general meeting was postponed till next month.
정기총회는 다음 달로 연기되었다.

❖ **postponement** n. 연기

□ **suspend**
[səspénd]

v. 매달다(hang), 중지하다, 연기하다

suspend payment
지불을 정지하다

He suspended his decision.
그는 결정을 미루었다.

❖ **suspension** n. 미결정, 정학, 매달기
❖ **suspense** n. 미결, 불안, 서스펜스

□ **halt**
[hɔːlt]

v. 정지하다(stop) n. 정지, 휴식

The conductor halted the train.
차장은 기차를 정지시켰다.

□ **arrest**
[ərést]

v. 체포하다(seize), 저지하다(stop, check)
n. 체포, 구류, 감금

He is under house arrest.
그는 가택연금중이다.

□ **cease**
[siːs]

v. 그만두다, 중지하다

Cease fire!
사격중지! (Stop shooting!)

❖ **ceaseless** a. 끊임없는(unending)

The baby cried ceaselessly.
아기가 끊임없이 울어댔다.

□ **defer**
[difə́ːr]

v. 연기하다, 뒤로 미루다

I deferred buying a new car.
나는 새 차를 살 계획을 뒤로 미루었다.

019 | **adorn** [ədɔ́ːrn]

v. 꾸미다, 장식하다(decorate)

She adorned herself with jewels.
그녀는 보석으로 몸을 치장했다.

☐ **decorate**
[dékərèit]

v. 꾸미다, 훈장을 주다
❖ **decoration** n. 장식

020 | **shrewd** [ʃruːd]

a. 교활한, 영리한(clever) opp. dull

a shrewd businessman
빈틈없는 실업가
❖ **shrewdly** ad. 민첩하게

☐ **cunning**
[kʌ́niŋ]

a. 교활한(craft), 교묘한(ingenious)
She is as cunning as a fox.
그 여자는 여우처럼 교활하다.

☐ **sly**
[slai]

a. 교활한(cunning, crafty), 음흉스런(underhand),
장난스러운(mischievous)
a sly old fox
교활한 늙은 여우

☐ **ingenious**
[indʒíːnjəs]

a. 슬기로운, 솜씨 좋은(skillful), 교활한
cf. **ingenuous** a. 솔직한(frank), 담백한

beware [biwέər]

v. 조심하다, 주의하다(be careful)

Beware what you say!
말조심해라!

□ **caution**
[kɔ́:ʃən]

n. 경고, 조심(wariness) v. 경고하다
by way of caution
경고로, 노파심에서

❖ **cautious** a. 조심스러운, 신중한

□ **parliament**
[pɑ́:rləmənt]

n. 의회, 국회
a Member of Parliament
하원의원(M. P)

parliamentary language
품위 있는 말

❖ **parliamentary** a. 의회의, 품위 있는

□ **congress**
[káŋgris]

n. 회의(formal meeting), 회기, 대회
the 92th Congress
92회 국회

□ **conference**

n. 상담, 회의, 협의회
a news conference 기자 회견

□ **counsel**
[káunsəl]

n. 협의, 충고 v. 충고하다, 생각하다
I took counsel with my pillow about the event.
나는 하룻밤 자면서 그 일에 대해 생각했다.

❖ **counselor** n. 고문, 변호사

v. 알리다(inform), 정통하게 하다

She acquainted them with the facts.
그녀는 그들에게 사실을 알렸다.
❖ **acquaintance** n. 친지, 지식

☐ **advertise**
[ǽdvərtàiz]

v. 광고하다, 알리다(inform)
a situation-vacant advertisement 구인광고
❖ **advertisement** n. 광고, 선전

☐ **propagate**
[prǽpəgèit]

v. 선전하다, 보급시키다(spread)
❖ **propaganda** n. 선전, 선전단체

☐ **inform**
[infɔ́ːrm]

v. 알리다
❖ **informant** n. 통지자, 통보
❖ **information** n. 전달, 통보 지식, 정보, 견문

That's a useful piece of information.
그것은 유용한 정보이다.
information network 정보망

☐ **warn**
[wɔːrn]

v. 경고하다, 알리다(inform)
I warned him never to be late again.
나는 그에게 다시는 늦지 말라고 경고했다.
without warning 예고 없이
❖ **warning** n. 경고, 예고, 징후

☐ **advise**
[ædváiz]

v. 충고하다, 조언하다(counsel), 알리다
❖ **advised** a. 숙고한, 신중한
❖ **advice** n. 충고

affect [əfékt]

v. 영향을 미치다(influence), 가장하다(pretend),
~인 체하다, 감동시키다(move)

She was affected by his words.
그녀는 그의 말에 감동했다.
Affectionate **yours** 사랑하는 ~으로부터

❖ **affection** n. 영향, 애정(love)

□ **sway**
[swei]

v. 흔들(리)다(swing), 좌우하다   n. 동요, 지배
The trees swayed in the wind.
나무가 바람에 흔들렸다.

□ **persuade**
[pə:rswéid]

v. 설득시키다, 믿게 하다(convince)   opp. dissuade
I could not persuade him that the news was true.
그 소식이 사실이라는 것을 그로 하여금 믿게 할 수가 없었다.

□ **induce**
[indjú:s]

v. 권하다, 야기하다, 서둘러서 ~하게 하다
Nothing shall induce me to give this up.
그 무엇도 나를 단념시킬 수 없다.

❖ **inducement** n. 자극(incentive), 유인

strike [straik]

v. 치다(hit), 감동시키다(impress)

I was struck with her beauty.
그녀의 아름다움에 넋을 잃었다.

❖ **striking** a. 뚜렷한

□ **impress**
[imprés]

v. (도장을) 찍다, 인상을 주다, 감동시키다
n. 날인, 인상, 감명

He was impressed by the boy's behavior.
그는 그 소년의 행동에 감명을 받았다.

❖ **impression** n. 감명, 느낌

□ **subscribe**
[səbskráib]

v. 서명하다(sign), 구독하다, 기부하다

I subscribe to "Time."
나는 "타임" 지를 구독한다.

❖ **subscription** n. 신청, 기부, 구독

□ **seal**
[si:l]

v. 날인하다 n. 인장, 도장, 봉인, 바다표범

an official statement signed and sealed
서명 봉인된 공식 문서

□ **influence**
[ínfluəns]

n. 영향, 영향력, 세력가 v. 영향을 미치다

It has had a tremendous influence upon
Western Civilization.
그것은 서구문명에 막대한 영향을 미쳤다.

❖ **influential** a. 영향을 미치는, 유력한

□ **attach**
[ətǽtʃ]

v. 붙이다, 애착을 갖게 하다 opp. detach 떼다

He attached a stamp to the envelope.
그는 봉투에 우표를 붙였다.

❖ **attachment** n. 부착(물), 애정

sacrifice [sǽkrəfàis]

v. 희생하다(devote), 바치다 n. 산 제물, 희생

She made a lot of sacrifices to educate her only son.
그녀는 외아들을 교육시키려고 희생을 치렀다.

❖ **sacrificial** a. 희생의

☐ **devote**
[divóut]

v. 바치다, 헌납하다

He has devoted his life to helping blind people.
그는 맹인을 돕는 일에 자신의 생을 바쳤다.

❖ **devotion** n. 헌납(dedication), 깊은 정

☐ **dedicate**
[dédikèit]

v. 봉납하다, 헌납하다

She dedicated her first book to her mother.
그녀는 처음으로 쓴 책을 어머니께 바쳤다.

❖ **dedication** n. 봉납, 헌납

afflict [əflíkt]

v. 고통을 주다(torment), 괴롭히다(distress)

He is afflicted at the loss of his parents.
그는 양친을 여의어 상심에 빠져있다.

❖ **affliction** n. 고난, 고통

☐ **pang**
[pæŋ]

n. 격통, 심한 고통

the pangs of conscience
양심의 가책

□ **trial**
[tráiəl]

n. 시도(testing), 시련(hardship), 재판

Life is full of trials.
인생은 시련으로 가득 차 있다.

□ **annoy**
[ənɔ́i]

v. 짜증나게 하다(irritate)   opp. gratify

How annoying!
정말 귀찮군!

❖ **annoyance** n. 성가심, 두통거리

□ **torment**
[tɔ́ːrment]

v. 고문하다, 괴롭히다(annoy)   n. 고통

The soldiers were tormented with hunger and injury.
군인들은 기아와 부상으로 고통받고 있었다.

□ **inflict**
[inflíkt]

v. (상처, 고통을) 주다, 괴롭히다

You must not inflict pain upon animals.
동물을 학대해서는 안 된다.

❖ **infliction** n. (고통을)주기, 고통(pain)

---

027 **mar** [mɑːr]

v. 손상하다(injure), 못쓰게 하다(spoil)

The big new road mars the beauty of the countryside.
새로 생긴 도로가 시골 경치를 해치고 있다.

□ **slaughter**
[slɔ́ːtər]

n. 학살, 도살   v. 학살하다

people slaughtered
학살당한 사람들

❖ **slaughterhouse** n. 도살장

☐ **massacre**
[mǽsəkər]

n. 대량 학살(살육) v. 학살(살육)하다

the massacre of millions during the war

전쟁 중 수백만에 이르는 대학살

☐ **murder**
[mə́:rdər]

v. 살해하다, 죽이다 n. 살인

Murder will out.

나쁜 일은 반드시 탄로 난다. (속담)

❖ **murderer** n. 살인자

3rdDay

028 | **distress** [distrés]

n. 고통, 빈곤 v. 괴롭히다(worry)

He has been much distressed for money.
그는 돈에 몹시 쪼들리고 있다.

☐ **agony**
[ǽgəni]

n. 고민, 번민
The agony has left me.
나는 고민에 빠져 있다.

❖ **agonize** v. 괴롭히다, 괴로워하다

☐ **obsess**
[əbsés]

v. ~에 들러붙다, 괴로워하다, 사로잡다
He is obsessed by obsession.
그는 강박관념에 사로잡혀 있다.

❖ **obsession** n. 강박 관념

☐ **grief**
[gri:f]

n. 슬픔, 비탄
She went nearly insane with grief after her
lover left.
그녀는 애인이 떠나간 후 슬픔에 잠겨 거의 실성할 지경이었다.

❖ **grieve** v. 슬프게 하다
❖ **grievous** a. 슬픈

bitter [bítər]

a. 혹독한, 쓰라린(painful)

taste the sweets and bitters of life
산전수전 다 겪다

☐ **pain**
[pein]

n. 아픔(ache), 괴로움, (pl.) 진통

No pains, no gains.
수고 없이 소득 없다.

❖ **painful** a. 아픈

☐ **sore**
[sɔ:r]

a. 아픈(painful), 덧난, 심한(severe)

My feet are sore from all that running yesterday.
어제 심하게 달리기를 했더니 발이 아프다.

☐ **anguish**
[ǽŋgwiʃ]

n. 심각한 고민, 괴로움

She is in anguish over her child.
그녀는 아이의 일로 몹시 고민하고 있다.

☐ **suffer**
[sʌ́fər]

v. (고통을) 받다, 겪다(undergo), 참다(endure), 괴로워하다

He suffered from poverty.
그는 가난에 찌들었다.

❖ **sufferer** n. 수난자, 환자
❖ **suffering** n. 고생, 고난(hardships), 고통(pain)
　　　　　　　a. 괴로운

☐ **bother**
[báðər]

v. 괴롭히다(worry), 걱정하다(be anxious)
n. 걱정, 고민(trouble)

I'm busy. Don't bother me.
난 지금 바빠. 성가시게 굴지 마라.

☐ **apprehend**
[æprihénd]

v. 걱정하다(fear), 체포하다(arrest),
깨닫다(understand)

I apprehended the worsening of the situation.
나는 상황이 나빠질까봐 걱정했다.

❖ **apprehension** n. 이해, 불안, 염려
❖ **apprehensive** a. 염려하는, 이해가 빠른

---

030 | **inconvenience** [ìnkənvíːnjəns]

n. 불편, 불쾌 v. 폐를 끼치다(bother)

It is very inconvenient if there is no bath in a house.
집에 욕실이 없으면 아주 불편하다.

❖ **inconvenient** a. 불편한, 곤란한, 성가신

☐ **fright**
[frait]

n. 놀람, 공포(terror)

stage fright 무대 공포증

❖ **frighten** v. 놀라게 하다

☐ **terror**
[térər]

n. 공포(great fear), 공포의 대상(원인)

He is a terror to the villagers.
그는 마을 사람들에게 공포의 대상이다.

❖ **terrible** a. 무서운
❖ **terrify** v. 무섭게 하다

☐ **alarm**
[əláːrm]

v. 놀라게 하다(frighten), 걱정시키다 n. 놀람, 경보

He was alarmed at the news.
그는 그 소식을 듣고 걱정이 되었다.

☐ **grim**
[grim]

a. 무서운(terrible), 냉혹한(cruel), 엄한(severe), 불쾌한

a grim reality 엄연한 현실

□ **rigo(u)r**
[rígər]

n. 가혹, 엄격함(strictness)

the rigors of life 생활고

❖ **rigorous** a. 가혹한, 엄한

---

coward [káuərd]

n. 겁쟁이

You coward! Are you afraid of water?
겁쟁이 같으니라구! 물이 무섭다고?

❖ **cowardice** n. 비겁(lack of courage)

□ **dread**
[dred]

v. 무서워하다, 염려하다 n. 공포

A burnt child dreads the fire.
불에 덴 아이는 불을 무서워한다. (속담)

❖ **dreadful** a. 쓸쓸한

□ **threaten**
[θrétn]

v. 위협하다, 겁나게 하다(frighten)

threaten punishment
처벌하겠다고 으르다

□ **menace**
[ménəs]

n. 위협, 협박 v. 협박하다

spoke with menace 협박조로 말하다.

□ **scare**
[skɛər]

v. 위협하다, 겁나게 하다(frighten) n. 공포

The dog scared the thief away.
그 개는 도둑을 위협해서 쫓아버렸다.

□ **dismay**
[disméi]

n. 놀람, 공포(fear), 당황
v. 놀라게 하다, 겁먹게 하다(alarm)

I was dismayed at the news.
나는 그 소식을 듣고 당혹스러웠다.

☐ **appall**
[əpɔ́:l]

v. 소름끼치게 하다(terrify)

We were appalled when we heard she had been murdered.
그 여자가 살해되었다는 소식을 들었을 때 우리는 온몸에 소름이 돋았다.

❖ **appalling** a. 간담을 서늘케 하는

☐ **formidable**
[fɔ́:rmidəbəl]

a. 겁나는(fearful), 감당하기 어려운

a formidable enemy 강적

---

032 | **delegate** [déligit]

v. 파견하다, 위임하다 n. 대표자, 사절

He was delegated to the convention.
그는 그 회의에 대표로 파견되었다.

❖ **delegation** n. 파견위원, 대표단

☐ **typical**
[típikəl]

a. 전형적인, 대표적인(representative)

a typical example
대표적인 예

☐ **representative**
[rèprizéntətiv]

n. 대표자, 국회의원, 견본 a. 대표하는

Congress is representative of the people.
국회는 국민을 대표한다.

❖ **be representative of** ~을 대표하다

☐ **attorney**
[ətə́:rni]

n. 변호사(lawyer), 대리인

attorney general
법무장관

□ **secretary**
[sékrətèri]

n. 비서, 장관
Secretary of the treasury 재무 장관
Secretary of State 국무 장관

033 **attack** [ətǽk]

v. 공격하다(assail), 착수하다 n. 공격

The author was attacked by critics.
그 작가는 비평가들로부터 공격을 받았다.

□ **siege**
[si:dʒ]

n. 포위공격, 농성
Greeks laid siege to Troy.
그리스는 트로이를 포위 공격했다.

❖ **lay siege to** ~을 포위공격하다

□ **aggression**
[əgréʃən]

n. 침략, 공격, 호전성
These measures will serve as safety valves
for external aggression.
이런 방책은 외부의 침략에 대해서 안전판 역할을 할 것이다.

❖ **aggressive** a. 침략적인, 적극적인

□ **assault**
[əsɔ́:lt]

n. 습격, 폭행, 강간
Partisan took the village by assault.
빨치산은 그 마을을 습격하여 손에 넣었다.

□ **beset**
[bisét]

v. 포위하다, 공격하다(attack), 괴롭히다
I was beset by mosquitoes.
나는 모기한테 시달림을 받았다.

034 **offense** [əféns]

n. 위반, 범죄(crime), 무례(insult), 공격(attack)
opp. defense 방어

an offense against the law 법률위반

☐ **misdeed**
[mìsdíːd]

n. 비행, 범죄(crime)
He deserved long imprisonment for his many misdeeds.
그는 많은 범죄 때문에 장기 투옥은 당연했다.

☐ **raid**
[reid]

n. 습격, 기습 v. 습격하다, 침입하다(invade)
an air raid 공습

❖ **raider** n. 습격자

☐ **trespass**
[tréspəs]

v. 침입하다(invade) n. 침범
"No trespassing." 들어오지 마시오.

035 **assent** [əsént]

v. 동의하다(agree) n. 동의, 찬성(consent)
opp. dissent

I gave my assent to his plan.
나는 그의 계획에 동의했다.

with one assent 만장일치로

☐ **consent**
[kənsént]

v. 승낙하다(allow), 동의하다
n. 동의(assent), 허가(permission)
The father consented to his daughter's piano lessons.
아버지는 딸이 피아노 교습을 받는 것을 승낙했다.

comply
[kəmplái]

v. 따르다, 응하다(agree)　opp. refuse 거절하다

They complied with my request.
그들은 나의 요구를 들어주었다.

adopt
[ədápt]

v. 양자로 삼다, 채택하다(accept), 채용하다
opp. reject

adopt a child 양자를 들이다

my adopted son 의붓아들

❖ **adoption** n. 채용, 채택, 양자로 삼음

accept
[æksépt]

v. 받다(receive), 승낙하다(consent to),
인정하다(approve)　opp. refuse 거절하다

She could not accept that her husband was
dead.
그녀는 남편이 죽었다는 것을 인정할 수 없었다.

❖ **acceptable** a. 마음에 드는
❖ **acceptance** n. 찬성, 승낙

approve
[əprú:v]

v. 인정하다, 찬성하다, 증명하다

I will approve him a trustworthy man.
그가 믿을만하다는 것을 보여드리겠습니다.

approval
[əprú:vəl]

n. 승인, 찬성

It has the approval of the whole committee.
그것은 위원회 전체의 찬성으로 승인되었다.

---

036 | **harmony** [háːrməni]

n. 조화(concord), 화합　opp. discord

You must live in harmony with each other.
너희들은 서로 의좋게 생활해야 한다.

❖ **harmonious** a. 조화로운
❖ **harmonize** v. 조화시키다, 일치시키다

□ **balance**
[háːrməni]

n. 균형, 조화, 저울
balance of power 힘의 균형
balance of trade 무역 수지

□ **equilibrium**
[ìːkwəlíbriəm]

n. 균형, (마음의) 평정
the equilibrium of supply and demand
공급과 수요의 균형
❖ **equivalent** a. 동등한, 균등한

□ **equal**
[íːkwəl]

a. 동등한, 감당하는, 서로 맞먹는
He is equal to the task.
그는 그 일을 충분히 감당할 수 있다.
❖ **equal to** ~할 자격(힘)이 있는
❖ **equality** n. 평등
❖ **equally** ad. 동등하게

037 **accord** [əkɔ́ːrd]

v. 일치하다, 주다(give) n. 일치(agreement), 조화
opp. discord 불화

His deeds accord with his words.
그의 행동은 말과 일치한다.
❖ **in accordance with** ~에 따라서
❖ **according as** ~에 준하여, ~함에 따라서
❖ **according to** ~에 의하면
❖ **accordance** n. 일치, 조화
❖ **accordant** a. 일치하는

□ **coincide**
[kòuinsáid]

v. 일치하다, 동의하다
His views coincide with mine.
그의 의견은 내 견해와 일치한다.
❖ **coincidence** n. (우연의)일치, 동시 발생

simultaneous

[sàiməltéiniəs]　　a. 동시의

simultaneous interpretation 동시통역

contemporary

[kəntémpərèri]　　a. 현대의, 같은 시대의　n. 동시대의 사람

contemporary opinion 시론(時論)

❖ **contemporaneous** a. 동시대의, 당시의

---

contract [kántrækt]

n. 계약(agreement), 약혼　v. 계약을 맺다

The company has signed a contract to build the new road.

그 회사는 새 도로의 건설 계약에 서명했다.

❖ **contractor** n. 계약자

concord

[kánkɔːrd]　　n. 일치, 친교, 평화

The two tribes had lived in concord.

두 부족은 사이좋게 지냈다.

convention

[kənvénʃən]　　n. 모임, 협정(agreement), 관습

a postal convention 우편 협정

conventions of daily life 일상적인 관습

❖ **conventional** a. 전통적인, 협정의

treaty

[tríːti]　　n. 조약(agreement), 협정

a treaty of peace 평화 조약

a commercial treaty 통상 협약

☐ **bargain**
[báːrgən]

n. 계약, 흥정 a. 싼

a good bargain 싼 값에 산 물건
into the bargain 게다가(besides)

☐ **compact**
[kəmpǽkt]

a. 촘촘한, 조밀한
n. 콤팩트(휴대용 분갑), 소형 자동차, 협정, 계약

a compact formation 밀집 대형

---

039 | **venerable** [vénərəbəl]

a. 존경할만한(reverend), 장엄한

a venerable scholar 존경할만한 학자

☐ **homage**
[hámidʒ]

n. 존경, 경의, 신하의 예

They paid homage to the queen.
그들은 여왕에게 경의를 표했다.

☐ **piety**
[páiəti]

n. 경외감(loyalty), 효심

Let them learn first to show piety at home,
and to requite their parents.
저희로 하여금 먼저 자기 집에서 효를 행하여 부모에게
보답하기를 배우게 하라.

☐ **ally**
[əlái]

v. 동맹하다 n. 동맹국 opp. separate 분리하다

the Allied Powers 제2차 대전시의 연합국

❖ **alliance** n. 동맹
❖ **allied** a. 동맹한

☐ **league**
[liːg]

n. 동맹(alliance), 연맹 v. 단결(동맹)시키다

a league match 리그전

☐ **union**
[júːnjən]

n. 결합, 화합, 노동조합 opp. division
Union is strength.
단결은 힘이다.

☐ **cohere**
[kouhíər]

v. 결합하다, 밀착하다, 조리가 서다
Your story does not cohere.
네 이야기는 조리가 서지 않는다.

❖ **coherent** a. 논리 정연한
❖ **coherence** n. 일관성

---

040 | **transact** [trænsǽkt]

v. 처리하다(settle), 거래하다(deal)

---

the transaction of business 사무처리
❖ **transaction** n. 처리, 취급, 매매

☐ **handle**
[hǽndl]

n. 손잡이 v. 조종하다, 다루다(deal with)
The boss handles his inferiors.
사장은 부하를 잘 다룬다.

☐ **manipulate**
[mənípjəlèit]

v. 능란하게 잘 다루다, 조작하다
manipulate public opinion
여론을 조작하다

❖ **manipulation** n. 교묘한 처리, 속임수

☐ **manage**
[mǽnidʒ]

v. 마음대로 다루다, 경영하다(handle, control, conduct)
He was managed by his superior.
그는 상사가 시키는 대로 했다.

the labor and management 노사쌍방

❖ **manager** n. 관리자, 지배인
❖ **management** n. 경영, 경영간부

□ **regulate**
[régjəlèit]

v. 규정하다, 관리하다

a regular customer
단골손님

❖ **regular** a. 규칙적인, 정기적인 n. 정규병
❖ **regulation** n. 규칙, 규정

□ **treat**
[triːt]

v. 다루다, 대우하다 n. 한턱내기, 한턱

She treats us as children.
그녀는 우리를 어린애처럼 다룬다.

❖ **treatment** n. 취급, 대우, 치료

041 **allot** [əlát]

v. 할당하다, 충당하다

That space has already been allotted for building a new hospital.
그 공간은 이미 병원을 신축하는 데 할당되었다.

❖ **allotments** n. 할당, 배분, 몫

□ **allocate**
[ǽləkèit]

v. (일 따위를) 할당하다, 배분하다(assign)
❖ **allocation** n. 배당, 할당

□ **assign**
[əsáin]

v. 할당하다(allot), 임명하다(appoint),
. ~의 탓으로 하다(ascribe)

They have assigned me a small room.
그들은 내게 작은 방 하나를 배당해주었다.

❖ **assignment** n. 할당, 임명, 숙제

---

042 | **amateur** [ǽmətʃùər]

n. 아마추어, 비직업선수 a. 아마추어의

He is the amateur in painting.
그는 아마추어 화가이다.

☐ **novice**
[návis]

n. 초심자(beginner), 풋내기

He is only the novice in the political world.
그는 정치계에서 신출내기에 지나지 않는다.

☐ **newcomer**
[njú:kλmər]

n. 신참자

a newcomer to skiing
스키의 초심자

☐ **rookie**
[rúki]

n. 신병, (야구) 신인 선수

Mr. Jung is the rookie this year.
미스터 정은 올해의 최우수 신인 선수다.

---

043 | **ambition** [æmbíʃən]

n. 열망, 포부

That politician is full of ambition.
그 정치가는 야심으로 가득차 있다.

❖ **ambitious** a. 야심적인
   cf. ambiguous 모호한

□ **policy**
[páləsi]

n. 정책, 전략, 방침, 보험증권
Honesty is the best policy.
정직은 최선의 방책이다.
❖ **political** a. 정치의, 정당의, 전략적인

□ **enterprise**
[éntərpràiz]

n. 기업, 계획(plan, project), 진취적 기상
He is a man of enterprise.
그는 진취적인 사람이다.
❖ **enterprising** 진취적인

□ **aspire**
[əspáiər]

v. 열망하다, 큰 뜻을 품다, 동경하다(long)
He aspired to be a poet.
그는 시인이 되기를 바랐다.
❖ **aspiring** a. 열망하는
❖ **aspiration** n. 동경, 열망(ardent desire)

□ **pant**
[pænt]

v. 헐떡거리다, 그리워하다, 갈망하다   n. 헐떡임
They panted for liberty.
그들은 자유를 갈망했다.

□ **longing**
[lɔ́(:)ŋiŋ]

a. 갈망(열망)하는   n. 열망, 동경
a longing for fame
명예욕

044 **progressive** [prəgrésiv]

a. 진보적인, 점진적인   n. 진보주의자
opp. conservative

progressive changes
점진적 변화

□ **gradual**
[grǽdʒuəl]

a. 점진적인

There has been a gradual increase in the birth rate.

출생률이 점차적인 증가를 보였다.

❖ **gradually** ad. 서서히, 점차(by degrees)

□ **cordial**
[kɔ́ːrdʒəl]

a. 진심에서 우러나는

She gave me cordial welcome.

그녀는 진심으로 나를 환대해 주었다.

❖ **cordiality** n. 충정, 진심

□ **genial**
[dʒíːnjəl]

a. 온화한(good tempered), 친절한(kindly), 상냥한

a genial old lady 온화한 할머니

---

045 | **amuse** [əmjúːz]

v. 기쁘게 하다, 재미나게 하다(entertain)

The old woman amused children with stories.

할머니는 이야기를 해주어 아이들을 즐겁게 했다.

❖ **amusement** n. 오락, 즐거움

□ **complacent**
[kəmpléisənt]

a. 자기만족의(self-satisfied)

a complacent smile

만족스러워하는 미소

□ **indulge**
[indʌ́ldʒ]

v. 만족시키다, 빠지다, 즐기다

indulge in luxurious pleasure

사치스런 쾌락에 빠지다

❖ **indulgence** n. 탐닉, 관용
❖ **indulgent** a. 관대한

☐ **gratify**
[grǽtəfài]

v. 기쁘게 하다(please), 만족시키다(satisfy)

He wants to gratify his thirst for knowledge.
그는 지식욕을 만족시키고자 한다.

☐ **delicious**
[dilíʃəs]

a. 맛있는, 유쾌한(amusing)

a delicious story
유쾌한 이야기

☐ **invitation**
[ìnvətéiʃən]

n. 초청장, 초대

entrance by written invitation only
입장은 초대장 소지자에 한함

❖ **invite** v. 초청하다, 권하다

☐ **entertain**
[èntərtéin]

v. 즐겁게 하다, (손님을) 대접하다

entertainment programs
오락 프로그램

professional entertainer
연예인

❖ **entertainment** n. 접대, 여흥, 쇼, 오락

☐ **divert**
[divə́:rt]

v. (주의를) 딴 곳으로 돌리다, 기분 전환하다(distract),
즐겁게 하다

They were diverted by a play.
그들은 연극을 보며 즐겼다.

☐ **delight**
[diláit]

v. 즐겁게 하다(please), 좋아하다   n. 즐거움, 환희
opp. sorrow

The real delight in reading biography is to
realize how complicated and peculiar
human behavior is.
전기를 읽으면서 느끼는 즐거움은 인간의 행위가 얼마나
복잡하고 독특한가를 깨닫는 것에 있다.

☐ **rejoice**
[ridʒɔ́is]

v. 기쁘게 하다(delight), 기뻐하다   opp. grieve

It rejoices me to see you well.

건강한 모습을 보니 기쁘구나.

❖ **rejoicing** n. 기쁨, 환희, 환호, 축하

☐ **pleasure**
[pléʒər]

n. 즐거움, 쾌락, 도락   opp. pain 고통

He takes a pleasure in writing.

그는 글 쓰는 것을 즐거움으로 여기고 있다.

❖ **pleasant** a. 유쾌한(delightful), 즐거운

---

046 | **fury** [fjúəri]

n. 격노, 맹렬(very great anger)

He was filled with fury and could not speak.

그는 화가 치밀어서 아무 말도 할 수 없었다.

☐ **rage**
[reidʒ]

n. 분노(fury), 광란(violence), 열망

She flies into a rage every time I mention money.

내가 돈 얘기만 꺼내면 그녀는 버럭 화를 낸다.

❖ **raging** a. 미친 듯이 날뛰는

☐ **anger**
[ǽŋgər]

n. 노여움(rage), 분노   v. 노하게 하다   opp. calm

He is moved to anger.

그는 화가 나 있다.

❖ **angry** a. 노한, 성난

☐ **indignant**
[indígnənt]

a. 분개한, 성난

They are indignant at the unfair dismissal.

그들은 부당한 해고에 분개하고 있다.

❖ **indignation** n. 분노, 분개

047 **appeal** [əpíːl]

v. 애원하다, 호소하다, 상소하다 n. 애원, 상소

appeal to arms 무력에 호소하다

☐ **implore**
[implɔ́ːr]

v. 애원하다(beg), 탄원하다(entreat)

an imploring look 애원의 눈길

❖ **imploring** a. 애원하는, 탄원의

☐ **plead**
[pliːd]

v. 탄원하다(entreat), 변호하다, 항변하다
n. 구실(excuse), 탄원(entreaty)

He kneeled and pleaded for forgiveness.
그는 무릎을 꿇고 용서를 빌었다.

❖ **pleading** n. 변론 a. 탄원하는
❖ **pleader** n. 변호인, 탄원자

☐ **request**
[rikwést]

v. 간청하다(beg for), 부탁하다(ask)

He requested a loan from the bank.
그는 은행에 융자를 요청했다.

☐ **entreat**
[entríːt]

v. 간청하다, 탄원하다

I entreat you to show mercy to him.
그에게 자비를 베풀어주시길 간청합니다.

❖ **entreaty** n. 간청, 탄원

☐ **beg**
[beg]

v. 간청하다, 구걸하다

I beg your pardon. 실례합니다.

☐ **pray**
[prei]

v. (신께) 빌다, 간청하다

I pray you to consider it once more.
그 문제를 다시 한번 생각해주시길 바랍니다.

❖ **prayer** n. 기도, 탄원

demand [dimǽnd]

v. 요구하다, 필요로 하다, 묻다   n. 요구, 수요

demand and supply
수요와 공급

☐ **insist**
[insíst]

v. 주장하다, 단언하다(assert)

He insisted that he was innocent.
그는 자기가 결백하다고 주장했다.

❖ **insistence** n. 주장, 역설
❖ **insistent** a. 고집하는, 집요한

☐ **ask**
[æsk]

v. 묻다, 부탁하다, 청구하다, 요구하다

This job asks time.
이 일은 시간을 좀 필요로 한다.

☐ **supplement**
[sʌ́pləmənt]

n. 보충, 부록   v. 보충하다

a Sunday supplement
일요판 부록

apprehension [æ̀prihénʃən]

n. 이해, 염려

He seems to have apprehension of his old age.
그는 자신의 노후에 대해 걱정하는 것 같다.

☐ **anxiety**
[æŋzáiəti]

n. 걱정, 불안(uneasiness, misgiving), 갈망

A sense of isolation is one of the causes of anxiety.
고독감은 불안을 만드는 원인 중의 하나이다.

□ **anxious**
[ǽŋkʃəs]

a. 걱정하는, 불안스런(troubled), 갈망하는

They are anxious for his safety.
그들은 그가 무사하기를 바라고 있다.

I became anxious at her delay.
나는 그녀가 늦는 것이 걱정되었다.

□ **uneasy**
[ʌníːzi]

a. 불안한, 염려스러운(restless)

He was uneasy on the throne.
그는 왕위에 앉았으나 불안했다.

□ **insecure**
[ìnsikjúər]

a. 불안전한(unsafe), 불확실한(unreliable)
opp. secure 안전한

I am insecure of the future.
앞날이 걱정이다.

□ **uncertain**
[ʌnsə́ːrtən]

a. 불확실한, 의심스러운(doubtful)

Everything is uncertain.
만사가 불확실하다.

□ **skeptical**
[sképtikəl]

a. 회의적인, 의심 많은(doubtful)

❖ **skepticism** n. 회의론
❖ **skeptic** n. 회의주의자

□ **suspect**
[səspékt]

v. 의심하다(doubt), 알아채다

❖ **suspicious** a. 수상한
❖ **suspicion** n. 혐의, 의심

□ **unrest**
[ʌnrést]

n. (사회적) 불안, 근심(restlessness)

political unrest 정치적으로 불안한 상태

Unemployment causes social unrest.
실업은 사회적 불안을 야기시킨다.

advocate [ǽdvəkit]

v. 지지하다(support), 변호하다, 주장하다(assert)
n. 변호사(lawyer), 옹호자

The opposition party advocates a reduction in taxes.
야당은 세금의 감축을 지지하고 있다.

❖ **advocacy** n. 변론, 옹호

☐ **uphold**
[ʌphóuld]

v. 받치다, 지지하다
They upheld the right to free speech.
그들은 자유 언론의 권리를 지지했다.

☐ **support**
[səpɔ́ːrt]

v. 지탱하다(hold up), 부양하다,
(can, cannot과 함께) 참다 n. 원조, 부양

I cannot support this pain.
나는 이 고통을 참을 수가 없다.

❖ **supporter** n. 지지자, 부양자

☐ **sustain**
[səstéin]

v. 떠받치다(support), 유지하다(maintain), 지지하다,
부양하다

sustained efforts
끊임없는 노력

favor [féivər]

n. 호의, 찬성 v. 호의를 보이다, 보살피다

Are you in favor of the plan or not?
당신은 그 계획에 찬성입니까, 반대입니까?

❖ **favorable** a. 호의적인, 순조로운

□ **conserve**
[kənsə́:rv]

v. 보호하다(preserve), 보존하다

the conservation of the forests 산림 보호
the Conservative party 보수당

❖ **conservation** n. 보호
❖ **conservative** a. 보수적인 opp. progressive

□ **patronage**
[péitrənidʒ]

n. 보호, 후원

We solicit your continued patronage.
변함없이 후원하여 주시기를 부탁합니다.

❖ **solicit** v. 간청하다, 부탁하다
❖ **patron** n. 후원자, 고객

052 | **prone** [proun]

a. ~하기 쉬운(liable), 엎드린

The young are prone to err.
젊은이들은 과오를 저지르기 쉽다.

□ **disposed**
[dispóuzd]

a. ~하는 경향이 있는, 마음이 내키는

I am not disposed to talk.
말할 기분이 안 난다.

□ **bent**
[bent]

n. 경향, 취향(inclination)

He had a natural bent for music.
그는 태어나면서부터 음악을 좋아했다.

□ **liable**
[láiəbəl]

a. 책임져야 할(responsible), ~하기 쉬운

Glass is liable to break.
유리는 깨지기 쉽다.

☐ **likely**
[láikli]

a. 있음직한(probable), ~할 것 같은

a likely story
그럴 듯한 이야기

☐ **subject**
[sʌ́bdʒikt]

n. 주제(theme), 화제(topic), 백성, 학과, (문법) 주어
a. 지배를 받는, ~을 받기 쉬운

Everything is subject to the laws of nature.
만물은 자연의 법칙에 지배를 받는다.

❖ **be subject to** ~을 받다, ~되기 쉽다
❖ **subjective** a. 주관적인 opp. objective

---

053 | **ascribe** [əskráib]

v. ~탓으로 돌리다

He ascribes his success to skill and hard work.
그는 자신의 성공을 재능과 열심히 일한 덕이라고 생각한다.

☐ **attribute**
[ətríbjuːt]

v. ~탓으로 돌리다   n. 특성, 상징

He attributes his poverty to father.
그는 자기가 가난한 것은 아버지 탓이라고 말한다.

divine attribution
신의 속성

❖ **attribution** n. 속성, 귀속되는 것

☐ **quality**
[kwάləti]

n. 질, 속성, 품질 opp. quantity

You must prefer quality to quantity.
양보다 질을 우선시해야 한다.

❖ **qualitative** a. 성질상의

humiliate [*h*juːmílièit]

v. 창피를 주다(mortify)

I felt humiliated by his criticism.
나는 그의 비평에 굴욕감을 느꼈다.

❖ **humiliation** n. 굴욕, 창피
❖ **humility** n. 겸손, 비천함

☐ **mortify**
[mɔ́ːrtəfài]

v. 감정을 상하게 하다(wound)

He was mortified by his defeat.
그는 패배로 기분이 상했다.

☐ **shy**
[ʃai]

v. 움찔하다(shrink) a. 수줍어하는(bashful),
꺼리는, 세심한

☐ **ashamed**
[əʃéimd]

a. 부끄러워하는 opp. proud 교만한

You should be ashamed of yourself.
네 자신을 부끄러워해야 한다.

☐ **bashful**
[bǽʃfəl]

a. 부끄러워하는, 당황하는(timid)

a bashful man
수줍어하는 사람

❖ **blushing** a. 얼굴이 빨개진, 부끄럼을 잘 타는

☐ **timid**
[tímid]

a. 겁 많은(shy), 암띤(timorous) opp. bold

as timid as a rabbit
토끼처럼 겁먹고 있는

❖ **timidity** n. 소심

Day •••04

disgrace
[disgréis]

n. 창피, 오명(dishonor), 망신

Such a book is a disgrace to the publishing house.

그런 책은 출판사에게 수치스런 일이다.

dishonor
[disánər]

n. 불명예, 치욕

He is a dishonor to his country.

그는 그 나라의 수치다.

5th Day

---

055 | **assert** [əsə́ːrt]

v. 주장하다(maintain), 단언하다(affirm)

She asserted that he was not guilty.
그는 죄가 없다고 그녀는 강력히 주장했다.

❖ **assertive** a. 단정적인, 독단적인(positive)
❖ **assertion** n. 단언, 주장

☐ **claim**
[kleim]

v. 요구하다(require), 주장하다(assert, maintain)
n. 요구, 주장, 청구

If nobody claims the camera you found, you can have it.
아무도 자기 것이라고 주장하지 않는다면 네가 발견한 카메라는 가져도 좋다.

☐ **maintain**
[meintéin]

v. 유지하다, 지속하다, 주장하다

We maintained friendly relations with them.
우리는 그들과 우호적인 관계를 맺고 있다.

☐ **affirm**
[əfə́ːrm]

v. 단언하다(declare), 긍정하다(confirm)

an affirmative answer
긍정적인 대답

❖ **affirmative** a. 긍정적인 opp. negative

☐ **declare**
[diklέər]

v. 선언하다, 공표하다(proclaim)

the declaration of independence
독립선언문

❖ **declared** a. 선언된, 공공연한
❖ **declaration** n. 선언(문), 고백

☐ **announce**
[ənáuns]

v. 알리다, 발표하다(publish), 방송하다

They announced the departure of Flight 714.
714편 비행기의 출발을 알렸다.

☐ **proclaim**
[proukléim]

v. 선언하다, 공고하다, 공포하다

He proclaimed Anne his heir.
그는 앤이 자기의 상속인이라고 공포했다.

❖ **proclamation** n. 선언, 포고, 성명서

☐ **publish**
[pʌbliʃ]

v. 공개하다, 출판하다

The book was first published in 1980.
그 책은 1980년에 초판이 나왔다.

---

056 | **aspect** [ǽspekt]

n. 표정(expression), 외관(appearance), 방향

Her face had an angry aspect.
그녀 얼굴은 화가 난 표정이었다.

☐ **seeming**
[síːmiŋ]

a. 표면상의 n. 외관

seeming friendship
허울 좋은 우정

❖ **seemly** a. 적절한, 알맞은 ad. 알맞게

□ **surface**
[sə́:*r*fis]

n. 표면(outside), 외관(appearance)

a surface view 피상적인 견해

❖ **superficial** a. 피상적인

□ **appear**
[əpíə*r*]

v. 나타나다, ~인 듯하다(seem)

keep up appearances
체면을 차리다

❖ **appearance** n. 출현, 외관, 풍채

---

057 | **tempt** [tempt]

v. 유혹하다(lure), (식욕을) 돋우다

He tempted me with a bribe.
그는 뇌물로 나를 유혹했다.

❖ **temptation** n. 유혹, 유혹물

□ **bait**
[beit]

n. 미끼, 먹이, 유혹(lure, temptation)
v. 꾀다(tempt), 괴롭히다(harass)

❖ **a live bait** 산 미끼

□ **allure**
[əlúə*r*]

v. 유혹하다, 꾀다(tempt)

She allured Jack from his duty.
그녀는 잭을 유혹하여 본분을 잃게 만들었다.

□ **attract**
[ətrǽkt]

v. 끌다, 매혹하다

Flowers attract bees.
꽃은 벌을 끌어들인다.

an attractive woman
매력적인 여성

❖ **attraction** n. 매력, 흡인
❖ **attractive** a. 사람을 끄는

fascinate
[fǽsənèit]

v. 매혹하다(charm), 매료하다

The children were fascinated by the exhibition.

아이들은 그 전시회에서 넋이 나갔다.

❖ **fascination** n. 매혹, 매력
❖ **fascinating** a. 매혹적인, 아름다운

lure
[luər]

v. 유인하다, 꾀다 n. 유혹(charm)

She lured him into the shop doorway and hit him over the head.

그녀는 그를 상점 입구로 꾀어서 그의 머리를 후려쳤다.

captivate
[kǽptivèit]

v. 매혹하다, 마음을 빼앗다

Her speeches are full of captivating wit and warmth.

그녀의 연설은 청중을 사로잡는 기지와 열정으로 가득 차 있다.

enchant
[entʃǽnt]

v. 마법을 걸다, 황홀케 하다

a palace in an enchanted forest

마법의 숲 속에 있는 궁전

❖ **enchanting** a. 매혹적인

spell
[spel]

v. (spelled, spelt) 철자하다, 판독하다 n. 마력

learn to spell

철자를 배우다

charm
[tʃɑːrm]

n. 매력(attractiveness), 마력 v. 매혹하다

❖ **charming** a. 매력적인

058 **purify** [pjúərəfài]

v. 정화하다, 죄를 씻다

You can purify water by boiling and filtering it.
물을 끓이고 걸러냄으로써 정화시킬 수 있다.

☐ **pure**
[pjuər]

a. 깨끗한(clean), 순수한, 고상한

a pure taste 고상한 취미

❖ **purely** ad. 순수하게, 완전히

☐ **purity**
[pjúərəti]

n. 청결(cleanness), 결백(innocence), 순수

purity of life 깨끗한 생활

☐ **genuine**
[dʒénjuin]

a. 진짜의(real), 순수한, 성실한

He is a very genuine person.
그는 아주 성실한 사람이다.

☐ **sympathetic**
[sìmpəθétik]

a. 공감을 나타내는, 동정하는

sympathetic friends
마음이 맞는 친구들

❖ **sympathize** v. 공감하다, 동정하다

☐ **sympathy**
[símpəθi]

n. 공감(fellow feeling), 동정(pity, compassion)
opp. antipathy 반감

She pressed his hand in sympathy.
그녀는 연민을 느껴 그의 손을 잡았다.

☐ **pity**
[píti]

n. 연민, 동정 v. 불쌍히 여기다

Nobody wants pity from others.
그 누구도 타인으로부터 동정 받으려고 하지 않는다.

❖ **piteous** a. 애처로운, 측은한

65

□ **pathetic**
[pəθétik]

a. 감상적인, 애처로운

a pathetic scene
애처로운 장면

□ **sentimental**
[sèntiméntl]

a. 감정적인, 감상적인

They are not in the least sentimental in their habits of thought.
그들은 생각하는데 있어서 결코 감정에 좌우되는 일은 없다.

❖ **sentiment** n. 정서, 정취(情趣)

---

antipathy [æntípəθi]

n. 반감, 싫어함

She has a natural antipathy to snakes.
그녀는 본능적으로 뱀을 싫어한다.

□ **disgust**
[disgʌ́st]

n. 혐오, 불쾌 v. 싫증나게 하다

Its taste disgusts me.
그 음식 맛은 참으로 역겹다.

□ **reluctant**
[rilʌ́ktənt]

a. 마음이 내키지 않는(unwilling)

a reluctant answer
마지못해 하는 대답

❖ **reluctantly** ad. 마지못해

□ **repulsion**
[ripʌ́lʃən]

n. 반격, 반감

He feels repulsion for me.
그는 나에게 반감을 가지고 있다.

❖ **repulse** v. 반박하다, 싫증나게 하다

060 | **awkward** [ɔ́:kwərd]

a. 서툰, 어설픈(clumsy)

an awkward situation
난처한 입장

☐ **clumsy**
[klʌ́mzi]

a. 볼품없는(inelegant), 서투른

You shouldn't wear such clumsy shoes.
그런 볼품없는 신발은 벗어 던져라.

☐ **crude**
[kru:d]

a. 천연 그대로의, 세련되지 않은, 버릇없는

Don't be so crude!
버릇없이 굴지 말아라!

❖ **crudity** n. 날 것, 미숙

061 | **transport** [trænspɔ́:rt]

v. 수송하다(carry, transfer)

Heavy vehicles are used to transport the coal to distant parts of the country.
대형차들은 그 나라의 먼 지역으로 석탄을 수송하는 데 이용되곤 한다.

❖ **transportation** n. 수송, 운반

☐ **transmit**
[trænsmít]

v. 발송하다(send, transfer), 알리다(communicate)

The results will be transmitted to the newsroom.
결과는 보도실로 전송될 것이다.

convey
[kənvéi]

v. 나르다, 전달하다(transport, transmit)

I can't convey my feelings in words.
내 감정을 말로 표현할 수가 없다.

❖ **conveyance** n. 운반

---

ferry
[féri]

v. ~을 수송하다 n. 연락선, 나루터

ferry a river
나룻배로 강을 건너다

❖ **ferryboat** n. 나룻배, 연락선

---

contact
[kántækt]

n. 접촉, 연락 (pl.) 관계 v. ~와 관계를 갖다

Have you been in contact with your sister recently?
최근에 여동생과 연락한 적 있니?

❖ **contact man** 관공서 교섭자, 정보 제공자

---

message
[mésidʒ]

n. 소식(communication), 교훈, 사명

a message from a prophet
예언자의 계시

❖ **messenger** n. 전령(傳令), 심부름꾼

---

intact
[intǽkt]

a. 온전한, 손대지 않은(untouched)

remain intact
온전히 남다

---

communicate
[kəmjú:nəkèit]

v. 연락하다, 전달하다

communicate information
정보를 전하다

❖ **communication** n. 전달, 교통, 통신

banish [bǽniʃ]

v. 추방하다(exile), 떨쳐버리다

Napoleon was banished to Elba.
나폴레옹은 엘바 섬으로 유배되었다.

***cf.* vanish** 사라지다

☐ **exile**
[égzail]

v. 추방하다   n. 유배, 추방

He went into exile.
그는 해외 유랑의 신세가 되었다.

☐ **expel**
[ikspél]

v. 내쫓다, 추방하다

The student was expelled from the school
because of misconduct.
그 학생은 품행불량으로 퇴학당했다.

❖ **expulsion** n. 배제, 축출

☐ **export**
[ikspɔ́ːrt]

v. 수출하다   n. 수출   (pl.) 수출품   opp. import

chief exports
주요 수출품

☐ **import**
[impɔ́ːrt]

v. 수입하다, 의미하다   n. (pl.) 수입품, 중요성

Clouds import rain.
구름은 비를 뜻한다.

☐ **smuggle**
[smʌ́gəl]

v. 밀수입(밀수출)하다

He smuggled drugs into the country.
그는 그 나라로 마약을 밀수입했다.

❖ **smuggler** n. 밀수입(출)자

bare [bɛər]

a. 나체의(naked) v. 벌거벗기다, 드러내다

The dog bared its teeth in anger.
개는 화가 나서 이빨을 드러내고 으르렁거렸다.

☐ **barren**
[bǽrən]

a. 불모의, 빈약한

barren soil
불모지

☐ **waste**
[weist]

a. 경작되지 않은, 불모의(barren)
v. 낭비하다, 써서 없애다(wear away)
n. 황무지(wilderness), 낭비, 쓰레기

Haste makes waste.
서두르면 일을 그르친다. (속담)

❖ **wastebasket** n. 휴지통
❖ **wasteful** a. 낭비하는

☐ **garbage**
[gáːrbidʒ]

n. 음식 찌꺼기, 오물, 폐물, 하찮은 것

literary garbage
너절한 읽을거리

☐ **filth**
[filθ]

n. 쓰레기(dirt), 우물, 추잡

live in filth
추잡한 생활을 하다

❖ **filthy** a. 불결한, 추악한

☐ **litter**
[lítər]

n. 잡동사니, 쓰레기, 난잡

No litter, please.
쓰레기를 버리지 마시오.

☐ **sterile**
[stéril]

a. 불임의, 불모의(barren), 무익한

a sterile effort 헛된 노력

064 | **tedious** [tí:diəs]

a. 지루한, 장황한

a tedious talk
지루한 이야기

□ **routine**
[ru:tí:n]

n. 판에 박힌 일, 일과, 정해진 절차 a. 일상의

routine duties
일상적인 직무

□ **yawn**
[jɔ:n]

v. 하품을 하다 n. 하품

make a person yawn
지루하게 만들다

□ **monotony**
[mənátəni]

n. 단조로움, 무변화

The country life was unbearably
monotonous to her.
시골생활은 그녀에게 견딜 수 없이 지루했다.

❖ **monotonous** a. 단조로운, 지루한

□ **bald**
[bɔ:ld]

a. 벗어진, 단조로운(plain), 있는 그대로의

It was the bald truth.
그것은 있는 그대로의 진실이었다.

□ **naked**
[néikid]

a. 벌거벗은(bare), 명백한

fight with naked fists
맨주먹으로 싸우다

□ **nude**
[nju:d]

a. 나체의(uncovered)

a nude room
가구가 없는 방

found [faund]

v. 창설하다, 설립하다(establish)

The company was founded in 1930.
그 회사는 1930년에 설립되었다.

❖ **foundation** n. (건축의)토대, 기초, 설립

☐ **base**
[beis]

n. 토대(foundation), 기초, (야구)베이스
a. 비열한, 천한(mean) opp. noble
v. ~에 근거하다

I base my opinion of facts.
내 견해는 사실에 근거를 둔 것이다.

a base expression 천박한 표현

☐ **basis**
[béisis]

n. (pl.) bases 기초, 토대, 근거

He is paid on a daily basis.
그는 일당으로 급료를 받는다.

☐ **groundwork**
[gráundwə̀ːrk]

n. 기초, 기초공사, 토대, (미술) 배경

lay the groundwork for
~의 기틀을 마련하다

degrade [digréid]

v. 낮추다, (품위를)떨어뜨리다

degrading behavior 비열한 행동

❖ **degrading** a. 품위를 떨어뜨리는

☐ **debase**
[dibéis]

v. (인격을) 떨어뜨리다(degrade), 저하시키다

We debase ourselves for money.
인간은 돈 때문에 추악해진다.

□ **mean**
[mi:n]

v. 중요하다, 의도하다 a. 인색한, 천한
n. (pl.) 수단; 재산

I mean you no harm.
네게 해를 끼칠 의도는 없다.

He is mean about money.
그는 돈에 인색하다.

□ **ignoble**
[ignóubəl]

a. 천한(base), 비열한

I'm disgusted with his ignoble conduct.
그의 비열한 행동에 정나미가 떨어진다.

□ **vile**
[vail]

a. 비열한(base, mean), 미천한, 몹시 싫은

vile thoughts
비열한 생각

□ **wretched**
[rétʃid]

a. 비참한, 비열한(scoundrel)

live a wretched life
비참한 생활을 하다

❖ **wretch** n. 가엾은 사람

□ **low**
[lou]

a. 낮은, 기운 없는, 천한

He is a low fellow.
그는 질이 안 좋은 친구이다.

---

067 | **campaign** [kæmpéin]

n. (정치적, 사회적, 군사적) 운동

a campaign against racial segregation
인종 차별 반대 운동

□ **encounter**
[enkáuntər]

v. 우연히 마주치다, (문제에) 직면하다, 교전하다
n. 교전, 전투

He encountered many problems.
그는 여러 가지 곤란한 상황에 처해 있다.

□ **confront**
[kənfrʌnt]

v. 직면케 하다, 맞서다

He is confronted many difficulties.
그는 여러 가지 어려움에 직면해 있다.

□ **battle**
[bǽtl]

n. 전투 v. 싸우다

battle of life
생존의 투쟁

❖ **battlefield** n. 싸움터

□ **combat**
[kámbæt]

v. 격투하다, 싸우다 n. 전투, 투쟁

It is a single combat.
그것은 일대일 대결이다.

❖ **combative** a. 호전적인

□ **conflict**
[kánflikt]

n. 싸움, 투쟁, 충돌 v. 충돌하다, 싸우다

Armed conflict can start at any time.
무력 충돌은 언제든지 촉발할 수 있다.

❖ **conflicting** a. 모순되는, 충돌되는

6th Day

| 068 | **contest** [kántest] |
| | v. 논쟁하다, 경쟁하다 n. 경쟁, 투쟁 |

The contest between capitalism and socialism is over.
자본주의와 사회주의의 투쟁은 이제 끝났다.
❖ **contestant** n. 경쟁자

□ **struggle**
[strʌ́gəl]

v. 싸우다(contend), 열심히 하다(strive)
n. 고투, 투쟁(strife)

He struggled with a difficult question all night.
그는 어려운 문제로 밤새도록 씨름하였다.

□ **contend**
[kənténd]

v. 다투다(fight), 겨루다(compete), 논쟁하다
❖ **contention** n. 논쟁

□ **compete**
[kəmpíːt]

v. 경쟁하다, 필적하다
No work can compete with this one.
이것에 필적할 만한 작품은 없다.
❖ **competence** n. 능력
❖ **competition** n. 경쟁, 경기

□ **strive**
[straiv]

v. 힘쓰다, 싸우다(contend)
Don't strive about a small matter.
작은 일로 다투지 마라.

□ **strife**
[straif]

n. 싸움(quarrel), 불화(discord)

a labor strife 노동쟁의

□ **quarrel**
[kwɔ́:rəl]

n. 말다툼 v. 다투다

A bad workman quarrels with his tools.
서투른 목수가 연장만 탓한다. (속담)

□ **repel**
[ripél]

v. 격퇴하다, 반감을 주다 opp. submit

repel an enemy
적을 격퇴하다

---

carriage [kǽridʒ]

n. 4륜마차, 객차, 몸가짐, 태도

She has an elegant carriage.
그녀는 몸가짐이 우아하다.

□ **posture**
[pástʃər]

n. 자세, 포즈(pose), 정세

Upright posture is natural only to humans.
직립 자세는 오직 인간에게만 자연스럽다.

the posture of foreign affairs.
국외정세

□ **gesture**
[dʒéstʃər]

n. 동작, 몸짓

He always uses a lot of gestures.
그는 언제나 제스처를 많이 쓴다.

□ **attitude**
[ǽtitjùːd]

n. 마음가짐, 태도(pose), 자세

one's attitude of mind
마음가짐

□ **bearing**
[bέəriŋ]

n. 태도, 인내, 출산

He has his good bearing toward woman.
그는 여자를 대하는 태도가 좋다.

---

070 | **depart** [dipάːrt]

v. 떠나다, 출발하다

The train departed from the station at 12 o'clock.
기차는 12시에 역을 출발했다.

❖ **departure** n. 출발 opp. arrival 도착

□ **commence**
[kəméns]

v. 시작하다(begin)

Should we commence the attack?
우리가 공격을 시작해야 할까요?

□ **launch**
[lɔːntʃ]

v. 진수(進水)시키다, 착수하다, (로켓) 발사하다

launch a scheme
계획에 착수하다

□ **initial**
[iníʃəl]

a. 처음의, 최초의 n. 머리글자

R, O and K in ROK are the initials of the Republic of Korea.
ROK는 Republic of Korea의 머리글자이다.

□ **initiate**
[iníʃièit]

v. 착수하다, 초보를 가르치다

Han initiated me into the technique of fishing.
한이 내게 낚시하는 기술을 가르쳤다.

❖ **initiative** n. 솔선, 진취정신

behave [bihéiv]

v. 행동하다(act)

He behaved himself like a gentleman.
그는 신사답게 처신했다.
❖ **behavior** n. 행위, 행실, 태도

☐ **conduct**
[kándʌkt]

n. 행위, 품행, 지시 v. 안내하다, 처신하다
She conducted herself well.
그녀는 처신을 잘 했다.
❖ **conductor** n. 지휘자, 지도

☐ **preside**
[prizáid]

v. 지도하다, 의장이 되다
I presided over the meeting.
나는 그 모임의 사회를 보았다.

☐ **confide**
[kənfáid]

v. 신뢰하다(trust), 비밀을 털어놓다
Alice confided her dislike of her husband to John.
앨리스는 자기 남편을 혐오한다고 존에게 털어놓았다.
❖ **confidence** n. 신뢰, 비밀
❖ **confidential** a. 은밀한(secret), 심복의

☐ **convict**
[kənvíkt]

v. 유죄로 판결하다, 죄를 깨닫게 하다 n. 죄인
The jury convicted him of murder.
배심원은 그에게 살인죄의 판결을 내렸다.
❖ **conviction** n. 확신(assurance), 납득

072 **obstinate** [ábstənit]

a. 완고한(stubborn), 고집 센(resolute)

He is as obstinate as a mule.
그는 아주 고집통이다.

☐ **inflexible**
[infléksəbəl]

a. 확고한(firm), 불굴의(unyielding), 완고한

inflexible courage
불굴의 용기

☐ **stable**
[stéibl]

a. 안정된(steady), 확고한(firm) n. 외양간

a stable government
안정된 정부

❖ **stabilize** v. 안정시키다
❖ **stabilization** n. 안정화, 안정

☐ **stability**
[stəbíləti]

n. 안정성, 견고함

stability of a structure
건물의 견고함

stability of economics
경제의 안정

☐ **fast**
[fǽst]

a. 빠른, 고정된, 단단한

The post is fast in the ground.
기둥은 땅에 단단히 고정되어 있다.

☐ **steadfast**
[stédfæst]

a. 마음이 변하지 않는(constant), 확고한(resolute),
흔들리지 않는(steady)

a steadfast spirit
꿋꿋한 정신

steady
[stédi]

a. 단단한(firm), 안정된(stable), 일정한

Slow and steady wins the race.
천천히 착실히 하는 것이 이기는 길 (속담)

❖ **steadily** ad. 꿋꿋이

---

faith [feiθ]

n. 신용, 신앙 opp. distrust 불신

You must have faith in God.
하나님을 믿지 않으면 안 된다.

trust
[trʌst]

n. 신용, 신뢰

I have no trust in her.
나는 그녀를 믿지 않는다.

pride
[praid]

n. 자만(conceit), 자랑거리, 자존심

Pride goes before a fall.
교만한 자는 망한다. (속담)

boast
[boust]

v. 자랑하다 n. 자랑(거리)

He boasts that he can play tennis very well.
그는 테니스를 잘 친다고 자랑한다.

swagger
[swǽgər]

v. 뽐내며 걷다, 허풍 떨다

He swaggered across the room.
그는 몹시 뽐내며 방을 가로질러 걸어갔다.

conceit
[kənsíːt]

n. 자부심, 과대평가 opp. modesty 겸손

That man is full of conceit.
그 남자는 자부심이 대단하다.

❖ **conceited** a. 자부심이 강한, 우쭐대는

074 **personal** [pə́:rsənəl]

a. 한 개인의, 신체의

personal appearance
풍채

☐ **bodily**
[bádəli]

a. 육체의 opp. mental 정신적인

bodily suffering
육체적 고통

☐ **corporal**
[kɔ́:rpərəl]

a. 신체의, 육체의

corporal pleasure
육체적 쾌락

☐ **material**
[mətíəriəl]

a. 물질적인(physical), 실질적인, 소중한

Nothing material is omitted.
중요한 점은 하나도 빠뜨리지 않았다.

☐ **physical**
[fízikəl]

a. 자연계의, 물리적인, 신체의

physical beauty
육체미

075 **bold** [bould]

a. 대담한(fearless) opp. shy, cowardly

She is as bold as brass.
그녀는 뻔뻔스러울 만큼 대담하다.

☐ **heroic**
[hiróuik]

a. 영웅다운, 대담한

heroic words
호언장담

barefaced
[bɛ̀ərfèist]

a. 뻔뻔스러운, 염치없는(impudent)

That's barefaced lie!

뻔뻔스럽게 거짓말을 하다니!

forward
[fɔ́:rwərd]

ad. 앞으로 a. 주제넘은, 건방진

I'm disgusted with the forward young woman.

그 주제넘은 젊은 여자는 딱 질색이다.

forth
[fɔ:rθ]

ad. 밖으로, 앞으로(forward) opp. back

so forth 따위, 등등 (and so on)

back and forth 전후로, 이리 저리

impudence
[ímpjúdəns]

n. 몰염치, 무례

None of your impudence!

건방진 수작 떨지 마!

❖ **impudent** a. 염치없는, 건방진

shameless
[ʃéimlis]

a. 파렴치한, 부끄러운 줄 모르는

It would be better for you to avoid the shameless fellow.

부끄러워할 줄 모르는 친구는 멀리하는 것이 낫다.

---

076 | **exaggerate** [igzǽdʒərèit]

v. 과장하다(overstate)

If you always exaggerate, people will no longer believe you.

늘 과장되게 말한다면 사람들은 더 이상 너를 믿으려 하지 않을 것이다.

❖ **exaggeration** n. 과장

□ **magnify**
[mǽgnəfài]

v. 확대하다, 과장하다 opp. diminish
❖ **magnification** n. 확대, 과대 비율
❖ **magnifier** n. 확대경, 돋보기

□ **expand**
[ikspǽnd]

v. 넓히다, 펼치다, 팽창하다 opp. contract
The computer industry expanded rapidly in the 1980's.
컴퓨터 산업은 1980년대에 급속히 팽창되었다.
❖ **expansion** n. 팽창, 확장

□ **swell**
[swel]

v. 팽창하다, 증대하다 n. 팽창
a swell in the population
인구의 팽창

□ **flower**
[fláuər]

n. 꽃, 개화, 한창 때 v. 번영하다, 개화하다
His genius as a painter flowered very early.
화가로서 그의 천재성은 아주 일찍부터 꽃을 피웠다.
❖ **flowery** a. 만개한

□ **bloom**
[blu:m]

n. 꽃(flower), 전성기, 한창 때(prime)
v. 꽃이 피다, 꽃을 피우다
out of bloom
한창 때가 지난
❖ **blooming** a. 한창 때의

---

077 | **border** [bɔ́:rdər]

n. 국경(선), 가장자리(edge) v. 인접하다

Japan borders on Korea.
일본은 한국에 인접해 있다.

bound
[baund]

n. (pl.) 경계선(boundary), 끝(limit)
v. ~의 경계를 이루다, 인접하다

He traveled to the utmost bounds of France.
그는 프랑스의 변경지역까지 여행했다.

the boundary of science
과학의 한계

❖ **boundary** n. 경계, 한계

brim
[brim]

n. 가장자리, 테두리 v. 넘치다

Her eyes brimmed with tears.
그 여자의 눈에는 눈물이 가득 찼다.

edge
[edʒ]

n. 날, 날카로움(sharpness)
v. 날을 세우다, 경계를 이루다

He was on the edge of going out.
그는 막 외출하려던 참이었다.

❖ **on the edge of** 가장자리에, 하려는 찰나에

margin
[má:rdʒin]

n. 가장자리, 끝(border, edge), 여백, 여유, 차익금

She was standing still in the margin of the pond.
그녀는 연못가에 가만히 서 있었다.

a large margin of profit
큰 이문

rim
[rim]

n. 테두리, 가두리

the rim of a hat 모자 테
the rim of an eyeglass 안경 테

verge
[və:rdʒ]

n. 경계, 한계, 언저리

on the verge of a forest
숲의 언저리에

078 **gallantry** [gǽləntri]

n. 용감(bravery), 용감한 행위

He was awarded a prize for gallantry.
그는 용감한 행위로 상을 받았다.

❖ **gallant** a. 용감한, 씩씩한

☐ **brave**
[breiv]

a. 용감한 n. 용사 v. 용감히 맞서다

She was brave enough to go there alone.
그녀는 그곳에 혼자서 갈 만큼 용감했다.

☐ **audacious**
[ɔːdéiʃəs]

a. 대담한(bold, daring), 뻔뻔스러운

an audacious explorer
대담한 탐험가

☐ **stout**
[staut]

a. 용감한(brave), 억센, 견고한(stubborn), 뚱뚱한(fat)
opp. feeble 약한

stout resistance
완강한 저항

He became stout as he grew older.
그는 나이가 들어감에 따라 점점 뚱뚱해졌다.

☐ **plucky**
[plʌ́ki]

a. 용기 있는, 배짱 있는

It was very plucky of you to chase after the
burglar like that.
그처럼 강도를 추적한 것은 아주 용감한 행위였다.

❖ **pluck** n. 용기

☐ **bold**
[bould]

a. 뚜렷한(striking), 대담한(daring), 험한

I make bold to ask you.
실례지만 여쭐 말씀이 있습니다.

❖ **boldness** n. 대담함, 뻔뻔스러움

brilliant [bríljənt]

a. 찬연한(sparkling), 굉장한, 훌륭한

a brilliant career
빛나는 경력

☐ **kindle**
[kíndl]

v. 불붙(이)다

Her eyes kindled with excitement.
그녀의 두 눈은 흥분으로 불타올랐다.

☐ **flame**
[fleim]

n. 광채, 불꽃, 열정(passion) v. 타오르다

I was in a flaming temper.
나는 불같이 화가 나 있었다.

❖ **flaming** a. 활활 타는, 열렬한

☐ **blaze**
[bleiz]

n. 불꽃(flame), 화염, 격발 v. 타오르다

the blaze of noon
정오의 이글거리는 빛

☐ **glow**
[glou]

v. 빛나다, 달아오르다 n. 백열, 붉은 빛

The cat's eyes glowed in the darkness.
고양이 눈이 어둠 속에서 빛났다.

immediate [imí:diit]

a. 즉각적인(instant), 아주 가까운(closest)

an immediate advantage
목전의 이익

☐ **momentary** a. 순간의(transitory), 덧없는(short-lived)
[móuməntèri] momentary pleasure
찰나적 쾌락

☐ **minute** n. 순간(moment), (시간의)분 a. 미세한
[mínit] a minute report
상세한 보고
a minute difference
미세한 차이

☐ **tiny** a. 조그마한(little, minute)
[táini] a little tiny boy
꼬마 소년

☐ **temporary** a. 일시적인, 덧없는, 임시의
[témpərèri] a temporary job
임시 직업

---

081 | **flash** [flæʃ]

n. 번쩍임, 순간(instant), 뉴스 속보

the flashing lights of the cars
반짝이는 자동차의 헤드라이트

☐ **gleam** n. 섬광, 번쩍임(flash), 빛(beam)
[gli:m] a gleam of wit
기지의 번득임
❖ **gleamy** a. 번득이는

□ **glimmer**
[glímər]

v. 희미하게 빛나다(gleam), 깜박이다(flicker)
n. 희미한 빛(의식)

a glimmer of hope
희미하게 남아있는 희망

□ **glitter**
[glítər]

v. 번쩍번쩍 빛나다(shine)   n. 광채

All is not gold that glitters.
반짝인다고 다 금은 아니다. (속담)

□ **sparkling**
[spá:rkliŋ]

a. 번쩍이는, 광채 나는

sparkling stars
반짝이는 별

❖ **sparkle** v. 불꽃을 튀기다. 번쩍이다
❖ **spark** n. 불꽃, 불똥

□ **brighten**
[bráitn]

v. 즐겁게 하다, 빛나다, (기분이) 맑아지다

I began to brighten up.
나는 기분이 좀 나아지기 시작했다.

❖ **bright** a. 빛나는, 총명한

□ **shine**
[ʃain]

v. 빛나다, 출중하다(stand out) n. 빛, 윤

Give your boots a shine, Lady.
아가씨, 구두 닦으세요.

❖ **shining** a. 반짝이는, 빛나는

082 **alert** [ələ́:rt]

a. 빈틈없는, 민감한 n. 경계(상태) opp. dull

He is alert to the changes of policy.
그는 정책의 변화에 민감하다.

☐ **intellect**
[íntəlèkt]

n. 지성, 지능

He is a man of intellect.
그는 지성인이다.

❖ **intelligence** n. 이해력, 정보
❖ **intelligentsia** n. 지식 계급

☐ **clever**
[klévər]

a. 영리한, 솜씨 있는(skillful) opp. stupid

He is clever with a saw.
그는 톱을 다루는 솜씨가 뛰어나다.

---

083 **burden** [bə́:rdn]

n. 짐(load), 노고, 부담
v. 짐을 싣다, 괴롭히다(oppress)

He is a burden to me.
그는 내게 부담스럽다.

❖ **burdensome** a. 귀찮은, 괴로운

□ **cargo**
[ká:*r*gou]

n. 뱃짐, 화물
cargo liner 정기 화물선
cargo plane 화물 수송기

□ **freight**
[freit]

n. 화물수송, 화물운임 v. 화물을 싣다
freight free
운임 무료로

□ **load**
[loud]

n. 짐, 노고 v. 짐을 싣다 opp. unload
We loaded the car with goods.
우리는 그 차에 짐을 실었다.

□ **embark**
[embá:*r*k]

v. (배에) 태우다, (짐을) 싣다, (배에) 타다
He embarked on a new way of life.
그는 새로운 인생의 길로 걸어 들어갔다.

❖ **embark on** 출발하다(start)

□ **luggage**
[lʌ́gidʒ]

n. 수화물(baggage)
a luggage office
수화물 취급소

□ **medium**
[mí:diəm]

n. 매개물 a. 보통의(average)
Money is a medium of exchange.
돈은 교환의 매개물이다.

□ **carrier**
[kǽriər]

n. 운수회사, 매개체, 보균자
Flies are carriers of germs.
파리는 병균의 매개체다.

□ **summon**
[sʌ́mən]

v. 소환하다, 소집하다, 출두를 명하다
summon an assembly
회의를 소집하다

☐ **call**
[kɔːl]

v. 부르다, 소집하다

calling card 명함

❖ **calling** n. 소집, 호출, 천직, 직업

---

084 | **serene** [siríːn]

a. 고요한(clear and calm), 평정한(tranquil)
opp. furious

a serene summer night
평온한 여름밤

☐ **compose**
[kəmpóuz]

v. 조립하다, 구성하다, (마음을) 진정시키다

❖ **composition** n. 구성, 작곡
❖ **composure** n. 침착, 냉정

☐ **calm**
[kɑːm]

a. 평온한, 차분한 n. 고요 v. 진정시키다

a calm sea 잔잔한 바다

☐ **tranquil**
[trǽŋkwil]

a. 조용한(quiet), 잔잔한(serene)

a tranquil life
편안한 생활

---

085 | **concern** [kənsə́ːrn]

v. 관계하다, 걱정하다 n. 관계, 관심사, 걱정

This matter concerns all of you.
이 문제는 너희들 모두에게 관계가 있다.

❖ **concerning** prep. ~에 관하여(about)
❖ **concerned** a. 걱정스러운

watchful
[wátʃfəl]

a. 주의 깊은, 조심성 있는(alert)

as watchful as hawk
아주 주의 깊은

misgiving
[misɡívin]

n. 의심(doubt), 염려(suspicion), 불안

Many teachers have expressed serious misgivings about the new exams.
많은 선생님들은 새로운 시험에 대해서 심각한 우려를 나타내었다.

❖ **misgive** v. 공포를 일으키다

worry
[wə́:ri]

v. 걱정시키다, 괴롭히다 n. 걱정, 근심

the cares and worries of life
살다보면 생기게 마련인 걱정거리들

suspicion
[səspíʃən]

n. 의심(doubt), 불신(mistrust)

a suspicious glance
남을 의심하는 듯한 시선

❖ **suspicious** a. 의심쩍은(questionable)

prudent
[prú:dənt]

a. 신중한(discreet), 조심성 있는(cautious)

a prudent man 신중한 사람

❖ **prudential** a. 신중한

reckless
[réklis]

a. 무모한(careless, rash), 분별없는

He spent money with absolute recklessness.
그는 분별없이 돈을 써댔다.

discreet
[diskrí:t]

a. 분별 있는, 신중한(careful)

It would be discreet to read the contract properly before signing it.
계약서에 서명하기 전에 그것을 정확히 읽어보는 신중함을 기해야 할 것이다.

086 **caricature** [kǽrikətʃùər]

n. 풍자, 만화

Newspapers often contain caricatures of well-known politicians.
신문에는 종종 유명 정치인들의 풍자만화가 실린다.

❖ **caricaturist** n. 풍자화가, 만화가

☐ **cartoon**
[kɑːrtúːn]

n. 시사풍자 만화

a political cartoon
정치 만화

☐ **comic**
[kámik]

a. 익살스러운, 희극의　n. 희극배우, 만화책
opp. tragic 비극의

a comic performance
희극

☐ **satire**
[sǽtaiər]

n. 풍자(문학), 비꼼

The play is a satire on modern civilization.
그 연극은 현대 문명에 대한 풍자이다.

☐ **tragedy**
[trǽdʒədi]

n. 비극, 비극적인 소설, 참사　opp. comedy

Shakespeare's "Hamlet" is a very famous tragedy.
셰익스피어의 희곡 "햄릿"은 매우 유명한 비극이다.

motive [móutiv]

n. 동기, 목적, 주제

It was from a complex motive that he committed murder.
그가 살인을 저지른 것은 복잡한 동기에서 나온 것이다.

❖ **motivate** v. 동기를 주다
❖ **motivation** n. 자극

☐ **cause**
[kɔːz]

n. 원인, 이유(reason), 대의명분, 소송
v. 야기하다, 원인이 되다 opp. effect

cause and effect
원인과 결과

Let's fight for the cause of democracy!
우리 민주주의를 위해 투쟁합시다!

☐ **reason**
[ríːzən]

n. 이유, 추리력, 이성 v. 추리하다, 논하다

The cost is out of all reason.
그 비용은 터무니없는 가격이다.

❖ **reasonable** a. 분별 있는(sensible)

ceremony [sérəmòuni]

n. 예식, 예절

a closing ceremony
폐회식

an opening ceremony
개회식

☐ **formality**
[fɔːrmǽləti]

n. 정식, 의례, (pl.) 정식수속, 절차

legal formality
법률상의 절차

□ **trait**
[treit]

n. 특징, 특질

national trait
국민성

□ **character**
[kǽriktər]

n. 특징, 성격

He is of coarse character.
그는 거친 성격이다.

❖ **characteristic** a. 특유의, 독특한

---

089 | **dispose** [dispóuz]

v. 배치하다(arrange), 마음이 내키게 하다

I will dispose of these old papers.
나는 이 오래된 신문들을 처분할 것이다.

❖ **dispose of** ~을 처분하다
❖ **disposition** n. 배치(arrangement)
❖ **disposal** n. 정리, 정돈, 처분

□ **cast**
[kæst]

v. 던지다(throw)   n. 성격, 배역

cast a vote
투표하다

cast a glance
힐끗 보다

□ **personality**
[pə̀ːrsənǽləti]

n. 개성, 인격, 유명인

double personality
이중인격

❖ **personally** ad. 몸소, 친히, 개인적으로

temperament
[témpərəmənt]

n. 기질(disposition), 기분, 성향

Success often depends on one's
temperament.

사람의 성공 여부는 종종 그의 기질에 따라 갈린다.

❖ **temperamental** a. 기분의, 변덕스러운

temper
[témpər]

n. 기질, 기분(mood), 노여움(anger)

She has a sweet temper.

그녀는 온화한 성품을 타고났다.

open-minded
[óupənmáindid]

a. 편견 없는, 허심탄회한

He is very open-minded.

그는 편견 없는 사람이다.

bias
[báiəs]

n. 기질, 성향, 편견

without bias and favor

공평무사하게

prejudice
[prédʒədis]

n. 편견(bias), 선입관, 권리침해 v. 편견을 갖다

You must not have a prejudice against
foreigners.

외국인에 대해서 편견을 가져서는 안 된다.

❖ **prejudicial** a. 불리한

090 **benevolent** [bənévələnt]

a. 자애로운, 자선적인(charitable), 인정 많은

He was a benevolent old man, he wouldn't hurt a fly.

그 노인은 하도 인정이 많은 사람이라서 파리 한 마리도 죽이지 못했다.

❖ **benevolence** n. 박애, 자비심, 친절

□ **mercy**
[mə́:rsi]

n. 자비, 연민

There is no mercy in him.

그에게 연민의 정이라곤 찾아볼 수가 없다.

□ **charity**
[tʃǽrəti]

n. 관용, 자애, 자비, (pl.) 자선사업

Charity begins at home.

사랑은 가정에서 시작된다.

□ **breadth**
[bredθ]

n. 폭(width), 관용(generosity) opp. length

His book showed the great breadth of his learning.

그의 책은 그가 아주 박식하다는 것을 보여준다.

□ **width**
[widθ]

n. 폭, 너비

a road of great width

폭이 매우 넓은 도로

□ **benefactor**
[bénəfæ̀ktər]

n. 기부자, 자선가

❖ **benefaction** n. 자선(charity), 기부

□ **contribute**
[kəntríbjut]

v. 기부하다, (원고를)기고하다, 공헌하다

Fresh air contributes to good health.

신선한 공기는 건강에 도움을 준다.

□ **offer**
[ɔ́(:)fər]

v. 제공하다, 제안하다, 바치다
Thanks for your offer of help.
도와주시겠다니 고맙습니다.

□ **donate**
[dóuneit]

v. 증여하다, 기증하다(contribute, bestow)
donate blood
헌혈하다

❖ **donation** n. 기부(금)
❖ **donor** n. 기부자

□ **capacious**
[kəpéiʃəs]

a. 넓은, 관대한
a capacious vessel
넓은 그릇

□ **generosity**
[dʒènərásəti]

n. 관용, 인심이 좋음
a generous nature
너그러운 성질

❖ **generous** a. 너그러운, 관대한

---

091 **cheat** [tʃiːt]

v. 속이다(deceive), 협잡을 하다

She will not cheat us.
그녀는 우리를 속이지 않을 것이다.

□ **beguile**
[bigáil]

v. 속이다(deceive), (지루함을)잊게 하다
I beguiled weary hours with music.
나는 지루한 시간을 음악으로 달랬다.

☐ **pretend**
[priténd]

v. ~인 체하다, 속이다(make believe), 가장하다(feign)

pretend ignorance
모른 척하다

❖ **pretense, -ce** n. 핑계, 가장, 거짓

☐ **deceive**
[disí:v]

v. 속이다, 기만하다(mislead, cheat)

The bad boy deceived his mother.
그 못된 아이는 자기 엄마를 속였다.

❖ **deceit** n. 사기, 기만
❖ **deception** n. 속임, 기만

☐ **betray**
[bitréi]

v. 배반하다, 속이다, 무심코 폭로하다(reveal, show)

betray oneself
본성을 드러내다

❖ **betrayal** n. 배반, 밀고, 폭로

☐ **trick**
[trik]

n. 계략, 속임수, 장난

I suspect some trick.
아무래도 속고 있는 것만 같다.

☐ **mislead**
[mislí:d]

v. 잘못 인도하다, 속이다

Bad companions mislead him.
못된 친구들이 그를 나쁜 쪽으로 빠지게 한다.

❖ **misleading** a. 오도하는, 현혹시키는

---

092 | **cherish** [tʃériʃ]

v. 소중히 하다, 마음속에 품다, 간직하다

He cherished the memory of his dead wife.
죽은 아내에 대한 기억이 그의 가슴 속에 남아 있었다.

□ **foster**
[fɔ́(ː)stər]

v. 기르다(nurse, bring up), 소중히 하다(cherish), 마음에 품다, 조장하다 a. 양육하는

a foster mother
수양 어머니

Indifference fosters dictatorship.
무관심은 독재를 조장한다.

□ **harbor**
[háːrbər]

n. 항구, 은신처 v. 숨기다, (나쁜 마음을) 품다

in harbor
정박 중인

---

093 **alter** [ɔ́ːltər]

v. 바꾸다, 변경하다, 고치다

Do you think you will alter your travel plans?
여행 계획을 변경할 의향은 없으신지요?

❖ **alterable** a. 고칠 수 있는 opp. unalterable

□ **alternate**
[ɔ́ːltərnit]

v. 교대시키다, 엇갈리게 하다, 번갈아 일어나다
a. 엇갈린, 교류의

Good times alternate with bad.
불황과 호황은 번갈아 온다.

□ **alternative**
[ɔːltə́ːrnətiv]

n. 양자택일(choice of two) a. 양자택일의

She had no alternative but to ask for a divorce.
그녀는 이혼을 요구하는 것 외에 달리 선택할 방도가 없었다.

❖ **alternately** ad. 교대로

prefer [prifə́:r]

v. 오히려 ~을 더 좋아하다, 제출하다

Like most educated people, he prefers classical music to pop.
대개의 교양 있는 사람들이 그렇듯 그도 대중음악보다는 고전 음악을 더 좋아한다.

□ **preferable**
[préfərəbəl]

a. 더 마음에 드는, 더 바람직한

The worst reconciliation is preferable to the best divorce.
아주 볼품없는 화해일지라도 멋들어진 이혼보다 낫다.

❖ **preference** n. 선택, 우선(권)

□ **choice**
[tʃɔis]

n. 선택, 선택권(selection)

I live in the country by choice.
내가 좋아서 시골에서 산다.

❖ **choicely** ad. 잘 가려서

□ **choose**
[tʃu:z]

v. 고르다(select), 선출하다(elect)

Be careful in choosing your friend.
친구를 고를 때는 신중을 기하라.

❖ **choosy** a. 가리는, 까다로운

□ **option**
[ápʃən]

n. 취사선택, 선택권

There are many options open to someone who is willing to work hard.
열심히 하려는 사람에게 많은 선택권이 열려 있는 것이다.

❖ **optional** a. 선택자유의, 임의의

□ **select**
[silékt]

v. 고르다, 선택하다(choose) a. 잘 선택한

He selected a shirt to match his suit.
그는 겉옷에 잘 어울리는 속옷을 하나 골랐다.

❖ **selection** n. 선택, 발췌

095 | **circuit** [sə́:*r*kit]

n. 순회, 회전(revolution), 둘레, 우회로

How long does it take for the earth to make it's circuit of the sun.
지구가 태양을 도는 데 시간은 얼마나 걸리지?

☐ **circulate**
[sə́:*r*kjəlèit]

v. 순환하다, 유통되다

circulating capital
유통 자본

❖ **circular** a. 원형의, 순환하는
❖ **circulation** n. 순환, 유통, 발행 부수

☐ **circle**
[sə́:*r*kl]

n. 원, 집단 v. 선회하다

the upper circles
상류 사회

☐ **roll**
[roul]

v. 회전하다, 굴리다 n. 회전

Time rolls on.
세월은 흐른다.

☐ **rotate**
[róuteit]

v. 회전하다(시키다) (revolve), 교대하다

Life rotates.
인생은 돌고 돈다.

the rotation of the earth
지구의 자전

❖ **rotation** n. 회전, 교대

□ **compass**
[kʌ́mpəs]

n. 범위(extent), 한계(boundary), 나침반, (pl.) 콤퍼스
v. 둘러싸다, 달성하다

The discussion was beyond the compass of my brain.
그 토론은 내 지력의 한계를 벗어났다.

---

096 | **civilize** [sívəlàiz]

v. 개화하다, 문명화하다

Oriental civilization
동양문명

❖ **civilized** a. 개화된, 세련된(refined)
❖ **civilization** n. 문명 opp. barbarism 야만주의

□ **civil**
[sívəl]

a. 시민의, 국내의, 공손한
civil liberties 시민의 자유
a civil answer 정중한 회답
Civil law 민법
civil war 내란

❖ **civility** n. 정중함, 친절

□ **courtesy**
[kɔ́ːrtəsi]

n. 예의(comity), 친절(kindness), 호의(favor), 우대
courtesy card 우대 카드

❖ **courteous** a. 점잖고 예의바른(polite)

□ **polite**
[pəláit]

a. 정중한, 예의바른(courteous), 교양 있는
a polite answer 정중한 대답
polite society 상류사회

❖ **politely** ad. 공손히
❖ **politeness** n. 정중, 우아

☐ **chivalry** n. 기사도, 기사도 정신
[ʃívəlri]
❖ **chivalrous** a. 예의바른, 용감한

☐ **trim** v. 깎아 다듬다 a. 말쑥한(neat) n. 정돈(order)
[trim]
❖ **trimming** n. (사진의) 트리밍

☐ **clean** a. 청결한, 순수한 v. 청결하게 하다
[kli:n]
❖ **cleaning** n. 청소
❖ **cleanness** n. 결백
❖ **clean-cut** a. 말쑥한
❖ **clean up** n. 대청소, 정화

☐ **purge** v. 정화하다, 깨끗하게 하다, 숙청하다
[pə:rdʒ]
Purge away your evil thoughts.
못된 생각을 씻어버려라.

☐ **transparent** a. 투명한, (문제가) 알기 쉬운(easily understood),
[trænspέərənt] 속 보이는
a transparent lie 빤한 거짓말
transparent glass 투명 유리

---

097 **apparent** [əpǽrənt]
n. 명백한(obvious), ～처럼 보이는(seeming)

It is apparently true.
그것은 분명히 사실이다.
❖ **apparently** ad. 분명히(clearly)

☐ **visible** a. 눈에 보이는, 명백한(evident) opp. invisible
[vízəbəl]
the visible 현세

☐ **clarify**
[klǽrəfài]

v. 명백히 하다, 정화하다(purify)

He tried to clarify a difficult sentence.
그는 어려운 문장을 쉽게 고치려고 애썼다.

☐ **proof**
[pru:f]

n. 증거(evidence), 증명 v. 교정하다

Have you any proof of what you say?
네가 말하는 사실에 관한 어떤 증거라도 있느냐?

❖ **proofreader** 교정자

☐ **evidence**
[évidəns]

n. 증거, 흔적, 징후

There wasn't enough evidence to prove him guilty.
그가 유죄라고 입증할 만한 증거는 충분하지 않았다.

❖ **evident** a. 명백한, 분명한(clear)

☐ **manifest**
[mǽnəfèst]

v. 분명하게 밝히다 a. 명백한

a manifest error
뚜렷한 질문

☐ **patent**
[pǽtənt]

a. 특허의, 명백한 n. 특허권

a patent agent
특허 변리사

a patent right
특허권

❖ **patentee** n. (전매) 특허권 소유자

☐ **plain**
[plein]

a. 명백한(obvious), 솔직한(frank), 검소한(simple), 보통의(ordinary) n. 평야

plain speaking
직언

plain living
간소한 생활

❖ **plainness** n. 명백, 검소

□ **thrift**
[θrift]

n. 검약, 절약(economy)

❖ **thrive** v. 절약하다
❖ **thrifty** a. 검소한

□ **obvious**
[ábviəs]

a. 명백한 opp. obscure 분명치 않은

It is obvious that he lied to me.
그가 내게 거짓말을 한 것이 명백하다.

❖ **obviously** ad. 명백하게

---

098 | **coarse** [kɔːrs]

a. 조잡스런(poor), 저속한(vulgar) opp. fine

---

a coarse joke
추잡한 농담

□ **vulgar**
[vʌ́lgər]

a. 천한, 저속한, 서민의(popular)

vulgar literature
저속한 문학

□ **gross**
[grous]

a. 뚱뚱한, 심한, 천한 n. 총계, 총체

one's gross income
총수입

❖ **in gross** 대체로, 도매로 opp. at retail 소매로
❖ **grossly** ad. 엄청나게

comfort [kʌ́mfərt]

v. 위로하다(console) n. 위로, 안락(ease)

They have enough money to live in comfort.
그들은 안락한 생활을 할 만큼 충분한 돈을 가졌다.

❖ **comfortable** a. 편안한

☐ **ease**
[iːz]

n. 편안함(comfort), 안락함, 쉬움
with ease 쉽게
feel at ease 안심하다

☐ **reassure**
[rìːəʃúər]

v. 안심시키다, 재보증하다
The doctor reassured the sick man.
의사는 환자를 안심시켰다.

☐ **console**
[kənsóul]

v. 위로하다, 위문하다, 달래다
consolation money
위자료
consolation prize
감투상 (애석상)

❖ **consolation** n. 위안

☐ **relief**
[rilíːf]

n. (고통의) 제거, 기분 전환(removal), 구원
They are in need of relief.
그들은 원조가 필요하다.

❖ **relieve** v. 완화시키다, 안심시키다(lighten, comfort)
Relieve your feelings.
긴장을 풀어라.

☐ **soothe**
[suːð]

v. 위로하다(comfort), 진정시키다(calm)
Have a drink to soothe your nerves.
술을 한잔해서 마음을 진정시키시오.

☐ **solace**
[sáləs]

n. 위안 v. 위로하다

Books were his only solace.
책은 그의 유일한 위안거리였다.

☐ **quiet**
[kwáiət]

a. 한적한, 평화로운 v. 달래다(soothe) n. 고요

a quiet life 평온한 생활

☐ **restful**
[réstfəl]

a. 편안한, 평온한

restful death
안식을 주는 죽음

---

100 | **command** [kəmǽnd]

v. 명령하다(order), 지휘하다(lead), 통솔하다(control),
(경치 따위를)내려다보다(overlook)

He commanded them to go ahead at once.
그는 그들에게 즉시 전진하라고 명령했다.

❖ **commander** n. 지휘자, 사령관

☐ **direct**
[dirékt]

v. 지시하다, 명령하다 a. 직접적인, 솔직한

direct answer
솔직한 답변

❖ **direction** n. 방향, 지시, 지휘
❖ **director** n. 감독, 지휘자
❖ **directory** n. 주소 성명록

a telephone directory
전화번호부

☐ **first-hand**
[fə́:rsthǽnd]

ad. 직접적으로(directly) a. 직접의

I heard her news first-hand.
나는 그녀의 소식을 직접 들었다.

□ **indirect**
[ìndirékt]

a. 간접적인, 멀리 도는

  an indirect route
  우회도로

❖ **indirectly** ad. 간접적으로

□ **secondhand**
[sékəndhǽnd]

a. 중고품의, 간접의

  a secondhand car 중고차

❖ **second hand** n. 초침, 간접 수단

□ **ordain**
[ɔːrdéin]

v. (신, 운명이) 정하다, 결정하다

  Fate ordained that we should separate.
  운명이 우리들을 갈라놓았다.

□ **order**
[ɔ́ːrdər]

n. 순서(sequence), 명령, 주문, 질서
v. 명령하다(command), 정돈하다(arrange)

  peace and order
  평화와 질서

❖ **orderly** a. 질서 정연한, 유순한

□ **instruct**
[instrʌ́kt]

v. 가르치다, 알리다, 명령하다

  He instructs a class in history.
  그는 학급에서 역사를 가르치고 있다.

❖ **instructive** a. 교육적인, 유익한
❖ **instructor** n. 교사, 지도자

---

101 **commit** [kəmít]

v. 맡기다(entrust), (범행을) 저지르다

This man has committed a very serious crime.
이 남자가 아주 중대한 범죄를 저질렀다.

□ **entrust**
[entrʌ́st]

v. 위임하다, 위탁하다

Can I entrust the task to you?
당신에게 그 일을 맡겨도 되겠습니까?

---

102 | **impersonal** [impə́:rsənəl]

a. 일반적인, 비인격적인

an impersonal point of view
일반적 견해

□ **common**
[kámən]

a. 통상적인, 보통의, 공통의

the common people 민중
a commonplace talk
흔해빠진 이야기

❖ **commonly** ad. 일반적으로
❖ **commons** n. 평민
❖ **commonplace** a. 평범한, 흔한

□ **familiar**
[fəmíljər]

a. ~을 잘 알고 있는, 친한, 흔한

facts that are familiar to everybody
누구나 알고 있는 흔한 사실

❖ **familiarity** n. 정통, 친밀, 친한 사이

□ **generalize**
[dʒénərəlàiz]

v. 일반화하다, 막연히 말하다, 보급시키다

❖ **general** a. 일반적인
❖ **generality** n. 일반성, 보편성

□ **ordinary**
[ɔ́:rdənèri]

a. 통상적인(usual), 보통의, 대단찮은

an ordinary meeting 정례회
an ordinary dress 평상복

❖ **ordinarily** ad. 일반적으로, 보통

☐ **popular**
[pápjələr]

a. 인기 있는, 유행하는, 인민의, 쉬운

a popular government 민주정치

in a popular language 쉬운 말로

popular front 인민전선

❖ **popularize** v. 일반화하다, 통속화하다
❖ **popularity** n. 인기

---

103 **compare** [kəmpɛ́ər]

v. 비교하다, 비유하다

To live is often compared to a voyage.
산다는 것은 흔히 항해에 비유된다.

❖ **comparable** a. ~와 필적하는, 유사한
❖ **comparison** n. 비교, 대조

☐ **figurative**
[fígjərətiv]

a. 비유(은유)적인

a figurative use of a word
낱말의 비유적 용법

☐ **contrast**
[kántræst]

n. 대조, 대비 v. 대조하다

In this book the writer contrasts Europe
with American.
이 책에서 저자는 유럽과 미국을 비교하고 있다.

☐ **complex**
[kəmpléks]

a. 복잡한 n. (심리) 콤플렉스, (건물의) 단지

complex sentence
복문

sports complex
체육단지

❖ **complexity** n. 복잡, 복잡한 것
cf. **complexion** n. 안색, 외관

112

☐ **complicate**
[kámpləkèit]

n. 뒤얽힌(intricate)   v. 복잡하게 하다

That complicates matters.

그것은 일을 뒤얽히게 만든다.

❖ **complicated** a. 복잡한
❖ **complication** n. 복잡, 분규

---

104 | **obscure** [əbskjúər]

a. 애매한, 무명의(vague, unknown), 희미한

an obscure passage 애매모호한 문구
an obscure poet 무명시인

❖ **obscurely** ad. 애매하게, 어둡게

☐ **intricate**
[íntrəkit]

a. 복잡하게 얽힌, 애매한(obscure)

This is a novel with an intricate plot.

이것은 복잡한 줄거리로 쓰여진 소설이다.

❖ **intricacy** n. 복잡(complexity)

☐ **involve**
[inválv]

v. 포함하다(include), 초래하다, 얽혀들게 하다

He is involved in the crime.

그는 그 범행에 연루되어 있다.

❖ **involvement** n. 연루, 연좌, 곤란한 일
❖ **involved** a. 복잡한

☐ **implicate**
[ímpləkèit]

v. (범죄에) 연루시키다

be implicated in a crime

범죄에 연루되다

an implicit promise

묵약(默約)

❖ **implication** n. 연루, 함축
❖ **implicit** a. 함축적인, 암묵적인

113

assure [əʃúər]

v. 확실하게 하다, 보증하다

I assure you of her innocence.
나는 그녀가 결백하다는 것을 보증한다.

❖ **assurance** n. 보증, 확신

□ secure
[sikjúər]

v. 안전하게 하다(protect), 보증하다(insure)
a. 안전한, 확신하는(confident), 견고한(firm)
opp. anxious

❖ **security** n. 안전, 방심, 보증, 담보

Security is the greatest enemy.
방심이 제일 무서운 적 (속담)

□ vow
[vau]

n. 서약, 맹세 v. 맹세하다

All the men took a vow of loyalty to their leader.
모든 부하들이 그들의 지도자에게 충성을 맹세했다.

□ pledge
[pledʒ]

n. 맹세, 서약(solemn promise), 증표, 담보

Take this ring as a pledge of our love.
사랑의 증표로 이 반지를 가져라.

□ insure
[inʃúər]

v. 보증하다(guarantee), 확인하다

Is your house insured against fire?
당신 집은 화재보험에 들어 있습니까?

❖ **insurer** n. 보험업자
❖ **insurance** n. 보험

□ **warrant**
[wɔ́(:)rənt]

n. 까닭(justification), 권한(authority), 보증(guarantee), 영장

Diligence is a warrant success.
근면은 성공의 보증이다.

a warrant of arrest
체포영장

□ **sponsor**
[spánsər]

n. 보증인, 광고주 v. 후원하다(support)

The baseball game is being sponsored by this company.
그 야구 경기는 이 회사가 후원하고 있다.

□ **guarantee**
[gæ̀rəntí:]

v. 보증하다 n. 보증인, 담보

This radio is guaranteed for three years.
이 라디오는 3년 동안 보증된다.

□ **ensure**
[enʃúər]

v. 보증하다(guarantee), 안전하게 하다

ensure the freedom of the press
출판의 자유를 보장하다.

□ **certificate**
[sərtífəkit]

n. 보증서, 증명서, 검사증

marriage certificate
결혼 증명서

□ **vouch**
[vautʃ]

v. 보증하다(guarantee), 단언하다(assert)

I'll vouch for you.
내가 너의 보증인이 되겠다.

9th Day

---

confirm [kənfə́:rm]

v. 확인하다(verify), 굳히다(strengthen)

I confirmed the rumor.
나는 그 소문을 확인했다.

❖ **confirmation** n. 확인하기, 비준
❖ **confirmed** a. 상습적인, 만성의(chronic)

a confirmed drunkard
술고래

□ **verify**
[vérəfài]

v. 확증하다(prove), 확인하다

His report was verified by witness.
그의 보고는 목격자에 의해 사실로 드러났다.

□ **prove**
[pru:v]

v. 증명하다(demonstrate), ~으로 판명되다

The exception proves the rule.
예외가 있다는 것은 규칙이 있다는 증거. (속담)

□ **demonstrate**
[démənstrèit]

v. 증명하다, 감정을 드러내다, 시위를 하다

❖ **demonstration** n. 증명, 데모, 표명

116

confuse [kənfjúːz]

v. 혼란시키다, 어리둥절케 하다(disconcert)

I was confused by all the noise.
온갖 잡음 때문에 나는 얼이 다 나갔다.

❖ **confusion** n. 혼란, 어리둥절함
❖ **confused** a. 혼란스러운, 당황한
❖ **confusing** a. 당황케 하는

☐ **disrupt**
[disrʌ́pt]

v. 혼란에 빠뜨리다, 깨뜨리다

Floods disrupted traffic.
홍수로 교통이 두절되었다.

☐ **mess**
[mes]

n. 혼란(confusion), 곤경, 음식물

This room is in a terrible mess.
이 방은 온통 난장판이다.

☐ **distraction**
[distrǽkʃən]

n. 혼란(confusion), 위안, 오락

There are too many distractions here.
이곳에는 산란스러운 것이 너무 많다.

☐ **perplex**
[pərpléks]

v. 당황하게 하다(puzzle),
뒤얽히게 하다(bewilder, complicate)

I was perplexed for an answer.
어떤 대답을 해야 할지 몰라 곤혹스러웠다.

❖ **perplexed** a. 난처한, 당혹한
❖ **perplexity** n. 당황, 난처한

☐ **puzzle**
[pʌ́zl]

n. 난제(hard question) v. 당황케 하다(perplex)

I am quite puzzled.
너무나 당혹스럽다.

❖ **puzzlement** n. 당황

chaos [kéiɑs]

n. 혼돈, 무질서 opp. cosmos 질서

After the power failure, the city was in chaos.

정전(停電)이 된 후에 그 도시는 혼돈 속으로 빠졌다.

❖ **chaotic** a. 무질서한

□ **disorder**
[disɔ́:rdər]

n. 난잡(confusion), 무질서, 소동(tumult)

v. 혼란케 하다(disturb)

My room was in disorder.

내 방은 난장판이 되어 있었다.

❖ **disorderly** a. 무질서한, 혼란한

□ **embarrass**
[imbǽrəs]

v. 난처하게 만들다, 방해하다

❖ **embarrassment** n. 당혹, 방해

❖ **embarrassing** a. 쩔쩔매게 하는

□ **confound**
[kənfáund]

v. 혼란케 하다, 혼동하다(confuse)

The election results confounded the ruling party.

선거 결과는 집권당을 당혹스럽게 만들었다.

□ **bewilder**
[biwíldər]

v. 당황하게 하다(confuse), 어리둥절케 하다

Big city traffic bewilders me.

대도시의 교통이 나를 어리둥절케 했다.

❖ **bewildered** a. 당황한

❖ **bewilderment** n. 당혹, 곤혹

□ **surprise**
[sərpráiz]

n. 놀람(astonishment), 경악 v. 놀라게 하다

His conduct surprised me.

그의 처신에 놀랐다.

astonish [əstániʃ]

v. 놀라게 하다(surprise greatly) opp. ease

I was astonished at the news.
나는 그 소식에 깜짝 놀랐다.
- ❖ **astonishment** n. 놀람, 경악
- ❖ **astonishing** a. 깜짝 놀랄만한

☐ **astound**
[əstáund]

v. 깜짝 놀라게 하다
She was astounded when she heard he had won.
그가 이겼다는 소식을 듣고 그녀는 깜짝 놀랐다.

☐ **amaze**
[əméiz]

v. 놀라게 하다, 경탄케 하다(astound)
I was amazed by the news.
나는 그 소식에 경악을 금치 못했다.
- ❖ **amazement** n. 경악, 놀람

☐ **incredible**
[inkrédəbəl]

a. 믿어지지 않는, 놀랄 만한(surprising)
a quite incredible happening
도저히 믿어지지 않는 일

☐ **stun**
[stʌn]

v. 실신시키다, 멍하게 만들다(daze, astound)
I was stunned by the news.
나는 그 소식을 듣고 정신이 아찔해졌다.

☐ **dizzy**
[dízi]

a. 현기증이 나는, 얼이 빠지는(bewildered)
a dizzy height
현기증이 날 만큼 높은 곳

☐ **upset**
[ʌpsét]

v. 뒤엎다, 전복시키다(overturn) n. 전복, 혼란
a. 전복된, 혼란스런(disordered)
upset a cup of coffee 커피 잔을 뒤엎다

□ **tumult**
[tjúːmʌlt]

n. 소란, 소동(uproar), 소요, 폭동

a popular tumult
민중의 소요

□ **riot**
[ráiət]

n. 폭동, 소동(tumult), 대혼란(uproar)

The army put down a riot.
군대가 폭동을 진압했다.

---

110 | **disturb** [distə́ːrb]

v. (평온을) 깨뜨리다(agitate), 훼방 놓다

Don't disturb.
훼방 놓지 마.

❖ **disturbance** n. 방해, 소동, 혼란

□ **nuisance**
[njúːsəns]

n. 방해, 성가신 것, 방해물

a private nuisance
사생활 방해

□ **noise**
[nɔiz]

n. 소음, 소란, 소리(sound) opp. stillness 정적

I heard a strange noise last night.
나는 지난밤에 이상한 소리를 들었다.

□ **uproar**
[ʌ́prɔ̀ːr]

n. 소란, 소동, 소음

The village was in uproar.
온 마을이 시끌시끌했다.

□ **uprising**
[ʌ́pràiziŋ]

n. 반란, 폭동

The police put down the uprising by force.
경찰은 폭동을 무력으로 진압했다.

□ **defiance**
[difáiəns]

n. 도전(challenge), 명령의 무시, 반항
opp. obedience 복종

defiance of established authority
기성 권위에 대한 도전

❖ **deficiency** n. 결핍, 부족

a vitamin deficiency
비타민 결핍(증)

□ **defy**
[difái]

v. 반항하다, 얕보다, 좌절시키다

This is the problem that defy solution.
이것은 아무리 해봐도 해결되지 않는 문제이다.

□ **revolt**
[rivóult]

v. 반역하다(rebel), 반항하다 n. 반역(rebellion), 모반,
폭동 opp. obey, submit

People revolted against the government.
국민은 정부에 반기를 들었다.

□ **traitor**
[tréitər]

n. 배신(반역)자, 역적

❖ **traitorous** a. 반역적인

□ **revolve**
[riválv]

v. 회전하다, 순환하다, 숙고하다(consider)

The seasons revolve.
계절은 순환한다.

❖ **revolution** n. 혁명

---

111 **conquer** [káŋkər]

v. 정복하다, 압도하다(overwhelm), 극복하다
opp. surrender 항복하다

the Norman Conquest 노르만 정복

❖ **conquest** n. 정복, 극복

□ **surmount**
[sərmáunt]

v. 극복하다(overcome), 넘다(cross over)
(수동태로) 얹다(cap)

a tin roof surmounted with snow
눈 덮인 양철지붕

□ **defeat**
[difíːt]

v. 쳐부수다, 이기다(overcome)   n. 격파, 좌절

A nation may be defeated, but never
conquered.
국민은 패배할지라도 결코 정복당하지 않는다.

□ **overcome**
[òuvərkám]

v. 정복하다, 압도하다(overwhelm), 극복하다

overcome obstacles
장애를 극복하다

□ **prevail**
[privéil]

v. 이기다(triumph), 우세하다(predominate), 유행하다

Truth will prevail.
진리는 승리하리라.

❖ **prevalent**   a. 유행하는
❖ **prevalence**   n. 유행, 보급

□ **vanquish**
[væŋkwiʃ]

v. 정복하다, (감정을)극복하다, 이기다

Napoleon was vanquished at the battle of
Waterloo in 1815.
나폴레옹은 1815년 워털루 전투에서 패배했다.

□ **subdue**
[səbdjúː]

v. 정복하다, (감정을)억제하다

He subdued his anger.
그는 분노를 억눌렀다.

□ **overwhelm**
[òuvərhwélm]

v. 압도하다, 당황케 하다

an overwhelming catastrophe
불가항력적인 재난

❖ **overwhelming**   a. 압도적인

□ **irresistible**
[ìrizístəbəl]

a. 압도적인, 매력적인

an irresistible force
저항할 수 없는 힘

□ **overthrow**
[òuvərθróu]

v. 압도하다, 뒤집다(upset) n. 전복

The people overthrew the king.
국민들은 국왕을 폐위시켰다.

---

112 | **consider** [kənsídər]

v. 고려하다, ~라고 생각하다

I consider him to be a good doctor.
그는 훌륭한 의사가 되리라고 생각한다.

a very considerable person
아주 중요한 인물

❖ **consideration** n. 고찰, 중요성

□ **considering**
[kənsídəriŋ]

prep. ~을 생각하면, ~고려하면

He looks old considering his age.
나이치고는 늙어 보인다.

□ **muse**
[mju:z]

v. 곰곰이 생각하다(meditate), 명상하다

It is useless to muse upon past errors.
지난 잘못을 되씹는 것은 쓸데없는 일이다.

□ **ponder**
[pándər]

v. 숙고하다, 곰곰 생각하다

He pondered the troubles with great
seriousness.
그는 그 문제에 대해 아주 신중하게 생각했다.

❖ **ponderous** a. 묵직한, 무게 있는, 지루한

□ **reflect**
[riflékt]

v. 반사하다, 영향을 미치다, 숙고하다

Stop and reflect a minute before you act.

행동으로 옮기기 전에 멈춰 서서 잠깐 동안 곰곰이 생각해 봐라.

❖ **reflection** n. 반사, 반성, 숙고
❖ **reflex** n. 반사, 그림자

□ **brood**
[bru:d]

v. 곰곰이 생각하다

She brooded over the mistake she made.

그녀는 자신의 실수를 곰곰이 생각해 보았다.

□ **contemplate**
[kántəmplèit]

v. 깊이 생각하다(think about), 응시하다(gaze at)

He contemplated the problem in all its aspects.

그는 그 문제를 온갖 측면에서 깊이 생각했다.

❖ **contemplation** n. 심사숙고, 응시

□ **meditate**
[médətèit]

v. 묵상하다, 명상하다, 숙고하다

She meditated upon her past life.

그녀는 자기의 지난날을 돌이켜 보았다.

❖ **meditation** n. 묵상, 명상

□ **study**
[stʌ́di]

v. 연구하다, 생각하다, ~하려고 마음먹다

He studied not to do wrong.

그는 옳지 못한 일은 하지 않으리라 마음 먹었다.

□ **weigh**
[wei]

v. 무게를 달다, 압박하다, 무게가 나가다, 잘 생각하다(consider)

You weigh well before deciding.

잘 생각한 후에 결정해라.

113 infect [infékt]

v. 오염시키다, (해로운 사상에) 물들게 하다

A lot of people were infected with cholera in this summer.
이번 여름에는 많은 사람들이 콜레라에 감염되었다.

❖ infection n. 전염, 전염병

□ pollution
[pəlúːʃən]

n. 오염, 타락

pollution of the atmosphere
대기오염

The almighty dollar principle polluted young people.
황금만능주의는 젊은이들을 타락시켰다.

❖ pollute v. ~을 더럽히다

□ dissolute
[dísəlùːt]

a. 방탕한, 타락한(astray)

a dissolute life
방탕한 생활

□ astray
[əstréi]

a. ad. 길을 잃어, 타락하여

The attractions of the city led the youth astray.
도시의 유혹은 젊은이들을 타락시켰다.

□ contaminate
[kəntǽmənèit]

v. ~을 더럽히다, 오염시키다

Smog contaminates the air.
스모그는 대기를 오염시킨다.

❖ contamination n. 오염, 오물

□ corrupt
[kərʌ́pt]

a. 오염된, 부패한 v. 부패시키다

corrupt morals 도덕을 문란케 하다

❖ corruption n. 타락, 부패(decay)

□ **impure**
[impjúər]

a. 음란한, 불결한, 불순한   opp. pure 순수한

an impure motive
불순한 동기

❖ **impurity** n. 불순물

---

constant [kánstənt]

a. 불변의, 부단한   n. (수학) 상수(常數)

I don't like these constant arguments.
이런 지지부진한 논쟁은 정말 싫다.

❖ **constancy** n. 불변, 절조
❖ **constantly** ad. 끊임없이

□ **eternal**
[itə́:rnəl]

a. 불후의, 영원한(everlasting), 불변의

eternal truth
영원한 진리

❖ **eternally** a. 영구히
❖ **eternity** n. 영원

□ **incessant**
[insésənt]

a. 끊임없는(ceaseless), 쉴 새 없는

We've had a week of incessant rain.
일주일 내내 비가 내렸다.

❖ **incessantly** ad. 끊임없이

□ **perpetual**
[pərpétʃuəl]

a. 영구적인(eternal), 끊임없는(constant)

a perpetual stream of visitors
끊임없이 이어지는 방문객

❖ **perpetuation** n. 영속
❖ **perpetuity** n. 종신연금, 영속

115 **invariable** [invέəriəbəl]

a. 변치 않는, 한결같은

They were almost invariable silent.
그들은 한결같이 침묵을 지키고 있었다.

□ **consecutive**
[kənsékjətiv]

a. 연속하는, 일관된(successive)

consecutive numbers
일련 번호

It rained three consecutive days.
하루도 쉬지 않고 사흘 동안 비가 내렸다.

❖ **consecution** n. 연속, 일관성

□ **consistent**
[kənsístənt]

a. 일관된, 변함없는

He is not consistent in his action.
그의 행동은 일관되지 못하다.

❖ **consistency** n. 일관성

□ **sequence**
[sí:kwəns]

n. 연속, 결과

the sequence of events on the night
밤에 일어난 일련의 사건들

□ **serial**
[síəriəl]

a. 일련의 n. 연속물

the serial numbers of the stolen checks
도난당한 수표의 일련 번호

□ **train**
[trein]

n. 기차, 연속(sequence), 행렬
v. 훈련하다(drill), 양성하다(rear)

a train of thought
일련의 생각

❖ **training** n. 훈련, 양성

succession
[səkséʃən]

n. 연속, 계승자들

Disasters came in succession.

재앙이 잇따라 들이닥쳤다.

❖ successive a. 잇따른

continue
[kəntínjuː]

v. 계속하다(keep on), 지속하다(last)

A living language continues to change.

살아 있는 언어는 계속적으로 변화한다.

❖ continual a. 끊임없는

continual practice

부단한 연습

everlasting
[èvərlǽstiŋ]

a. 연속적인 n. 영원

I'm tired of his everlasting complaints.

그의 끊임없는 불평에 넌더리가 난다.

10th Day

116 | **abide** [əbáid]

v. 지키다, 거주하다(dwell), 머무르다

You must abide by the rules.
규칙을 지켜야 한다.

an abiding love
변함없는 사랑

❖ **abide by** ~을 지키다
❖ **abiding** a. 지속적인

□ **await**
[əwéit]

v. 기다리다, 기대하다(wait for)

Death awaited them.
죽음이 그들을 기다렸다.

□ **endure**
[endʒúər]

v. 견디다(bear, tolerate), 참다

I can't endure that noise a moment longer.
그런 소음은 한 순간도 더 견딜 수가 없다.

❖ **endurance** n. 인내력, 참을성
❖ **enduring** a. 영속적인(lasting)

□ **patience**
[péiʃəns]

n. 인내, 참을성(endurance)

a man of great patience
인내력이 강한 사람

a patient worker
근면한 노동자

a free patient
무료 환자

❖ **patient** a. 참을성 있는, 끈기 있는 n. 환자

□ perseverance
[pə̀ːrsivíːrəns]

n. 인내(력), 참을성, 버팀(persistence)

He studied with perseverance.

그는 끈질기게 공부했다.

❖ **persevere** n. 참다, 견디다, 꾸준히 해내다

□ persist
[pəːrsíst]

v. 고집하다, 관철하다

He persisted in all his belief.

그는 자신의 신념대로 밀고 나갔다.

❖ **persist in** 주장하다(insist on), 고집하다
❖ **persistence(-cy)** n. 고집, 인내력
❖ **persistent** a. 고집하는, 끈질긴

□ bear
[bɛər]

v. 낳다, 참다(suffer), 나르다(carry), 처신하다(behave), 갖다(hold), 관계있다(relate), 품다(hold in mind)

I can't bear this pain.

이 고통을 참을 수가 없다.

□ tolerate
[tálərèit]

v. 묵인하다, 관대하게 다루다, 참다

I won't tolerate your selfishness.

너의 이기심에 찬 행동은 용납하지 않겠다.

□ last
[læst]

v. 계속하다, 지속하다, 견디다

How long will the fine weather last?

좋은 날씨가 얼마나 오래 갈까?

□ durable
[djúərəbəl]

a. 오래 견디는, 견고한, 항구적인

a durable friendship

변함없는 우정

a durable goods

내구성 소비제

condense [kəndéns]

v. 응축(凝縮)시키다, 요약하다, 압축시키다

A cloud is a condensation of vapour.
구름은 수증기가 응축된 것이다.

❖ **condensation** n. 응축

□ **lessen**
[lésn]

v. 적게 하다, 줄이다(decrease)
The difficulty can be lessened only we help each other.
우리가 서로 도울 때에야 비로소 어려움은 줄어들 수 있다.

□ **shrink**
[ʃriŋk]

v. 오그라들다, 줄다, 움찔하다
The rivers have shrunk from the drought.
가뭄으로 강물이 줄어들었다.

□ **compress**
[kəmprés]

v. 압축하다, 요약하다
the experience of a lifetime compressed into a few pages
서너 쪽으로 요약된 일생의 경험

□ **miniature**
[míniətʃər]

n. 축소모형
The family is society in miniature.
가정은 사회의 축소판이다.

□ **diminish**
[dəmíniʃ]

v. 줄이다(reduce), 감소하다
His illness diminished his strength.
병이 나서 그는 체력이 쇠약해졌다.

❖ **diminution** n. 감소, 축소

underestimate
[ʌ̀ndəréstəmèit]   v. 과소평가하다   n. 경시

underestimate the problem
문제를 과소평가하다

shorten
[ʃɔ́ːrtn]   v. 짧게 하다, 단축하다

The new highway shortened the trip.
새로 난 도로는 여행을 단축시켰다.

---

118 | **duplicate** [djúːpləkit]

n. 사본(寫本) (original 원본), 복사(copy)
a. 복사한, 똑같은   v. 중복시키다(double)

He has a duplicate key.
그는 열쇠 하나를 여벌로 갖고 있다.

❖ **duplicator** n. 복사기

reproduce
[rìːprədjúːs]   v. 재생하다, 번식하다(generate)

This compact disk player reproduces every
sound perfectly.
이 CD 플레이어는 모든 소리를 완벽하게 재생한다.

❖ **reproduction** n. 재생, 복사, 번식

copy
[kápi]   v. 본뜨다, 복사하다

You should copy his good points not his
bad points.
너는 그의 나쁜 점을 본받지 말고 좋은 점을 본받아야 한다.

manuscript
[mǽnjəskrìpt]   n. 원고   a. 손으로 쓴, 사본의

poems still in manuscript
원고 상태로 남아있는 시

consume [kənsúːm]

v. 소비하다(spend, waste), (불이)다 태워버리다 (destroy) opp. product

The fire consumed the wooden buildings.
화재가 목조건물을 다 태워버렸다.

❖ **consumption** n. 소비
❖ **consumer** n. 소비자 opp. producer

□ **expend**
[ikspénd]

v. 소비하다(spend), (돈을)쓰다

❖ **expenditure** n. 소비, 경비
❖ **expense** n. 비용
❖ **expensive** a. 값비싼

□ **value**
[vǽljuː]

n. 가치, 값어치(worth), 값, (pl.) 가치관
v. (금액으로)평가하다, 존중하다

Nothing is more valuable than time.
시간만큼 귀중한 것은 없다.

❖ **valuation** n. 평가
❖ **valuable** a. 값비싼, 귀중한(precious)
  opp. valueless 하찮은
❖ **invaluable** a. 아주 귀중한

□ **spend**
[spend]

v. 쓰다, 소비하다(pay out), (시간을)보내다

He spent all his energy on the reconstruction of his company.
그는 회사 재건에 온 정력을 쏟아 부었다.

□ **cost**
[kɔːst]

v. (비용이) 들다, 잃게 하다, (노력을) 요하다

Carelessness will cost you your life.
부주의는 너의 생명을 앗아갈 것이다.

❖ **costly** a. 값비싼, 비용이 많이 드는

□ **exhaust**
[igzɔ́:st]

v. 고갈시키다, 지치게 하다(tire) n. 환기장치

He exhausted himself by hard work.
그는 과로로 녹초가 되었다.

❖ **exhausted** a. 고갈된, 지친
❖ **exhaustion** n. 소모, 고갈

---

120 **precious** [préʃəs]

a. 귀중한(valuable), 귀여운(dear)

---

my precious darlings
귀염둥이들

A family is the most precious gift in life.
가족은 인생에서 가장 소중한 선물이다.

□ **dear**
[diər]

a. 소중한

Life is very dear to him.
삶은 그에게 매우 소중하다.

---

121 **mad** [mæd]

a. 미친, 실성한

It would be madness to try to climb the
mountain in such a snowstorm.
이런 눈보라 속에서 산에 오르려는 것은 미친 짓이다.

❖ **madness** n. 광기, 미친 짓

□ **crazy**
[kréizi]

a. 열광하는, 얼빠진

You were crazy to lend that man your
money.
그런 사람에게 돈을 꿔주다니 단단히 미쳤군.

☐ **drunk**
[drʌŋk]

a. 술에 취한, 도취되어 opp. sober 제 정신의

dead drunk
만취하여

☐ **passion**
[pǽʃən]

n. 정열, 열광, 열정

He has enough passion to make a great poet.
그는 대시인이 되기에 충분한 열정이 있다.

❖ **passionate** a. 열렬한, 성미가 급한

a man of passionate nature
성미 급한 사람

☐ **excite**
[iksáit]

v. 흥분시키다, 자극하다

They are wild with excitement.
그들은 대단히 흥분하고 있다.

❖ **excitement** n. 자극, 흥분
❖ **exciting** a. 흥분시키는

☐ **enthusiasm**
[enθú:ziæzəm]

n. 열광, 열중(zeal)

Tennis is my latest enthusiasm.
나는 요즘 테니스에 열중하고 있다.

❖ **enthusiastic** a. 열광적인

---

122 | **offend** [əfénd]

v. 죄를 범하다, 어긋나다, 화나게 하다

---

a chronic offender
상습범

a first offender
초범자

❖ **offender** n. 범죄자, 위반자

□ crime
[kraim]

n. 위반, 범죄

If you commit a crime you must expect to be punished.

죄를 저지르면 벌받을 것을 각오해야 한다.

❖ **criminal** n. 범죄자 a. 범죄의

□ sin
[sin]

n. (종교, 도덕상의) 죄, 잘못, 어리석은 짓

commit a sin

죄를 범하다

the original sin

원죄

❖ **sinful** a. 죄 많은
❖ **sinless** a. 결백한

□ vice
[vais]

n. 악덕, 고약한 버릇, 결점, 흠(evil, sin, fault)
opp. virtue 덕행

virtue and vice

미덕과 악덕

❖ **vicious** a. 나쁜, 악덕의, 결함이 있는

□ err
[əːr]

v. 틀리다, 잘못을 저지르다(sin)

the erroneous belief

잘못된 신념

❖ **err on the side of** ~에 치우치다
❖ **error** n. 실수, 잘못(mistake)
❖ **erroneous** a. 틀린, 그릇된(mistaken)

123

punish [pʌ́niʃ]
v. 처벌하다, 혼내주다

The wicked are punished the good come into their own.
악인은 망하고 선인은 성한다.

❖ **punishment** n. 처벌, 징계

☐ **penalty**
[pénəlti]

n. 형벌, 벌금

the death penalty
사형

☐ **guilt**
[gilt]

n. 유죄

He admitted his guilt.
그는 자신의 죄를 시인했다.

❖ **guilty** a. 유죄의 opp. innocent 결백한

☐ **blame**
[bleim]

v. 꾸짖다(condemn), 책임을 떠넘기다   n. 책임, 허물

I have nothing to blame myself for.
내게는 잘못이 없다.

❖ **blamable** a. 비난할 만한

☐ **condemn**
[kəndém]

v. 비난하다, 나무라다, 유죄를 선고하다

Most people are willing to condemn violence of any sort.
대부분의 사람들은 어떠한 종류의 폭력도 비난해마지 않는다.

❖ **condemnation** n. 비난, 유죄 판결

☐ **disapprove**
[dìsəprúːv]

v. 비난하다(censure), 불찬성하다   opp. approve

They disapproved of the government's policy.
그들은 정부의 방침에 대해 반대했다.

denounce
[dináuns]

v. (공공연하게)비난하다, 고발하다

He was denounced as a liar.
그는 거짓말쟁이라고 비난받았다.

comment
[kámənt]

n. 설명, 논평, 주해

No comment!
할 말 없다!

scold
[skould]

v. 꾸짖다(blame), 야단치다

He scolded the child for being lazy.
그는 아이들이 게으르다고 야단쳤다.

❖ **scolding** n. 질책, 야단

rebuke
[ribjú:k]

n. 질책(reproval) v. 꾸짖다(reprove) opp. praise

The boy was rebuked for making a noise.
그 소년은 떠든다고 꾸중을 들었다.

censure
[sénʃər]

v. 비난하다 n. 비난, 혹평

His conduct was severely censured.
그의 행동은 심하게 비난받았다.

reproach
[ripróutʃ]

v. 비난하다, 나무라다 n. 책망, 비난

It wasn't your fault - you have nothing to
reproach yourself with.
네 잘못이 아니야. 자책할 필요는 하나도 없다.

❖ **reproachful** a. 비난하는

124 **produce** [prədʒúːs]

v. 생산하다(yield), 낳다, 제시하다, 초래하다(cause)
opp. consume

Produce your passport, please.
여권을 보여 주십시오.

intellectual products
지적 산물

❖ **producer** n. 생산자, 프로듀서
❖ **product** n. 생산품, 성과, 결과

□ **crop**
[krɑp]

v. 수확하다 n. 작물, 수확량
The effort yielded but a sorry crop.
노력은 했지만 수확은 별로 없었다.

□ **harvest**
[háːrvist]

n. 수확, 추수 v. 거둬들이다
an average harvest
평년작

□ **output**
[áutpùt]

n. 생산고, 출력, 생산
the yearly output of automobiles
일 년 동안의 자동차 생산량

□ **input**
[ínpùt]

n. 입력(정보), 투입량 opp. output 출력
an input device
입력 장치

□ **income**
[ínkʌm]

n. 소득, 수입 opp. outgo 지출
a fixed income
고정 수입

host [houst]

n. 주인, 다수, 무리

We are faced with a host of difficulties.
우리는 숱한 난관에 봉착에 있다.

❖ **hostess** n. (연회 따위의)여주인, 스튜어디스

☐ **flight**
[flait]

n. 날기, 비행, 날아가는 무리
a flight of wild geese
날아가는 기러기 떼

☐ **school**
[sku:l]

n. 학교(수업), 유파, 학파, 떼, 어군(魚群)
v. 가르치다, 훈련하다

Rembrant and his school
램브란트와 그의 유파

a dog well schooled in obedience
복종하도록 잘 길들여진 개

☐ **tribe**
[traib]

n. 부족, 패거리
American Indian tribes
아메리칸 인디안 부족들

❖ **tribesman** n. 부족민

☐ **mob**
[mɑb]

n. 군중, 오합지졸(disorderly crowd), 폭도
mob psychology 군중심리

☐ **gang**
[gæŋ]

n. 한 떼, 폭력단
Don't get mixed up with that gang.
저런 패거리와 어울려 다니지 말아라.

☐ **multitude**
[mʌ́ltitʃùːd]

n. 다수, 군중(crowd)
A great multitude gathered in the streets.
많은 군중이 거리로 몰려들었다.

□ **crowd**
[kraud]

n. 군중, 대중

He pushed his way through the crowd.
그는 군중 속을 헤집고 나아갔다.

□ **herd**
[həːrd]

n. 짐승의 떼(특히 소) n. 떼를 짓다, 모으다

People were herded together like cattle.
사람들이 소처럼 무리를 이루고 있었다.

□ **swarm**
[swɔːrm]

n. (곤충의) 떼 v. ~으로 가득 차다

a swarm of ants
개미 떼

□ **throng**
[θrɔ(ː)ŋ]

n. 군중 v. 떼지어 몰리다

A throng of people is here.
한 무리의 사람들이 여기에 있다.

---

126 **mass** [mæs]

n. 덩어리, 다수, 대부분

The nation in the mass was not interested in politics.
대부분의 국민은 정치에 관심이 없었다.

□ **majority**
[mədʒɔ́(ː)rəti]

n. 대다수, 다수파 opp. minority 소수, 미성년

The majority is not always right.
다수가 언제나 옳은 것은 아니다.

□ **major**
[méidʒər]

a. 주요한, 다수의 n. 성인 v. 전공하다

the major industries
주요 산업

□ **staple**
[stéipəl]

a. 주요한(principal) n. 원료(raw material), 주요 산물

staple food
주식(主食)

---

127 | **cruel** [krúːəl]

a. 잔혹한, 잔인한

It is cruel to do such a thing.
그런 짓을 하는 것은 잔인하다.

❖ **cruelty** n. 무자비(mercilessness)

□ **brutalize**
[brúːtəlàiz]

v. 잔인하게 만들다

Years of warfare had brutalized the troops.
여러 해에 걸친 전쟁은 군인들을 잔인하게 만들었다.

❖ **brutal** a. 잔인한, 난폭한
❖ **brute** n. 야수

□ **misuse**
[misjúːz]

v. ~을 오용(남용)하다, 혹사하다

misuse of authority
직권을 남용하다

❖ **misusage** n. 오용, 학대

□ **abuse**
[əbjúːz]

v. 악용(남용)하다(misuse), 학대하다(mistreat)
n. 욕설(발음주의), 남용, 학대

words of abuse
폭언

personal abuse
인신 공격

❖ **abusive** a. 독설적인, 남용된

☐ **inhuman**
[in*h*jú:mən]

a. 매정한, 야만적인

man's inhumanity to man
인간에 대한 인간의 잔혹행위

☐ **outrage**
[áutrèidʒ]

v. 학대하다, 폭행하다 n. 폭행, 행패

The angry crowd committed many
outrages.
성난 군중들은 온갖 행패를 다 부렸다.

☐ **curse**
[kə:rs]

v. 저주하다, 악담하다 n. 저주, 화근, 악담
opp. bless 축복하다

❖ **cursed** a. 저주받은 opp. blessed

☐ **swear**
[swɛər]

v. 맹세하다(vow), 악담하다(curse), 욕하다

swear by God
하나님 이름으로 맹세하다

128 | **damage** [dǽmidʒ]

n. 손상, 피해(harm, loss)

The storm caused great damage.
폭풍우는 막심한 피해를 초래했다.

☐ **decay**
[dikéi]

v. 썩다, 쇠약해지다 n. 부패, 쇠망
What caused the Roman Empire to decay?
로마 제국이 멸망한 원인은 무엇인가?

☐ **crumble**
[krʌ́mbl]

v. 부스러뜨리다, 붕괴하다, 멸망하다
My hopes have crumbled to nothing.
내 희망들은 산산이 부서져 버렸다.

☐ **breakdown**
[bréikdàun]

n. 파손, 몰락(downfall), 결렬(rupture)
Both sides blamed each other for the
breakdown of talks.
교섭이 결렬되자 양측이 서로를 비난했다.

☐ **rot**
[rɑt]

v. 썩다(decay), 부패하다, 썩히다 n. 부패
A fallen tree soon rots.
뿌리뽑힌 나무는 곧 썩는다.

❖ **rotten** a. 썩은

destroy
[distrɔ́i]

v. 파괴하다, 멸하다 opp. construct

Gambling was his destruction.
그는 노름으로 신세를 망쳤다.

❖ **destructive** a. 파괴적인
❖ **destruction** n. 파괴, 파멸(ruin)

annihilate
[ənáiəlèit]

v. 전멸시키다, 파괴하다

The invasion force was annihilated.
침략군은 전멸 당했다.

❖ **annihilation** n. 전멸, 근절

collapse
[kəlǽps]

v. 무너지다, 허물다 n. 좌절, 붕괴

The bridge collapsed under the weight of the train.
다리가 기차의 무게로 붕괴되었다.

devour
[diváuər]

v. 게걸스레 먹다, 멸망시키다(annihilate)

The flood devoured the whole town.
홍수가 온 마을을 삼켜버렸다.

discourage
[diskə́:ridʒ]

v. ~을 낙담시키다, 방해하다
opp. encourage 격려하다

Don't be discouraged.
낙심하지 말아라.

depress
[diprés]

v. 낙담시키다, 우울하게 하다

The bad news depressed me.
나쁜 소식이 나를 우울하게 만들었다.

❖ **depressed** a. 우울한, 의기소침한

relay [rí:lei]

n. 교대자 v. 중계하다

He relayed the message too late.
그는 메시지를 너무 늦게 전했다.

☐ **intermediate** a. 중간의 n. 매개물, 중간 시험
[ìntərmí:diit]

an intermediate level English class
영어 중급반

☐ **intervene** v. 개입하다, 중재하다
[ìntərví:n]

intervene in a dispute
분쟁을 조정하다

❖ **intervention** n. 간섭, 조정, 개입

☐ **interfere** v. 간섭하다, 방해하다
[ìntərfíər]

Please, don't interfere in my business.
내 일에 간섭하지 마.

❖ **interference** n. 방해, 간섭, 중재
❖ **interfering** a. 간섭하는

☐ **interrupt** v. 가로막다, 훼방을 놓다
[ìntərʌ́pt]

I don't want to be interrupted!
방해받고 싶지 않아!

☐ **inject** v. 주입하다, 참견하다(intefere)
[indʒékt]

inject a suggestion into the conversation
대화 중에 한 가지 제안을 하다

❖ **injection** n. 주입, 주사(량)

☐ **meddle**
[médl]

v. 쓸데없이 참여(관여)하다, 간섭하다

❖ **meddlesome** a. 참견하기 좋아하는

a meddlesome old man
참견이 심한 노인

---

130 **demolish** [dimáliʃ]

v. 파괴하다, 좌절시키다

They are going to demolish that old building.
그들은 낡은 건물을 곧 해체할 것이다.

☐ **devoid**
[divɔ́id]

a. 결여된, ~이 없는

He is devoid of sense.
그는 감각이 좀 모자란다.

☐ **despair**
[dispέər]

n. 절망, 실망(hopelessness) v. 희망을 잃다, 단념하다

a despairing look
절망적인 모습

❖ **out of despair** 실망한 나머지
❖ **despairing** a. 절망적인, 자포자기의

☐ **disappoint**
[dìsəpɔ́int]

v. 실망시키다, 기대에 어긋나다

❖ **disappointed** a. 기대가 어긋난, 낙담한
❖ **disappointment** n. 실망

131 | bankrupt [bǽŋkrʌpt]

a. 파산된, 결여된 n. 파산자

The newspapers accused the Government
of being bankrupt in policy.
언론은 정부의 정책부재에 비난을 가했다.

❖ **bankruptcy** n. 파산, 도산

□ **spoil**
[spɔil]

v. 손상시키다(damage), 망치다(ruin) n. 전리품, 노획품

Spare the rod and spoil the child.
매를 아끼면 자식을 망친다. (속담)

□ **injure**
[índʒər]

v. 상처를 입히다(hurt), 손해를 끼치다

One cannot do evil to others without
injuring oneself
남에게 해를 끼치면 필연코 자신도 상처를 입게 된다.

❖ **injury** n. 손해, 상해(harm)

□ **ruin**
[rúːin]

v. 파멸시키다(destroy), 파산시키다
n. 파멸(destruction), 몰락, 폐허

the ruins of Rome
로마의 폐허

□ **mischief**
[místʃif]

n. 손해(damage), 장난, 상해(harm)

a mischievous rumor
짓궂은 소문

❖ **mischievous** a. 해로운, 짓궂은(naughty)

□ **harm**
[hɑːrm]

v. 해치다 n. 해(害), 손상 opp. profit 득이 되다

A few drinks will do you no harm.
술 몇 잔 마신다고 해롭지는 않을 거야.

☐ **hurt**
[həːrt]

v. 상처 내다, 상하게 하다   n. 손해, 상처
It was a severe hurt to his pride.
그것은 그의 자존심에 심각한 상처를 입혔다.

---

132 **peril** [pérəl]

n. 위험(danger), 모험   v. 위태롭게 하다

He accomplished the task at the peril of his death.
그는 죽음을 무릅쓰고 그 일을 완수해 냈다.
❖ **at the peril of** ~을 무릅쓰고, 감히
❖ **perilous** a. 위험한, 모험적인

☐ **danger**
[déindʒər]

n. 위험, 장해
He was in danger of losing his life.
그는 목숨을 잃을 위험에 처해 있었다.

☐ **hazard**
[hǽzərd]

v. 위험을 무릅쓰다   n. 모험, 위험
Rock-climbers sometimes hazard their lives.
암벽을 오르는 사람들은 때때로 생명을 거는 위험도 감내한다.

☐ **jeopardy**
[dʒépərdi]

n. 위험
His life was in jeopardy.
그의 생명이 위태로웠다.
❖ **jeopardize** v. 위태롭게 하다

☐ **deadly**
[dédli]

a. 치명적인(mortal, fatal), 지독한(extreme)
a deadly poison 맹독
a deadly silence 죽음 같은 정적

die [dai]

v. 죽다, 사라지다

When she heard the news her hopes died within her.
그녀가 그의 소식을 접했을 때 그녀의 가슴 속에 남았던 희망이 사라졌다.

□ **expire**
[ikspáiər]

v. 숨을 내쉬다, 만료되다, 죽다
opp. inspire 들이쉬다, 고무하다

His term of office as President expires next year.
그의 대통령 임기는 내년으로 만료된다.

□ **perish**
[périʃ]

v. 멸망하다, 사라지다, 죽다, 괴롭히다

A lot of cultural properties perished in flame.
많은 문화재가 화재로 인하여 소실되었다.

❖ **perishable** a. 썩기 쉬운

□ **decease**
[disíːs]

n. 사망(death) v. 사망하다(die)

the family of the deceased
유족

□ **extinct**
[ikstíŋkt]

a. 깨진, 사라진, 죽어 없어진

Our last hope has become extinct.
마지막 남은 우리의 희망이 사라져 버렸다.

❖ **extinction** n. 소멸

□ **extinguish**
[ikstíŋgwiʃ]

v. (불을) 끄다(put out), 압도하다, 없애다

❖ **extinguishment** n. 소멸, 소각

□ **evaporate**
[ivǽpərèit]

v. 기화(氣化)하다(시키다), 증기처럼 사라지다

His hopes evaporated.

그의 희망은 사라져버렸다.

❖ **evaporation** n. 증발

□ **vanish**
[vǽniʃ]

v. 사라지다(disappear) opp. appear

With a wave of his hand, the magician made the rabbit vanish.

마술사는 손놀림으로 토끼를 사라지게 했다.

□ **disappear**
[dìsəpíər]

v. 사라지다

She disappeared into the night.

그녀는 어둠 속으로 사라졌다.

---

134 **intrude** [intrú:d]

v. 강요하다, 침입하다, 방해하다

You intruded upon my privacy.

너는 나의 프라이버시를 침범했다.

❖ **intruder** n. 침입자
❖ **intrusion** n. 침입
❖ **intrusive** a. 방해하는, 주제넘게 나서는

□ **impose**
[impóuz]

v. (세금 의무를) 부과하다, 강요하다

I must perform the task that has been imposed upon me.

내게 주어진 일을 수행해야만 한다.

❖ **imposition** n. 부과물, 세금, 과세

decide [disáid]

v. 결정하다, 결심하다

He's quite decided about it.
그는 그 문제에 대해 확고한 입장이다.

❖ **decision** n. 해결, 결정
❖ **decisive** a. 결정적인
❖ **decided** a. 분명한, 단호한

☐ **conclude**
[kənklú:d]

v. 결정하다(decide), 끝나다

His letter concluded as follows.
그의 편지는 다음과 같이 끝을 맺고 있었다.

❖ **conclusion** n. 결말, 종결
❖ **conclusive** a. 결정적인, 명확한

☐ **determine**
[ditə́:rmin]

v. 결정하다, 결심하다

❖ **determined** a. 단호한(resolute)
❖ **determination** n. 결의, 결단력

☐ **resolute**
[rézəlù:t]

a. 결심이 굳은, 단호한

He is resolute in his decision.
그의 결의는 단호하다.

❖ **resolution** n. 결심, 해결, 분석

☐ **resolve**
[rizálv]

v. 결심하다(decide), 해결하다 n. 결심, 결의

resolve to study law
법률을 공부하기로 결심하다

136 **analysis** [ənǽləsis]

n. 분석, 해부 opp. synthesis 종합

❖ **analyze** v. 분해하다, 해석하다
❖ **analytic** a. 분석의

□ **solve**
[salv]

v. 풀다, 해명하다

solve a puzzle
수수께끼를 풀다

□ **settle**
[sétl]

v. 정착시키다, 결심하다, 진정시키다, 해결하다

settle one's mind
마음을 가라앉히다

That settled the question.
그 문제는 그것으로 해결되었다.

137 **reside** [ri:sáid]

v. 살다(live), 거주하다, 존재하다(exist)

❖ **residence** n. 거주, 주택
❖ **resident** n. 거주자(inhabitant), 전문 의학 실습자

□ **inhabit**
[inhǽbit]

v. ~에 살다(live in)

❖ **inhabitable** a. 살기에 알맞은
❖ **inhabitant** n. 거주자, 주민
❖ **inhabitation** n. 거주, 서식

□ **populate**
[pápjəlèit]

v. ~에 거주하다, 살다

densely populated district
인구가 조밀한 지역

❖ **population** n. 인구

☐ **colony**
[kάləni]

n. 식민지, 거류지

India was once a British colony.
인도는 한때 영국의 식민지였다.

a colony of artists
예술인 촌

❖ **colonial** a. 식민의, 식민지 풍의

---

incline [inkláin]

v. 기울게 하다, 경사지다, ~에 마음이 쏠리다

She inclined her head in prayer.
그녀는 고개를 숙여 기도를 드렸다.

❖ **inclined** a. ~할 마음이 내키는

☐ **decline**
[dikláin]

v. 기울다, 쇠약해지다, 거절하다(refuse) opp. flourish

Business declines.
경기가 쇠퇴하고 있다.

in one's declining years
만년에

❖ **declination** n. 경사

☐ **refuse**
[rifjú:z]

v. 거절하다, 사퇴하다 opp. grant 들어주다

❖ **refusal** n. 거절, 거부; 사퇴

☐ **reject**
[ridʒékt]

v. 거부하다, 버리다(throw away), 토하다 n. 불합격품

❖ **rejection** n. 거절, 거부반응, 배척, 구토

decent [díːsənt]

a. 점잖은, 적당한, 상당한

Poor people cannot always live in decent conditions.

궁한 사람들이 언제나 체면을 차리면서 살 수는 없는 법이다.

❖ **decency** n. 예의바름, 친절

☐ **dignity**
[dígnəti]

n. 존엄, 위엄, 당당함

She always acted with great dignity.

그녀는 언제나 아주 당당하게 행동했다.

❖ **dignified** a. 고귀한(noble)

☐ **infallible**
[infǽləbəl]

a. 절대로 옳은, 확실한(sure), 신뢰할 수 있는(reliable)

In some things he is quite infallible.

어떤 면에서 그는 확실히 믿을 만한 사람이다.

☐ **logic**
[ládʒik]

n. 논리학, 올바른 조리

That is not logic.

그것은 타당치 않다.

☐ **valid**
[vǽlid]

a. 정당한(sound), 타당한

a valid conclusion

타당한 결론

☐ **propriety**
[prəpráiəti]

n. 걱정, 타당, 예절

I question the propriety of granting such a request.

그런 요구는 들어주는 것이 타당한지 의심스럽다.

scanty [skǽnti]

a. 불충분한, 부족한(insufficient), 빈약한
opp. abundant

a scanty harvest
흉작

a scanty income
쥐꼬리만한 수입

□ shortcoming

[ʃɔ́ːrtkʌ̀miŋ]

n. (pl.) 부족, 결점, 단점, 흉작

We all have some shortcomings.
누구나 한두 가지 결점은 가지고 있다.

□ defect

[difékt]

n. 결점, 흠(blemish) v. 탈당하다, 탈퇴하다

a defect in character
인격적인 결함

❖ **defective** a. 결함이 있는(faulty)
❖ **defection** n. 이탈, 탈당

□ fault

[fɔːlt]

n. 과실, 결함, 단점, 흠(defect, blemish, flaw)
opp. merit 장점

❖ **find fault with** ~을 비난하다, 흠을 잡다
❖ **faultless** a. 흠이 없는, 완벽한(perfect)
❖ **faulty** a. 흠이 있는, 불완전한(imperfect)
❖ **faultfinding** n. 흠잡기

□ flaw

[flɔː]

n. 흠집, 결점 v. 흠집을 내다

flaws in a jewel
보석의 흠집

❖ **flawless** a. 흠집이 없는, 완전한

☐ **merit**
[mérit]

n. 가치, 장점, 공적

merits and demerits
장점과 단점

merit system
실력 본위의 임용제도

☐ **imperfect**
[impə́ːrfikt]

a. 불완전한, 결함이 있는 opp. perfect 완전한

❖ **imperfection** n. 약점

---

141 **defend** [difénd]

v. 방어하다, 보호하다, 변호하다

❖ **defendant** n. 피고 opp. plaintiff 원고
❖ **defense** n. 방어, 수비 opp. offense 공격
❖ **defensive** a. 방어의, 수비의 n. 변호

☐ **protect**
[prətékt]

v. 보호하다(guard), 막다(defend)

a protective color
보호색

❖ **protective** a. 방어의, 보호하는

☐ **preserve**
[prizə́ːrv]

v. 보존하다, 유지하다(retain), 소금(설탕)에 절이다
n. (pl.) 설탕 절임, 저장물

a well preserved old man
아직 정정한 노인

preserve silence
침묵을 지키다

❖ **preservation** n. 보존, 저장
❖ **preservative** a. 보존력이 있는 n. 예방법

□ **guard**
[ga:rd]

v. 지키다, 보호하다(protect) n. 경계, 파수꾼

The policeman were guarding the street.

경찰관들은 도로를 경비하고 있었다.

❖ **guardianship** n. 수호

□ **shield**
[ʃi:ld]

v. 보호하다, 가로막다 n. 방패

He is our help and our shield.

그는 우리를 도우시며 우리의 방패이시니라.

□ **retain**
[ritéin]

v. ~을 유지하다, 간직하다

She tried to retain her self-control.

그녀는 자제심을 잃지 않으려고 애썼다.

□ **reserve**
[rizə́:rv]

v. 보존하다(retain), 보류하다(hold over), 예약하다
n. 축적(store), 보류, 예비

We always must keep some money in reserve.

우리는 언제나 예비금으로 어느 정도 돈을 가지고 있어
야 한다.

without reserve

기탄없이, 서슴없이

❖ **reservation** n. 예약, 보류, 사양

12th Day

---

142 **humble** [hʌ́mbəl]

a. 낮은, 비천한, 겸손한, 초라한(modest)
v. 천하게 하다

❖ **humbleness** n. 겸손

☐ **modesty**
[mɑ́disti]

n. 겸손, 정숙
❖ **modest** a. 겸손한
❖ **modestly** ad. 점잖게

☐ **illusion**
[ilúːʒən]

n. 환영, 망상(delusion), 착각

A mirage is an illusion.
신기루는 환영이다.

☐ **fancy**
[fǽnsi]

n. 공상, 심상, 기호 v. 공상하다

fancies of a poet
시인의 상상력

---

143 **deny** [dinái]

v. 부인하다, 거절하다(refuse) opp. accept

He denied having said so.
그는 그렇게 말한 일이 없다고 부인했다.

☐ **contradict**
[kàntrədíkt]

v. 반박하다, 부인하다(deny), 모순되다

No truth contradicts another truth.
진리는 서로 모순되지 않는다.

❖ **contradictory** a. 반박적인, 모순의
❖ **contradiction** n. 반박, 모순

☐ **disprove**
[disprúːv]

v. 반증을 들다, 논박하다(refute)

The existence of God is a question of faith and therefore impossible to prove or disprove.
신의 존재 유무는 믿음의 문제라서 증명을 하거나 반증하는 것은 불가능하다.

---

144 **desolate** [désəlit]

a. 고독한, 황량한(dreary)
v. 황폐케 하다, 외롭게 만들다

---

desolate land
황무지

a desolate life
쓸쓸한 생활

❖ **desolation** n. 황폐, 황량

☐ **forlorn**
[fərlɔ́ːrn]

a. 외로운(desolate), 고독한

The little village looked forlorn.
그 작은 마을은 쓸쓸해 보였다.

☐ **solitude**
[sálitʃùːd]

n. 혼자살기, 고독, 외딴 곳

He lived in solitude.
그는 은둔해서 살았다.

□ **lonesome**
[lóunsəm]

a. 쓸쓸한(lonely), 인적이 드문

I'm feeling lonesome.
난 지금 외로움을 타고 있다.

□ **bleak**
[bli:k]

a. 황량한(desolate), 음산한(gloomy)

bleak winds
을씨년스러운 바람

a bleak prospect
어두운 장래

□ **dismal**
[dízməl]

a. 음침한, 황량한

a dismal story
음침한 이야기

□ **dawn**
[dɔ:n]

n. 새벽, 여명(daybreak), (일의)조짐   v. 날이 밝다

from dawn till dark
새벽부터 해질녘까지

□ **dusk**
[dʌsk]

n. 땅거미, 황혼(twilight)   v. 어둑해지다

after dusk
해가 저문 뒤에

□ **twilight**
[twáilàit]

n. 해질녘, 여명

the twilight of life
인생의 황혼

twilight industry
사양 산업

□ **darken**
[dá:rkən]

v. 어둡게 하다, 흐려지다

His face darkened when heard the bad news.
나쁜 소식을 듣자 그의 얼굴빛이 어두워졌다.

hallow [hǽlou]

v. 신성하게 하다(consecrate) opp. profane

ground hallowed by sacred memories
성지

□ **devout**
[diváut]

a. 경건한(pious), 독실한, 열정적인(earnest)
with devout eyes
경건한 눈빛으로

□ **pious**
[páiəs]

a. 경건한, 신앙이 깊은(devout)
opp. impious 신앙심이 없는

□ **religion**
[rilídʒən]

n. 종교, 신앙심, 신앙생활
Science without religion is lame: religion
without science is blind.
종교 없는 과학은 절름발이요, 과학 없는 종교는 장님이다.

❖ **religious** a. 종교의

dexterous [dékstərəs]

a. 손재주가 있는, 민첩한

He is dexterous in sale.
그는 장사에 능하다.

❖ **dexterously** ad. 능숙하게
❖ **dexterity** n. 재치, 교묘

□ **tact**
[tækt]

n. 재치, 요령
He wants tact.
그는 요령이 없다.

□ **avail**
[əvéil]

v. 쓸모 있다(be useful), 이용하다
n. 이익, 효용(benefit)

This ticket is available for a day.
이 표는 당일만 유용하다.

❖ **available** a. 이용할 수 있는, 유용한

□ **handy**
[hǽndi]

a. 편리한, 유용한, 재주 있는

a handy man
재간꾼

He is handy with a tool.
그는 연장을 다루는 솜씨가 아주 좋다.

---

147 | **doctrine** [dáktrin]

n. 교훈, 가르침, 학설(instruction)

---

a religious doctrine
종교적 교리

❖ **doctrinism** n. 교조주의

□ **lecture**
[léktʃər]

n. 강의, 강연, 훈계 v. 강의(설교)하다

She lectures on English history.
그녀는 영국사를 강의한다.

❖ **lecturer** n. 강사, 강연자

□ **lesson**
[lésn]

n. 학과, 수업, 교훈

Each history lesson lasts 40 minutes.
매 역사 수업은 40분간이다.

☐ **dictate**
[díkteit]

v. 받아쓰게 하다, 명령하다   n. 지시, 명령

She dictated a letter to her secretary.
그녀는 비서로 하여금 불러주는 대로 받아 쓰게 했다.

❖ **dictation** n. 구술, 받아쓰기, 명령

☐ **dictator**
[díkteitər]

n. 독재자

The country is ruled by a ruthless dictator.
그 나라는 난폭한 독재자가 지배하고 있다.

❖ **dictatorship** n. 독재정권, 독재

☐ **dogma**
[dɔ́(:)gmə]

n. 교의(敎義), 독단, 정설

It is a scientific dogma.
그것은 과학적 정설이다.

❖ **dogmatic** a. 독단적인

---

148 | **differ** [dífər]

v. 다르다, 의견을 달리하다   opp. accord

What's the difference?
무엇이 다른가?

❖ **different** a. 다른
❖ **difference** n. 다름, 차이

☐ **discriminate**
[diskrímənèit]

v. 구별하다, 차별대우하다

You have to discriminate bravery from
brute courage.
용기와 만용은 구분해야 한다.

❖ **discrimination** n. 식별, 차별

☐ **distinguish**
[distíŋgwiʃ]

v. 구별하다, 두드러지게 하다

She distinguished herself in the cinema world at a very early age.
그녀는 아주 어릴 적부터 영화계에서 두각을 나타냈다.

❖ **distinguished** a. 두드러진, 현저한

☐ **discern**
[disə́:rn]

v. 판별하다, 구분하다, 인식하다(perceive)

discern good from evil
선과 악을 구분하다

☐ **isolate**
[áisəlèit]

v. 격리시키다, 고립시키다

When a person has an infectious disease, he is usually isolated.
누군가 전염병에 감염되었을 때는 보통 그를 격리시킨다.

☐ **distinct**
[distíŋkt]

a. 별개의, 명료한

His method is distinctive.
그의 방식은 독특하다.

❖ **distinction** n. 구별, 탁월성, 특성, 저명
❖ **distinctive** a. 독특한, 뚜렷한

☐ **individual**
[ìndəvídʒuəl]

a. 단일의(single), 개개의(separate), 독특한

an individual style of speaking
독특한 말투

149 **hardship** [háːrdʃip]

n. 고난(difficulty), 곤궁

It was a hardship that was never put upon any one before.
이것은 지금까지 어떤 누구도 겪지 못한 고난이었다.

□ **difficulty**
[dífikʌ̀lti]

n. 곤란, 난국 opp. ease

She found great difficulty in understanding him.

그녀는 그를 이해한다는 것이 너무나 힘들다는 것을 알았다.

---

150 **dip** [dip]

v. 액체에 (잠깐) 담그다, 적시다(immerse)

He dipped his brush in the paint.

그는 붓을 물감에 살짝 적셨다.

□ **wet**
[wet]

a. 젖은, 축축한(damp) n. 강우, 우천

wet to the skin

흠씬 젖어서

❖ **wetness** n. 습기, 강우

□ **drench**
[drentʃ]

v. 흠뻑 적시다 n. 호우 opp. dry

They were caught in a downpour and came back drenched.

그들은 폭우를 만나 흠뻑 젖은 몸으로 돌아왔다.

□ **immerse**
[imə́:rs]

v. 담그다, 가라앉히다(sink), 열중시키다

She was so immersed in her work that she didn't notice me.

그녀는 일에 너무 몰두하고 있어서 내가 온 걸 알지 못했다.

❖ **immersion** n. 담금, 몰두

□ **plunge**
[plʌndʒ]

v. 던져 넣다, 잠기다, 뛰어들다 n. 돌진, 돌입

The room was plunged into darkness.

방안은 어둠 속으로 묻혀버렸다.

166

☐ **rush**
[rʌʃ]

v. 돌진하다(dash), 몰다(drive) n. 쇄도
They rushed up the stairs.
그들은 층계를 뛰어 올라갔다.

☐ **sink**
[siŋk]

v. 가라앉다, 빠지다 n. 수채, 하수
He is sunk in thoughts.
그는 생각에 잠겨 있다.

☐ **subside**
[səbsáid]

v. 가라앉다(sink), 진정되다
Our anger have not subsided.
우리들의 분노는 가라앉지 않았다.

☐ **soak**
[souk]

v. 담그다, 흡수하다, 젖다 n. 침투
He soaked the clothes in soapy water.
그는 비눗물에 옷을 담가 두었다.

☐ **moisture**
[mɔ́istʃər]

n. 습기, 수분, 수증기
The desert air hardly contains moisture.
사막의 공기는 수증기가 거의 없다.

❖ **moist** a. 축축한, 눈물 젖은

☐ **humid**
[hjúːmid]

a. 습기 있는, 축축한
The weather was so hot and humid that we
all felt uncomfortable.
날씨가 너무 덥고 습기가 많아서 우리들은 모두 짜증이 났다.

nasty [nǽsti]

a. 더러운, 추잡한, 심술궂은(malicious)

You've got a nasty mind.
음탕한 마음을 가졌구나.

❖ **nastily** ad. 더럽게

□ **suggestive**
[səgdʒéstiv]

a. 선정적인, 외설적인, 시사하는, 암시하는

a suggestive remark
외설적인 말

□ **dirty**
[də́:rti]

a. 불결한, 외설스런

They sat drinking and telling dirty stories.
그들은 앉아서 술을 마시며 음담패설을 나누었다.

□ **immoral**
[imɔ́(:)rəl]

a. 부도덕한, 음란한, 악독한(wicked)

It is immoral to cheat in a test.
시험에서의 부정행위는 부도덕한 것이다.

□ **foul**
[faul]

v. 더럽히다, 반칙을 하다 a. 심술궂은 n. 반칙

Industrial pollution has fouled the air.
산업공해가 대기를 오염시켰다.

□ **soil**
[sɔil]

v. 더럽히다, 얼룩지게 하다 n. 토양, 국토

The shirt collar was badly soiled and I couldn't get it clean.
셔츠 깃이 너무 더러워 빨지 않을 수 없었다.

152 **observe** [əbzə́:rv]

v. 관찰하다, 알아채다(notice), 진술하다

No one has observed on the fact.
누구도 그 사실에 대해 말하지 않았다.

❖ **observation** n. 관찰, 관측, 관찰력
❖ **observance** n. (법률의) 준수
❖ **observatory** n. 관측소, 천문대, 전망대

☐ **perceive**
[pərsí:v]

v. 감지하다, 인식하다, 이해하다(understand)

I perceived who coming.
누군가 따라오고 있는 것을 알아차렸다.

❖ **perception** n. 지각(력), 통찰(insight)

153 **discord** [dísko:rd]

n. 불화, 불일치(disagreement) opp. concord

The son is in discord with his parents.
아들은 그의 부모와 사이가 나쁘다.

☐ **dissent**
[disént]

n. 의견차이, 이의

When I asked for agreement, there was no discord.
dissent.
내가 동의를 구했을 때 이의를 제기하는 사람은 아무도 없었다.

☐ **argue**
[á:rgju:]

v. 논쟁하다, 토론하다, 설득하다

Do what you are told and don't argue!
따지지 말고 들은 대로 해라!

❖ **argument** n. 논쟁, 요약(summary)

debate
[dibéit]

v. 토론하다, 숙고하다

I debated the question with Mary.
나는 그 문제를 메리와 상의했다.

dispute
[dispjú:t]

v. 논의하다(argue), 의심을 품다, 반대하다(oppose)
n. 토론, 논쟁

She disputed the truth of my statement.
그녀는 내가 한 말이 진실인지 의심을 품었다.

❖ **in dispute** 논의 중인, 미해결인(unsettled)
❖ **disputable** a. 문제가 될 만한

controversy
[kántrəvə̀:rsi]

n. 논쟁, 논의

controversial book
논쟁의 여지가 있는 책

❖ **controversial** a. 논쟁의, 물의를 일으키는

discuss
[diskʌ́s]

v. 의논하다, 토의하다

The question is now under discussion.
그 문제는 지금 논의 중이다.

❖ **discussion** n. 토론, 심의

negotiate
[nigóuʃièit]

v. 교섭하다, 의논하다, 협정하다

Negotiations are going on.
협상이 진행 중에 있다.

❖ **negotiation** n. 협상, 교섭

complain
[kəmpléin]

v. 불평하다, (고통을) 호소하다

Mary is always complaining.
메리는 언제나 투덜거린다.

❖ **complaint** n. 불평, 불평거리

diffuse [difjú:z]

v. 퍼지게 하다(widely spread), 흩뜨리다

to diffuse knowledge
지식을 전파하다

❖ **diffusion** n. 유포

□ **distribute**
[distríbju:t]

v. 분배하다, 분할하다(divide), 흩뿌리다

an equal distribution of property
재산의 평등한 분배

❖ **distribution** n. 분배, 배급, 배달

□ **share**
[ʃɛər]

n. 몫, 부담, 주(株) (stock) v. 공유하다, 분배하다

Children should be taught to share their toys.
아이들에게는 장난감을 함께 갖고 놀게 가르쳐야 한다.

□ **dispense**
[dispéns]

v. 분배하다(distribute), 시행하다, 조제하다

dispense a law
법을 시행하다

❖ **dispense with** 폐지하다, ~없이 지내다
❖ **dispensable** a. 중요하지 않은

□ **separate**
[sépərèit]

v. 나누다(divide), 제거하다(take away)
a. 개개의(individual), 별개의 opp. unite

The two questions are quite separate.
이 두 가지는 아주 별개의 문제이다.

□ **label**
[léibəl]

n. 꼬리표, 표찰 v. 분류하다, 표를 붙이다

a bottle labeled "Danger"
"위험"표시가 붙은 병

□ **divide**
[diváid]

v. 나누다, 분류하다, 분열시키다   n. 분할

division of labor
분업

division of powers
삼권분립

❖ **division** n. 분할(separation), 불화

□ **irrelevant**
[iréləvənt]

a. 타당하지 않은, 관계가 없는

irrelevant arguments
적절하지 않은 논쟁

---

categorical [kæ̀təgɔ́ːrikəl]

a. 단언적인, 분류별의

---

categorical statement
단언

❖ **category** n. 범주, 종류

□ **abstract**
[æbstrǽkt]

a. 추상적인, 심오한(abstruse), 난해한   opp. concrete
n. 추상   v. 제거하다(remove), 분리하다

The work 'hunger' is an abstract noun.
'hunger' 는 추상명사이다.

□ **disconnect**
[dìskənékt]

v. ~을 분리하다(separate), 연락을 끊다

We were disconnected.
우리는 연락이 끊겼다.

□ **detach**
[ditǽtʃ]

v. 떼다, 분리하다, 파견하다   opp. attach

Detach yourself from your prejudices.
편견에서 벗어나라.

❖ **detached** a. 떨어져 있는, 속세를 떠난

172

□ **disperse**
[dispə́:rs]

v. 흩뜨리다, 유포시키다, 흩어지다 opp. collect

Police used tear gas to disperse the demonstrators.
경찰은 시위대를 흩뜨리기 위해서 최루가스를 사용했다.

□ **domain**
[douméin]

n. 영토, 소유지, 영역, 분야(field)

public domain
공유지

□ **continent**
[kántənənt]

n. 대륙, 본토

a continental climate
대륙성 기후

❖ **continental** a. 대륙성의, 대륙의

□ **dominate**
[dámənèit]

v. 지배하다(rule), 억누르다(control)

America is a white-dominated society.
미국은 백인이 지배하는 사회이다.

❖ **dominant** a. 지배적인(ruling), 우세한
❖ **domination** n. 지배, 우세(ascendancy)
❖ **predominant** a. 우세한, 현저한

156 | **doubt** [daut]

v. 의심하다(distrust), 불확실하다
n. 의혹, 불확실(uncertainty)

I don't doubt the existence of God.
나는 신의 존재를 의심하지 않는다.

❖ **doubtful** a. 미심쩍은(dubious), 애매한

□ **doubtless**
[dáutlis]

ad. 분명히(surely), 아마도(probably)
That is doubtless quite true.
그것은 분명히 진실이다.

□ **likelihood**
[láiklihùd]

n. 있을 법한 사실, 가능성(probability)
in all likelihood
십중팔구는

□ **probable**
[prábəbl]

a. 있음직한, 그럴싸한, 가망이 있는
What's the probable cost?
대충 어림잡아본 비용은 얼마나 들죠?

❖ **probability** n. 가망, 있음직함, (수학) 확률

□ **plausible**
[plɔ́:zəbəl]

a. 그럴 듯한
Your explanation sounds plausible but I can't believe it.
너의 설명은 그럴듯한데 난 믿을 수가 없다.

□ **dubious**
[djúːbiəs]

a. 의심스러운, 분명치 않는, 애매한
a dubious battle
승패를 알 수 없는 싸움

□ **neutral**
[njúːtrəl]

a. 중립의 분명치 않은
a neutral zone
중립지대
a neutral sort of person
성격이 분명치 않은 사람

□ **ambiguous**
[æmbíɡjuəs]

a. 애매한, 모호한   opp. clear, distinct
The wording of the contract is ambiguous.
그 계약서의 표현내용은 모호하다.

❖ **ambiguity** n. 애매함, (pl.) 애매한 말씨

□ **vague**
[veiɡ]

a. 애매한, 어슴푸레한(shadowy), 막연한(indefinable)
opp. distinct
a vague rumor
막연한 소문

□ **distrust**
[distrʌ́st]

v. 신용하지 않다, 의심하다   n. 불신, 의혹
He distrusted his own eyes.
그는 자신의 눈을 의심했다.

❖ **distrustful** a. 의심 많은

---

157 | **dress** [dres]

n. 의복, 복장, 정장   v. 옷을 입히다, 꾸미다

She dresses well on very little money.
그녀는 적은 돈으로도 잘 차려입고 다닌다.

❖ **dressing** n. 옷치장, 화장

garment
[gá:rmənt]

n. 의복 한 점, (pl.) 의류(dress)

a garment of the latest fashion
최신 유행복

clothe
[klouð]

v. 옷을 입히다(dress)

They had to work hard to feed and clothe their family.
그들은 가족의 의식(衣食)을 해결하기 위해서 열심히 일해야 했다.

❖ **clothes** n. 옷, 의복
❖ **clothing** n. (집합적) 옷, 의복

cloth
[klɔ(:)θ]

n. 천, 헝겊, 걸레

Clean floor with a cloth.
걸레로 마룻바닥을 깨끗이 닦아내라.

costume
[kástjuːm]

n. (국민, 시대에 특유한) 복장

the costume of the Victorian era
영국 빅토리아 왕조 시대의 복장

gown
[gaun]

n. (여성용) 실내복, 가운, 승복

arms and gown
(무기와 잠옷) 전쟁과 평화

eager
[íːgər]

a. 열심인, 갈망하는

We are eager for peace.
우리들은 평화를 몹시 갈망한다.

❖ **eagerness** n. 열심, 열망

158 terrestrial [təréstriəl]

a. 지구상의(earthly), 육지의, 현세의
opp. celestial 하늘의, aquatic 물의

terrestrial gravitation
지구의 인력

□ **territorial**
[tèrətɔ́:riəl]

a. 영토의, 토지의
the territorial air 영공(領空)

□ **worldly**
[wə́:rldli]

a. 현세의, 세속적인
worldly pleasures
속세의 즐거움

❖ **worldly-minded** a. 속물근성의
❖ **world** n. 세계, 지구, 세계의 사람들

159 ecstasy [ékstəsi]

n. 황홀, 환희

He is in ecstasies over the new novel.
그는 새로운 소설에 몰두해 있다.

❖ **ecstatic** a. 황홀한

□ **rapture**
[ræptʃər]

n. 환희, 열광
I was in raptures at the news.
나는 그 소식을 듣고 황홀경에 빠져 있었다.

❖ **rapturous** a. 어쩔 줄 모르는, 열광적인

□ **effective**
[iféktiv]

a. 사실상의, 유효한, 인상적인
an effective leader
실질적인 지도자

outcome
[áutkÀm]

n. 결과, 성과, 추이

the outcome of a general election
총선 결과

consequence
[kánsikwèns]

n. 결과(result), 중대성 opp. cause 원인

a man of consequence
중요한 인물

❖ **consequently** ad. 그러므로(therefore)

effect
[ifékt]

n. 결과(result), 효험(efficacy) v. 시행되다, 발효되다

cause and effect 원인과 결과

❖ **effectual** a. 효과적인, 적절한

---

effort [éfərt]

n. 노력(endeavor), 역작(achievement)

literary efforts
문학 작품

exert
[igzə́:rt]

v. 발휘하다, 행사하다

He exerted himself to attain his object.
그는 자기의 목적을 달성하기 위해 온힘을 다했다.

unwise exertion of power
무분별한 무력 행사

❖ **exertion** n. 노력, 전력, 행사

endeavor
[endévər]

v. 노력하다(do one's best) n. 노력(effort)

You must endeavor to accomplish your end.
네가 목적을 달성하려면 노력해야 한다.

☐ **attempt**
[ətémpt]

v. 시도하다(try) n. 시도(trial), 노력

I passed the test at the second attempt.
나는 재수(再修)해서 시험에 붙었다.

161 **elastic** [ilǽstik]

a. 탄력이 있는, 가뿐한, 쾌활한 n. 고무줄

All rules are elastic.
모든 규칙은 탄력적이다.

☐ **flexible**
[fléksəbəl]

a. 유연한, 유순한, 융통성 있는

flexible politics
유연한 정치 자세

☐ **soften**
[sɔ́(:)fən]

v. 부드럽게 하다, 진정시키다, (마음이) 누그러지다
opp. harden 굳게 하다

Time softens grief.
시간이 약이다.

soft drink
청량음료

❖ **soft** a. 부드러운, 차분한 opp. rough 거친

☐ **tender**
[téndər]

a. 부드러운, 예민한, 아픈

tender meat
연한 고기

His wound is still tender.
그의 상처는 아직도 다 낫지 않았다.

element [éləmənt]

n. 요소, 성분, 영역, (pl.) 원리(principles)

---

elementary education
초등 교육

❖ **elementary** a. 초보의, 입문의

□ **factor**
[fǽktər]

n. 요소, 요인, 원동력, (수학)인수

What is the major factor in making this decision?
이런 결정을 내리게 된 주요인은 무엇일까?

□ **ingredient**
[ingríːdiənt]

n. 성분, 요소, 원료

Health is the most important ingredient of human happiness.
건강은 인간의 행복을 이루는 가장 중요한 요소이다.

□ **component**
[kəmpóunənt]

n. 구성분자 a. 구성하는, 성분의

component parts of society
사회의 구성 분자

□ **contrary**
[kántreri]

a. 반대의(opposite), 형편이 나쁜, 모순된

contrary weather 악천후
contrary wind 역풍

□ **reverse**
[rivə́ːrs]

v. 순서를 바꾸다, 거꾸로 하다 n. 반대, 역

She reversed the glass.
그녀는 컵을 엎어놓았다.

❖ **reversal** n. 역전, 반복

□ **antonym**
[ǽntənìm]

n. 반의어 opp. synonym 동의어

"Pain" is the antonym of "pleasure."
"고통"은 "기쁨"의 반의어이다.

☐ **resist**
[rizíst]

v. 저항하다(withstand), 반대하다(oppose)

They resisted the police in the discharge of their official duties.

그들은 경찰관의 공무집행을 방해했다.

❖ **resistance** n. 반대, 저항

☐ **antagonist**
[æntǽgənist]

n. 반대자, 적대자, 경쟁자(rival)

opp. supporter 지지자

the antagonism between two races

두 민족간의 반목

❖ **antagonize** v. 반대하다, 갈등을 일으키다
❖ **antagonism** n. 반목, 적대

☐ **opponent**
[əpóunənt]

n. 적수(adversary), 반대자, 상대방

a. 반대편의(opposite)

a formidable opponent

호락호락하지 않은 상대

☐ **adversary**
[ǽdvərsèri]

n. 적(opponent, enemy), 적군, 반대자

adverse page

반대쪽 페이지

❖ **adverse** a. 반대의(opposed)

☐ **foe**
[fou]

n. 적, 원수

a foe to health

건강의 적

☐ **match**
[mætʃ]

n. 호적수, 성냥, 시합, 결혼(marriage)

You are no match for me.

너는 내 적수가 못된다.

181

hostile
[hάstil]

a. 적의가 있는(unfriendly), 반대하는

a hostile army
적군

❖ **hostility** n. 적의, 적개심, 적대행위

---

163 **enormous** [inɔ́:rməs]

a. 거대한(huge), 막대한(immense)

He has an enormous sum of money.
그는 굉장히 많은 돈을 가지고 있다.

❖ **enormously** ad. 터무니없이

immense
[iméns]

a. 광대한, 멋진(splendid)

There has been an immense improvement in his health.
그의 건강이 몰라볼 만큼 증진되었다.

❖ **immensity** n. 무한

innumerable
[injú:mərəbəl]

a. 무수한(countless), 헤아릴 수 없는

innumerable stars
무수한 별

infinite
[ínfənit]

a. 무한의(boundless), 엄청난(immense)
n. 무한한 것

infinite space
무한한 우주

❖ **the Infinite (Being)** 신(神)

endless
[éndlis]

a. 영원의, 무한의

My journey seemed endless.
여행은 끝이 없는 것처럼 보였다.

□ **immortal**
[imɔ́:rtl]

a. 불사의(undying), 불멸의(everlasting)

a immortal book
불멸의 책

□ **permanent**
[pə́:rmənənt]

a. 영구적인, 내구성의(lasting, enduring)

a permanent tooth
영구치

a permanent address
본적

❖ **permanence, -cy** n. 영구불변

---

164 **myriad** [míriəd]

a. 무수한(numberless) n. 1만, 무수

a myriad of stars
헤아릴 수 없는 별들

□ **gigantic**
[dʒaigǽntik]

a. 거대한, 방대한

He has a gigantic appetite.
그는 식욕이 왕성하다.

□ **huge**
[hju:dʒ]

a. 대단히 큰, 거대한

The movie was a huge success.
그 영화는 굉장히 성공적이었다.

□ **astronomical**
[æstrənámikəl]

a. 천문학(상)의, 방대한

astronomical sums of money
천문학적 돈

❖ **astronomy** n. 천문학
❖ **astrology** n. 점성술(학)

□ **tremendous** [triméndəs]

a. 거대한, 무시무시한(awful, dreadful), 굉장한(wonderful)

a tremendous explosion
무시무시한 폭발
a tremendous lie
터무니없는 거짓말

envy [énvi]

n. 선망, 시기, 질투(의 대상) v. 부러워하다, 시기하다

I envy your beauty.
너의 미모가 부럽다.

❖ **envious** a. 시기심이 강한

□ **grudge** [grʌdʒ]

v. 시기하다, 원한을 품다 n. 원한

an old grudge
해묵은 원한

❖ **grudging** a. 마음내키지 않는(unwilling)
❖ **rudgingly** ad. 마지못해(reluctantly)

□ **malice** [mǽlis]

n. 악의, 원한

I bear you no malice.
너에게 어떤 악의도 없다.

□ **revenge** [rivéndʒ]

v. 보복하다(avenge), 원수를 갚다 n. 복수, 원한

He revenged his father's death.
그는 죽은 아버지의 원수를 갚았다.

166 friction [fríkʃən]

n. 마찰(rubbing), 알력

international friction
국제간의 알력

❖ **frictional** a. 마찰의, 마찰에서 생기는

☐ **rub**
[rʌb]

v. 문지르다 n. 마찰, 장애

the rubs and worries of life
인생의 고초

He rubbed his hands to warm them.
그는 손을 비벼 따습게 하였다.

☐ **scrape**
[skreip]

v. 벗겨내다, 스치다, 문지르다

I scraped the skin off the apple with a knife.
나는 칼로 사과 껍질을 벗겨냈다.

☐ **avoid**
[əvɔ́id]

v. 피하다, 회피하다 opp. pursue 추구하다

Avoid bad company.
나쁜 친구들을 피해라.

❖ **avoidance** n. 기피, 회피, 무효

☐ **evade**
[ivéid]

v. 피하다(avoid), 도피하다(escape) n. 회피

He evaded the question.
그는 질문을 회피했다.

☐ **miss**
[mis]

v. 빗나가다, 결석하다, 모면하다,
~이 없어서 섭섭하다 opp. hit

I have missed her terribly.
그녀를 몹시도 그리워하고 있다.

☐ **escape**
[iskéip]

v. 빠져나오다, 탈출하다   n. 도피, 모면

escape pursuit
추적을 피하다

---

estimate [éstəmèit]

v. 어림잡다, (사람을) 평가하다   n. (pl.) 견적서

The population of the city is estimated at 500,000.
그 도시의 인구는 어림잡아 50만이다.

❖ **estimated** a. 추측의
❖ **estimation** n. 평가, 판단, 존경

☐ **evaluate**
[ivǽljuèit]

v. 평가하다, 어림하다

evaluate assets
재산을 평가하다

❖ **evaluation** n. 평가, 사정(valuation)

☐ **purse**
[pə:rs]

n. (돈) 지갑, 재산

the power of the purse
돈의 힘

☐ **tariff**
[tǽrif]

n. 관세(關稅), 율, 요금표(list of prices)

a passenger tariff
여객 운임표

☐ **tax**
[tæks]

n. 세, 무거운 부담   v. 과세하다

Cigarettes are heavily taxed in New York.
뉴욕에서는 담배에 무거운 세금을 부과한다.

uncommon [ʌnkʌ́mən]

a. 진귀한(rare), 비범한(remarkable)

It is not uncommon to find such a bird.
이런 새를 보는 것은 드문 일이 아니다.

□ **excel**
[iksél]

v. 뛰어나다, 탁월하다

He excels in courage.
그는 용기가 뛰어나다.

❖ **excellence** n. 우월, 장점
❖ **excellent** a. 뛰어난, 훌륭한

□ **exceed**
[iksíːd]

v. 초과하다, 능가하다(surpass)

Their success exceeded all expectations.
그들의 성공은 모든 예상을 능가한 것이었다.

□ **excess**
[iksés]

n. 과잉, 초과량, 도가 넘치는 행위

❖ **excessive** a. 지나친, 과도한

□ **surpass**
[sərpǽs]

v. 우월하다, 능가하다(excel), 초월하다

He surpasses me in knowledge.
그는 학식에 있어서 나를 능가한다.

❖ **surpassing** a. 우수한

14th Day

---

169 **naive** [nɑːíːv]

a. 순진한, 고지식한

That's a naive idea.
그것은 고지식한 생각이다.

☐ **simple**
[símpəl]

a. 간단한, 검소한(plain), 순진한
- ❖ **simplicity** n. 단순, 간소
- ❖ **simplify** v. 단순화시키다
- ❖ **simply** ad. 솔직히, 수수하게
- ❖ **simpleton** n. 바보

☐ **prodigal**
[prádigəl]

a. 낭비하는(extravagant), 방탕한, 풍부한
n. 낭비자, 방탕자 opp. frugal 검소한

☐ **extravagant**
[ikstrǽvəgənt]

a. 낭비하는(wasteful), 터무니없는

extravagant habits 사치스러운 습관

- ❖ **extravagance** n. 사치, 엉뚱한 생각

---

170 **omit** [oumít]

v. 누락시키다, ~하지 않다

He is annoyed about him omission from the team.
그는 그 팀에서 탈락한 것에 화가 나 있다.

- ❖ **omission** n. 누락, 탈락

☐ **exclude**
[iksklú:d]

v. 제외하다, 몰아내다 opp. include

an exclusive attitude
배타적인 태도

❖ **exclusion** n. 제외, 배제, 추방
❖ **exclusive** a. 배타적인, 독점적인

☐ **monopoly**
[mənápəli]

n. (상품의) 전매, 독점판매, 전매(독점)권

The Government holds the monopoly for tobacco.
정부가 담배의 전매권을 가지고 있다.

☐ **exception**
[iksépʃən]

n. 예외, 제외

He read nothing except poetry.
그는 시 이외에는 아무 것도 읽지 않았다.

❖ **exceptional** a. 예외적인
❖ **except** prep. ~을 제외하고는

☐ **eliminate**
[ilímənèit]

v. 제거하다(remove), 배제하다(exclude)

He eliminated the mistakes from his composition.
그는 작문에서 잘못된 부분을 제거했다.

❖ **elimination** n. 제거, 배제

---

171 | **undergo** [ʌndərgóu]

v. 경험하다(experience), 겪다, 수술 받다

He has undergone many hardships.
그는 많은 고난을 겪었다.

□ **undertake**
[ʌ̀ndərtéik]

v. 맡다, 담당하다, 착수하다

She undertook an enterprise.
그녀는 사업에 착수했다.

❖ **undertaker** n. 수임자, 청부업자
❖ **undertaking** n. 일, 사업

□ **experience**
[ikspíəriəns]

n. 경험, 체험

learn by experience
경험을 통해 배우다

❖ **experienced** a. 숙달된(skilled)

□ **expert**
[ékspəːrt]

n. 경험자, 전문가 a. 노련한

expert on Russia
러시아 전문가

□ **proficient**
[prəfíʃənt]

a. 숙달된(skilled), 익숙한 n. 숙련자, 명인(expert), 숙련(expertness)

He is proficient in sports.
그는 운동에 능하다.

❖ **proficiency** n. 능숙, 숙달(skill)

---

172 | **illustrate** [íləstrèit]

v. 설명하다, 예증하다(exemplify)

The uses of words in this dictionary are illustrated with example sentences.
이 사전에 나오는 단어의 용법은 예문으로 설명하고 있다.

❖ **illustration** n. 설명, 예화, 삽화

☐ **explain**
[ikspléin]

v. 설명하다, 해석하다, 변명하다

explanatory notes
주석(註釋)

❖ **explanatory** a. 해설의
❖ **explanation** n. 설명, 변명, 해석

☐ **account**
[əkáunt]

v. 설명하다(explain), 여기다(consider)
n. 계산, 설명, 기사, 거래, 구좌, 이유

I accounted myself to be lucky.
나는 운이 좋았다고 생각했다.

Short accounts make long friends.
셈이 빨라야 친분이 오래간다. (속담)

newspaper accounts
신문기사

❖ **on account of** ~때문에(because of)
❖ **account for** ~을 설명하다(explain)

☐ **describe**
[diskráib]

v. 기술하다, 묘사하다

a descriptive power
묘사력

❖ **description** n. 서술, 묘사

☐ **depict**
[dipíkt]

v. 묘사하다(describe), 표현하다(represent)

No language can depict her beauty.
어떠한 말로도 그녀의 미모를 표현할 수 없다.

define [difáin]

v. 정의를 내리다, (경계, 윤곽을) 한정하다

How do you define ‘love’?
‘사랑’의 정의를 어떻게 내립니까?

❖ **definite** a. 명확한(clear), 한정된
❖ **definition** n. 정의, 한정, 명확

☐ **finite**
[fáinait]

a. 한정된, 유한의

Man is finite existence.
인간은 유한한 존재이다.

☐ **express**
[iksprés]

a. 명백한, 지급의 v. 말로 표현하다(state), 나타내다(symbolize)

Words cannot express it.
그것은 말로 표현할 수 없다.

❖ **by express** 속달로, 급행열차로
❖ **expression** n. 표현
❖ **expressive** a. 감정이 풍부한

☐ **specific**
[spisífik]

a. 특수한(particular), 구체적인, 명확한

I want to understand your problem, so please be more specific.
네 문제를 알고 싶으니 더 구체적으로 말해라.

❖ **specify** v. 지정하다, 일일이 열거하다

☐ **explicit**
[iksplísit]

a. 명쾌(명백)한, 분명한 opp. implicit 함축적인

an explicit promise
분명한 약속

174 **achieve** [ətʃíːv]

v. 성취하다(to finish successfully), 달성하다

You will never achieve anything if you don't work harder.
더 열심히 일하지 않는다면 아무 것도 성취하지 못할 것이다.

❖ **achievement** n. 업적, 공적, 성취, 학력

☐ **accomplish**
[əkɑ́mpliʃ]

v. 성취하다, 완성하다(perform, fulfill)

an accomplished fact
기정 사실

❖ **accomplished** a. 노련한(expert), 기정의
❖ **accomplishment** n. 완성, 업적, (pl.) 교양, 재주

☐ **feat**
[fiːt]

n. (동음어 feet) 위업, 공적

a feat of arms 무공(武功)

☐ **exploit**
[éksplɔit]

n. 공훈, 위업   v. 개발하다(develop), 착취하다

exploit the resources of the oceans
해양자원을 개발하다

❖ **exploitation** n. 개발, 개척, 착취

175 **extend** [iksténd]

v. 넓히다, 뻗다, 연기하다

❖ **extension** n. 확장
❖ **extensive** a. 넓은, 광활한

☐ **lengthen**
[léŋkθən]

v. 길어지다, 늘이다

at full length 팔 다리를 쭉 펴고

❖ **length** n. 길이, 세로 opp. breadth 폭

prolong
[proulɔ́:ŋ]

v. 연장하다(extend), 오래 끌다

The construction committee decided to prolong a road system.
건설분과 위원회는 도로망을 확충하기로 결정했다.

❖ **prolonged** a. 기다란, 말이 많은(lengthy)

---

alien [éiljən]

n. 외국인 a. 외국의, 성미에 맞지 않는

Lying is alien to his nature.
거짓말은 그의 성미에 맞지 않는다.

abroad
[əbrɔ́:d]

ad. 외국에(overseas), 널리(widely), 옥외에

a trip abroad
해외여행

exotic
[igzátik]

a. 외래의(foreign), 이국풍의

exotic music
이국풍의 음악

strange
[streindʒ]

a. 기묘한(queer), 미지(未知)의, 낯선

in a strange land
낯선 땅에서

❖ **strangeness** n. 기묘함

eccentric
[ikséntrik]

a. 괴상한(odd), 중심에서 벗어난 n. 기인, 괴짜

The old lady has some eccentric habits.
그 노인네는 좀 별난 습관을 가지고 있었다.

❖ **eccentricity** n. 기행(奇行)

□ **curious**
[kjúəriəs]

a. 호기심이 강한, 이상한

A student should always be curious to learn.
학생은 배움에 호기심이 강해야 한다.

❖ **curiosity** n. 호기심

□ **abnormal**
[æbnɔ́ːrməl]

a. 비정상적인, 이상한(peculiar)

abnormal behavior
비정상적인 행동

□ **quaint**
[kwadrúːn]

a. 희한한, 기묘한(queer, odd)

a quaint person 괴짜

177 | **external** [ikstə́ːrnəl]

a. 외부의, 대외의(outer, outward),
형식적인(superficial)

a medicine for external use
외용약

□ **exterior**
[ikstíəriər]

a. 대외적인, 바깥의(outer) n. 외부(outside)

an exterior policy
대외정책

□ **countenance**
[káuntənəns]

n. (얼굴의) 표정(expression), 안색

an angry countenance
성난 표정

□ **face**
[feis]

n. 얼굴, 표정 v. ~에 면하다, 대항하다

face a danger
위험에 맞서다

justify [dʒʌ́stəfài]

v. 정당화하다, 옳다고 주장하다

Nothing can justify such behavior.
그러한 행위는 무엇으로도 정당화될 수 없다.

□ **disinterested**
[disíntəristid]   a. 공평무사한(impartial), 사심 없는

a disinterested judge
공평한 재판관

□ **impartial**
[impá:rʃəl]   a. 공평한(fair), 편견 없는

an impartial judgment
편견 없는 재판

□ **loyal**
[lɔ́iəl]   a. 성실한, 충성스런(true and faithful)

a loyal friend 성실한 친구

❖ **loyalty** n. 충성, 애국심

□ **conscience**
[kánʃəns]   n. 양심, 도의심

in conscience 양심적으로, 당연히
a matter of conscience 양심의 문제

❖ **conscientious** a. 양심적인, 신중한

false [fɔːls]

a. 거짓의(untrue), 성실치 못한(unfaithful)

Better an open enemy than a false friend.
불성실한 친구보다 공공연한 적이 더 낫다. (속담)

a false statement 위증

❖ **falsehood** n. 거짓말, 기만, 허위

☐ **counterfeit** a. 위조의, 모조의 n. 가짜, 모조품
[káuntərfìt]
　counterfeit illness
　꾀병

180 **intimate** [íntəmit]
　　a. 친밀한(familiar), 사적인(private) n. 친구
　　v. 암시하다

I invited only several intimate friends.
나는 몇몇 친한 친구들만 초대했다.

❖ **intimation** n. 암시, 통고, 발표
❖ **intimacy** n. 친밀, 친교

☐ **close** v. 닫다, 폐쇄하다, 끝내다
v. [klouz]　a. (발음주의) 가까운(near), 정밀한, 폐쇄된
a. [klous]
　　a close neighbor
　　바로 이웃 사람

☐ **celebrate** v. 축하하다, (의식을) 거행하다
[séləbrèit]
If you pass your exams, we'll have a party to celebrate.
네가 시험에 합격한다면 축하파티를 열어줄게.

❖ **celebrated** a. 유명한
❖ **celebration** n. 축하, 찬양

☐ **congratulate** v. 축하하다
[kəngrǽtʃəlèit]
I congratulated him on his departure for success.
그의 성공을 향한 출발에 나는 축하를 보냈다.

❖ **congratulation** n. 축하, 축사

☐ **note**
[nout]

v. 주의하다, 기록하다   n. 기록, 각서, 지폐

a noted performer
유명한 연예인

❖ **noteless** a. 눈에 띄지 않는
❖ **noted** a. 유명한, 저명한

☐ **notorious**
[noutɔ́:riəs]

a. 소문난, 악명이 높은

a notorious thief 세상을 떠들썩하게 만든 도둑

❖ **notoriety** n. 나쁜 평판

---

181 **magnificent** [mægnífəsənt]

a. 훌륭한, 두드러진, 장려한

---

magnificent view 웅대한 광경

❖ **magnify** v. 확대하다

☐ **notable**
[nóutəbəl]

a. 주목할 만한, 저명한   n. 유명인, 고관

Korea has made a notable progress in
industry since 1960.
한국은 1960년 이후 눈부시게 발전하였다.

❖ **notably** ad. 두드러지게, 현저하게

☐ **extraordinary**
[ikstrɔ́:rdənèri]   a. 비범한, 현저한(noteworthy); 터무니없는

do extraordinary things
터무니없는 짓을 하다

☐ **conspicuous**
[kənspíkjuəs]   a. 눈에 잘 띄는(manifest), 뚜렷한

a conspicuous statesman
저명한 정치가

□ **outstanding**   a. 걸출한, 미해결의, 현저한, 눈에 띄는
[àutstǽndiŋ]

     an outstanding figure
     걸출한 인물

     outstanding debts
     아직 갚지 않은 빚

□ **prominent**   a. 저명한(well-known), 두드러진, 걸출한
[prάmənənt]

     prominent teeth
     뻐드렁니

   ❖ **prominence**   n. 걸출(distinction), 현저

□ **renown**   n. 명성(fame, celebrity), 유명
[rináun]

   ❖ **renowned**   a. 유명한(famed)

□ **eminent**   a. 저명한(distinguished), 뛰어난
[émənənt]

     He is eminent for his learning.
     그는 학문으로 이름이 알려져 있다.

---

182   **fantastic** [fæntǽstik]

     a. 공상적인(fanciful), 터무니없는, 허황된

   ❖ **fantasy**   n. 공상, 몽상, 변덕

     He could soar on the wings of fantasy.
     그는 공상의 날개로 훨훨 날아오를 수 있었다.

□ **imagine**   v. 상상하다, 생각하다
[imǽdʒin]

     Can you imagine life without electricity?
     전기 없는 생활을 상상할 수 있겠니?

   ❖ **imagination**   n. 상상력, 공상
   ❖ **imaginable**   a. 상상할 수 있는

□ **daydream**
[déidrì:m]

n. 백일몽, 공상
* **daydreamer** n. 공상가

---

183 | **mode** [moud]

n. 방법, 양식, 습관, 관행, 유행

---

a peculiar mode of life
특이한 생활양식

There are modes wherever there are man.
사람들이 모이는 곳에 유행은 생기게 마련이다.

□ **vogue**
[voug]

n. 풍습, 유행(fashion), 인기(popularity)

High boots were the vogue for women last year.
긴 부츠가 작년에 여성들에게 유행했다.

□ **accustom**
[əkʌ́stəm]

v. 익히다, 습관들이다(habituate)
* **be accustomed to** ~에 익숙하다
* **accustomed** a. 익숙한(familiar), 평소의

□ **practice**
[prǽktis]

n. 습관, 풍습, 연습, 실천
v. 실천하다, 연습하다, (의사, 변호사업)개업하다

We've made our plans and now we must put them into practice.
계획을 세웠으면 당장 실행에 옮겨야 한다.

keep in practice
쉼없이 연습하다

* **put into practice** ~을 실행하다
* **practical** a. 실제적인, 쓸모 있는

☐ **habit**
[hǽbit]

n. 습관, 습성, 버릇, 기질

Habit is a second nature.
습관은 제2의 천성.

❖ **habituate** v. 익숙하게 하다

---

184 | **execute** [éksikjùːt]

v. 실행하다, 처형하다, 연주하다

forcible execution
강제집행

❖ **execution** n. 수행, 집행, 처형
❖ **executive** a. 법률을 집행하는, 행정적인

☐ **feasible**
[fíːzəbəl]

a. 실현 가능한(practicable), 편리한

The plan sounds quite feasible.
그 계획은 실현 가능성이 꽤 있는 것 같다.

☐ **convenience** n. 편리, 편리한 것
[kənvíːnjəns]

a public convenience
공중 화장실

❖ **convenience food** 편리 식품(통조림 등)
❖ **convenient** a. 편리한 opp. inconvenient

15th Day

a piece of cake
blow a fuse
mind ones own business
not on your life
pick up the

---

185 **fatal** [féitl]

a. 치명적인, 숙명적인

the fatal day
운명의 날

❖ **fate** n. 운명
❖ **fatally** ad. 운명적으로
❖ **fatality** n. 필연성, 운명, 치명적인 사고

☐ **destine**
[déstin]

v. 운명짓다(fate, doom)

Their hopes were destined never to be realized.
그들의 희망은 결코 실현되지 못하도록 운명지어졌다.

plane destined for Paris
파리행 비행기

❖ **destined for** ~로 가는
❖ **destiny** n. 운명, 숙명
❖ **destination** n. 목적지, 행선지

☐ **mortal**
[mɔ́:rtl]

a. 죽을 운명인, 인간의(human)

Man is mortal.
사람은 죽게 마련이다.

☐ **doom**
[du:m]

v. 운명짓다 n. 운명(fate, destiny), 죽음

From the start, the plan was doomed to failure.
그 계획은 처음부터 실패할 운명이었다.

□ **portion**
[pɔ́:rʃən]

n. 일부, 부분(part), 몫(share)
v. 분할하다(divide), 분배하다(distribute)

Read this portion of the book.
책의 이 부분을 읽으십시오.

---

186 **sensation** [senséiʃən]

n. 감각(sense), 느낌(feeling), 평판

It was so cold that he lost all sensation in his limbs.
너무 추워서 그는 손발의 감각을 완전히 잃었다.

□ **sense**
[sens]

n. 감각, 분별, 상식, 의미(meaning)

She fell senseless.
그녀는 졸도했다.

in a sense
어떤 의미에서는

sense organ
감각 기관

❖ **out of one's senses** 미쳐서
❖ **sensational** a. 선풍적 인기의, 감각(상)의

□ **sensible**
[sénsəbəl]

a. 분별 있는(judicious), 민감한, 깨달은

It is sensible of you to have told him the truth.
그에게 진실을 말한 것은 현명한 일이다.

□ **sagacious**
[səgéiʃəs]

a. 현명한(wise), 민첩한(shrewd)

a sagacious answer
재치 있는 대답

❖ **sage** a. 현명한 n. 현인 opp. fool
❖ **sagacity** n. 총명

sensitive
[sénsətiv]

a. 감수성이 강한, 화를 잘 내는
opp. insusceptible 무감각한

- ❖ **sensitivity** n. 민감, 감수성
- ❖ **sentimental** a. 감상적인, 정서적인
- ❖ **sentimentalism** n. 감상주의, 감상벽

emotion
[imóuʃən]

n. 격렬한 감정, 감동

an outlet for one's emotion
감정의 배출구

fertile
[fɔ́:rtl]

a. 비옥한(productive), 다산의
opp. barren, sterile 불모의, 불임의

fertile soil
비옥한 땅

- ❖ **fertility** n. 비옥, 풍요, 다산
- ❖ **fertilize** v. 풍요롭게 하다
- ❖ **fertilizer** n. 비료

fruitful
[frú:tfəl]

a. 다산의, 유익한(profitable), 열매가 많은

a fruitful meeting
유익한 모임

- ❖ **fruitfulness** n. 다산, 유익

---

187 | **fiction** [fíkʃən]

n. 허구, 소설(novel)

Is the story fact or fiction?
그 이야기가 사실이냐? 지어낸 것이냐?

- ❖ **fictional** a. 가공의, 소설적인

☐ **fable**
[féibəl]

n. 우화, 전설(legends)

Aesop's Fables
이솝 우화

❖ **fabulous** a. 전설적인, 믿을 수 없는

☐ **legend**
[lédʒənd]

n. 전설

Korea has many legends about the tiger.
한국에는 호랑이에 관한 전설이 많다.

☐ **tradition**
[trədíʃən]

n. 전설, 전통, 인습

story founded on tradition
전설에 바탕을 둔 이야기

❖ **traditional** a. 전통의, 인습적인

☐ **fabulous**
[fǽbjələs]

a. 거짓말 같은, 전설상의

a fabulous sum of money
거짓말 같이 많은 돈

---

188 | **actual** [ǽktʃuəl]

a. 현실의(real), 현행의, 사실상의   opp. ideal

In actual fact it was quite cheap.
사실 그것은 싼 가격이다.

☐ **virtual**
[vɔ́:rtʃuəl]

a. 사실상의, 실질적인

a virtual promise
사실상의 약속

□ **real**
[ríːəl]

a. 실제의, 진실의, 부동산의　n. 실물
opp. ideal 이상의, personal 동산의

□ **realism**
[ríːəlìzəm]

n. 현실주의, 현실성, 사실주의
❖ **in reality** 실제로는(in fact)
❖ **reality**　n. 현실

---

189 | **refine** [rifáin]

v. 정제하다(make pure), 세련되게 하다

---

a refined way of speaking
세련된 말씨

an oil refinery
정유 공장

❖ **refined**　a. 세련된　opp. vulgar(저속한)
❖ **refinery**　n. 정제소

□ **elegant**
[éləgənt]

a. 우아한(graceful), 세련된
He was an elegant young gentleman.
그는 세련된 젊은 신사였다.

❖ **elegance, -y**　n. 세련, 우아

□ **elaborate**
[ilǽbərèit]

a. 정교한, 공들여 만든　v. 공들여 만들다
an elaborate style
갈고 닦은 문체

□ **exquisite**
[ikskwízit]

a. 정교한, 섬세한(keen, delicate), 우아한
exquisite workmanship
정교한 솜씨

❖ **exquisitely**　ad. 섬세하게

□ **grace**
[greis]

n. 우아, 매력, 애교, 친절, 은총

a graceful apology
솔직한 사과

the graceful poise of dancer
댄서의 우아한 자세

❖ **graceful** a. 우아한, 솔직한
❖ **gracious** 우아한, 자애로운(merciful)

---

190 **moderate** [mɑ́dərət]

a. 적당한, 보통의

a family of moderate means
중산층 가정

moderate prices
적당한 가격

□ **appropriate** a. 적당한(proper) v. 충당하다, 사용하다
[əpróuprièit]

a salary appropriate to an office
직급에 어울리는 봉급

The government appropriated a large sum
of money for building hospitals.
정부는 많은 돈을 병원을 짓는 데 충당했다.

□ **proper** a. 적당한, 적절한(right and fitting), ~에 특유한,
[prɑ́pər] 예의 바른(polite), 진정한

at a proper time
적절한 시기에

customs proper to the Koreans
한국인 고유의 풍습

England proper
영국 본토

❖ **properly** ad. 적절하게, 정확히

☐ **fit**
[fit]

a. ~에 적합한, 어울리는   v. ~에 적합하다, ~에 맞다
opp. unbecoming 어울리지 않는

water fit to drink
식용수

The key fits the lock.
그 열쇠는 자물쇠에 맞는다.

❖ **fitting** a. 적합한

☐ **suit**
[suːt]

v. 알맞다, 잘 어울리다   n. 소송(lawsuit), 한 벌
cf. suite와 혼동 주의

a suit of clothes
옷 한 벌

a criminal suit
형사 소송

a civil suit
민사 소송

❖ **suitable** a. 적절한(proper), 어울리는

---

191 **adhere** [ædhíər]

v. 들러붙다, 고수하다(stick)   n. 자기편

He adhered to his decision.
그는 자기의 결의를 굽히지 않았다.

❖ **adherence** n. 점착
❖ **adherent** a. 들러붙는, 고집하는
❖ **adhesion** n. 점착, 고수

☐ **partisan**
[páːrtəzən]

n. 도당, 유격대

partisan spirit
당파심

forbid [fərbíd]

v. 금하다(prohibit), 방해하다(prevent) opp. allow

The law forbids the use of chemical fertilizer.
법은 화학비료의 사용을 금지하고 있다.

forbidden fruit
금단의 열매

❖ **forbidden** a. 금지된

☐ **ban**
[bæn]

v. 금지하다 n. 금지령(prohibition)

There's a ban on smoking in theaters.
극장 안에서는 흡연을 금하고 있다.

☐ **prohibit**
[prouhíbit]

v. 방해하다, 못하게 하다(forbid, hinder)

smoking strictly prohibited
절대금연

Illness prohibited him from working.
그는 병 때문에 일을 하지 못했다.

❖ **prohibition** n. 금지, 금지령

☐ **taboo**
[təbú:]

n. 금기(禁忌), 터부 v. 금하다

taboo word 금기어

☐ **prevent**
[privént]

v. 막다, 방해하다(hinder), 예방하다, 보호하다

The heavy rain prevented me from coming in time.
비가 심하게 퍼부어 나는 제 시간에 오지 못했다.

☐ **check**
[tʃek]

v. 저지하다(prevent), 대조하다 n. 저지, 대조

❖ **check in** 숙박부에 기재하다(register)
❖ **check out** 퇴근하다, 호텔에서 나오다
❖ **checkbook** n. 수표책
❖ **checkpoint** n. 검문소

bar
[ba:r]

v. 잠그다(bolt), 방해하다(obstruct), 금하다(forbid)
n. 막대기, 법정(court), 줄, 술집

a bar of light
한 줄기의 광선

The way is barred.
그 길은 막혀 있다.

block
[blɑk]

n. 덩어리, 토막, 방해(물) v. 방해하다, 막다

The floor was made of wooden blocks.
그 마루는 나무토막으로 만들어졌다.

obstruct
[əbstrʌ́kt]

v. 방해하다(check), 가로막다

obstruct a road
도로를 차단하다

❖ **obstruction** n. 방해, 장애(물)

hinder
[híndər]

v. 방해하다, 훼방하다(prevent), 지연시키다(retard)
a. 뒤쪽의, 후방의

the hinder gate 뒷문

❖ **hinderance** n. 방해, 훼방

retard
[ritá:rd]

v. 방해하다, 더디게 하다

Road repairing retarded the car.
도로 공사로 교통흐름이 정체되었다.

curb
[kə:rb]

n. 구속(restraint), 재갈 v. 억제하다

curb one's irritation
노여움을 억누르다

confine
[kənfáin]

v. 제한하다(restrict), 가두다(imprison)

The animal was confined in a very small
cage.
동물은 아주 작은 우리에 갇혀 있었다.

☐ **restrain**
[ri:stréin]

v. 제지하다(hold back), 제한하다(restrict), 억제하다(suppress)

Please restrain the children from creating a disturbance.

아이들이 소란 피우지 못하도록 하세요.

❖ **restraint** n. 억제, 구속

☐ **reinforce**
[rì:infɔ́:rs]

v. 보강하다, 증원하다

❖ **reinforcement** n. 증원(군), 증강

☐ **compel**
[kəmpél]

v. 억지로 ~시키다, 강요하다

He compelled me to stay indoors.

그는 나한테 집안에 남으라고 강요했다.

---

193 | **oblige** [əbláidʒ]

v. 강요하다(compel, force), (은혜를)베풀다

We are obliged to pay taxes.

우리는 납세의무가 있다.

❖ **be obliged** 고맙게 생각하다
❖ **obligation** n. 의무, 은혜

☐ **bind**
[baind]

v. 묶다(tie), 의무를 지우다(oblige)

They bound the prisoner with rope.

그들은 죄수를 밧줄로 묶었다.

☐ **force**
[fɔ:rs]

n. 힘(strength), 병력(power), 세력, 부대, (pl.) 군대

the Air Force

공군

❖ **forcible** a. 강제적인, 힘찬

□ **enlist**
[enlíst]

v. 군대에 입대하다(시키다)

He enlisted when he was 20.
그는 20세에 입대했다.

□ **compulsory**
[kəmpʌ́lsəri]

a. 강제적인(compelling), 의무적인

compulsory military service
의무병역

❖ **compulsion** n. 강제, 억지
❖ **compulsive** a. 강제적인, 의무적인

□ **enforce**
[enfɔ́ːrs]

v. 강요하다(force, compel), 시행하다

The law was enforced to the letter.
그 법률은 엄밀히 시행되었다.

❖ **enforcement** n. 시행, 집행

---

194 | **forecast** [fɔ́ːrkæ̀st]

v. 예측(예상)하다, 계획하다 n. 예보, 예상

a weather forecast 일기 예보
forecasting the future 미래 예측

□ **predict**
[pridíkt]

v. 예언하다(foretell, prophesy), 예보하다

The Weathers Bureau predicts that snow is falling.
기상대는 눈이 내릴 것이라고 예보하고 있다.

❖ **prediction** n. 예언

□ **foresee**
[fɔːrsíː]

v. 예견하다, 미리 알다

We foresee the war to break out.
우리는 전쟁이 발발할 것으로 예측한다.

☐ **prophecy**
[práfəsi]

n. 예언(prediction), 예언서

the prophecy come true.
예언은 현실로 드러났다.

☐ **anticipate**
[æntísəpèit]

v. 기대하다(look forward to), 예상하다

We anticipated that the enemy would cross the river.
우리는 적이 강을 건널 것이라고 예상했다.

❖ **anticipation** n. 예상, 예견

☐ **expectation**
[èkspektéiʃən]

n. 기대, 예상, (pl.) 유산

It fell short fo my expectations.
그것은 내 기대에 미치지 못했다.

☐ **overlook**
[òuvərlúk]

v. 멀리보다, 간과하다, 너그럽게 봐주다(excuse)

These little details are easily overlooked.
이런 작은 항목들은 간과되기 쉽다.

---

195 | **air** [ɛər]

n. (동음어 heir) 공기, 외모, 태도, 방송

give oneself air
점잔 빼다

by air
비행기로

What's on the air this evening?
오늘밤엔 무엇이 방송됩니까?

❖ **aircraft** n. 항공기
❖ **aircraft carrier** n. 항공모함

□ **live**
[laiv]

a. 살아있는, 생방송의

a live broadcast
생방송

❖ **livelihood** n. 생계의 수단, 살림(living)

earn an honest livelihood
정직하게 일해서 살아가다

□ **broadcast**
[brɔ́ːdkæst]

v. 방송하다, (소문을) 퍼뜨리다 n. 방송

a broadcasting station
방송국

❖ **broadcasting** n. 방송
❖ **broadcaster** n. 방송자, 방송회사

□ **net**
[net]

n. 그물, 올가미(snare) v. 그물로 잡다 a. 순이익의

We netted fish.
우리는 그물로 물고기를 잡았다.

❖ **net price** 정가(定價)
❖ **net profit** 순이익
❖ **network** n. 방송망

□ **method**
[méθəd]

n. 방법, 방식, 질서, 체계

There is method in his madness.
그의 광기에는 체계가 서 있다.

❖ **methodical** a. 질서 있는, 체계가 서 있는
❖ **methodically** ad. 질서정연하게

□ **formula**
[fɔ́ːrmjələ]

n. 공식, 처방, 상투적인 말

❖ **formulate** v. 공식화하다

16th Day

196 | **diagnose** [dáiəgnòus]

v. 진단하다

The doctor diagnosed my illness as flu.
의사는 내 병이 감기라고 진단했다.

❖ **diagnosis** n. 진찰, 진단

☐ **prescribe**
[priskráib]

v. 규정하다, 명령하다, 처방하다
Do what the laws prescribe.
법이 정하는 바를 행하라.

❖ **prescript** n. 명령, 규정
❖ **prescription** n. 규정, 처방전

☐ **outline**
[áutlàin]

n. 윤곽, 개요 v. 개요를 말하다
I made an outline before trying to write a composition.
나는 작문을 하기 전에 대략적인 윤곽을 잡았다.

☐ **shape**
[ʃeip]

n. 외관, 형태, 윤곽
What shape will future society have?
미래 사회는 어떤 모습을 하고 있을까?

free [fri:]

a. 자유로운, 해방된, 한가한, 공짜의(gratis)
v. 자유롭게 하다

He has very little free time.
그는 한가한 시간이 거의 없다.

❖ **freedom** n. 자유, 해방, 독립

□ **liberate**
[líbərèit]

v. 자유롭게 하다, 해방하다

Six months later, liberating troops arrived and threw open the prison gates.
6개월 후, 해방군이 도착해서 감옥 문을 열었다.

❖ **liberation** n. 해방, 석방
❖ **liberty** n. 자유, 해방

□ **independence**
[ìndipéndəns]

n. 독립, 독립심

Many countries are struggling to achieve economic independence.
많은 나라들이 경제적인 독립을 이루기 위해서 발버둥치고 있다.

❖ **independent** a. 독립의

startle [stá:rtl]

v. 깜짝 놀라게 하다(surprise)

I startled at the sound. 그 소리에 깜짝 놀랐다.

❖ **startling** a. 놀라운

□ **marvel**
[má:rvəl]

n. 놀라운(경탄할) 일 v. 놀라다

As I listened to his words, I marvelled greatly.
그의 말을 들었을 때 나는 크게 놀랐다.

□ **baffle**
[bǽfəl]

v. 당황하게 하다(frustrate), 좌절시키다

The question baffled me.
그 문제 때문에 나는 당혹스러웠다.

□ **frustrate**
[frʌ́streit]

v. 좌절시키다(baffle), 방해하다

The bad weather frustrated our plan of having a game.
좋지 못한 날씨가 경기 계획을 망쳐놓았다.

❖ **frustration** n. 좌절, 욕구불만

---

199 | **supply** [səplái]

v. 공급하다(provide) n. 공급, 재고품

He supplied us with food.
그는 우리에게 음식물을 공급했다.

□ **afford**
[əfɔ́ːrd]

v. 주다(give), 공급하다

Reading affords him pleasure.
독서는 그에게 즐거움을 준다.

❖ **can afford to** ~할 여유가 있다

□ **provide**
[prəváid]

v. 공급하다(furnish), 주다, 준비하다

The army was provided with new weapons.
군대는 새로운 무기를 공급받았다.

I will go, provided you go.
네가 간다면 나도 가겠다.

❖ **provide for** ~에 대비하다(prepare)
❖ **provision** n. 준비, 공급 (pl.) 식량
❖ **provided, providing** con. 만일 ~이라면

☐ **furnish**
[fə́:rniʃ]

v. 공급하다

'To let, Furnished'
가구 딸린 셋방 있음(게시판)

❖ **furnishings** n. 가구

---

futile [fjú:tl]

a. 쓸데없는, 헛된, 공연한

---

a futile attempt
공연한 시도

futile talk
잡담

❖ **futility** n. 무익, 무용

☐ **vanity**
[vǽnəti]

n. 헛됨, 공허(emptiness), 무가치,
허영심(self-conceit) opp. reality

Vanity of vanities; all is vanity.
헛되고 헛되며 헛되니 모든 것이 헛되도다. (성경)

☐ **empty**
[émpti]

a. 빈, 헛된, 무의미한 v. 비우다, 없애다

a word empty of meaning
무의미한 말

❖ **emptiness** n. 공허

☐ **vacant**
[véikənt]

a. 빈(empty), 한가한(unoccupied), 멍한

a vacant smile
공허한 미소

☐ **vacuum**
[vǽkjuəm]

n. 진공, 공백

vacuum cleaner
진공 청소기

☐ **vain**
[vein]

a. 헛된(empty), 쓸데없는(useless)

He has not died in vain.
그의 죽음이 헛되지는 않았다.

❖ **in vain** 공연히, 헛되이

☐ **nonsense**
[nánsens]

n. 무의미, 어처구니없는 일

Stop your nonsense!
허튼 짓 그만둬라!

---

201 | **assemble** [əsémbəl]

v. 모으다(collect), 모이다(meet) opp. disperse

She assembled the data for her homework.
그녀는 숙제를 위해 자료를 모았다.

❖ **assembly** n. 집회, 회의

☐ **rally**
[ræli]

v. 모이다, 모으다 n. 집회, 대회(meeting)

a political rally 정당대회

☐ **collect**
[kəlékt]

v. 모으다(assemble), (세금)징수하다

essays collected under the title of umbrella
우산이라는 제목으로 모은 에세이

collective ownership
공동 소유

❖ **collection** n. 수집, 수집품, 수금
❖ **collective** a. 집단의, 공동의(common)

☐ **accumulate**
[əkjú:mjəlèit]

v. 모으다, 축적하다(amass) opp. dissipate 낭비하다

accumulate a large fortune
큰 재산을 모으다

❖ **accumulation** n. 축적, 축재

gather
[gǽðər]

v. 모이다, 모으다

A crowd gathered to see what had happened.
무슨 일이 일어났는가 하고 군중들이 모여들었다.

congregate
[kάŋgrigèit]

v. 모이다, 모으다(assemble)

The crowds congregated in the town square.
많은 사람들이 시내 광장에 모였다.

❖ **congregation** n. 회중, 집회

compile
[kəmpáil]

v. 편집하다, 수집하다

compile an encyclopedia
백과사전을 편집하다

award
[əwɔ́ːrd]

v. 수여하다(grant) n. 상, 상품

The Author's League awarded him the prize.
저작가 협회는 그에게 상을 주었다.

the highest award
최고상

confer
[kənfɔ́ːr]

v. 수여하다, 비교하다, 협의하다(with)

The lawyers are still conferring on this matter.
변호사들은 이 문제에 관해서 여전히 협의 중에 있다.

bestow
[bistóu]

v. 수여하다(confer), (선물로) 주다

He bestowed many favors upon us.
그는 우리에게 여러 가지 호의를 베풀었다.

202 **power** [páuər]

n. 힘, 권위, 강국

power politics
힘의 정치

❖ **powerful** a. 강력한

☐ **majesty**
[mǽdʒisti]

n. 존엄, 위엄, 권위(dignity, grandeur), (M-) 폐하

the majesty of the law
법의 권위

The procession was majestic.
그 행렬은 위풍당당했다.

❖ **majestic(al)** a. 위엄이 있는, 당당한

☐ **noble**
[nóubəl]

a. 고귀한, 고결한 n. 귀족 opp. humble, low

a man of noble character
인격이 고결한 사람

noble metals
귀금속

❖ **nobleman(pl. -men)** n. 귀족
❖ **nobility** n. 귀족, 고결함

☐ **grand**
[grænd]

a. 웅대한(magnificent), 숭고한(noble),
호화로운(luxurious)

a grand spectacle
장관

☐ **stately**
[stéitli]

a. 위엄 있는, 위풍당당한

a stately old lady
위엄 있는 노부인

❖ **statement** n. 진술, 성명(聲明) (서)

□ **royal**
[rɔ́iəl]

a. 왕의(of a king), 위엄 있는(majestic)

cf. **loyal** 충성스러운

a royal family 왕가

a royal power 왕권

❖ **royalty** n. 왕권, 인세(印稅), 특허권

---

203 **appetite** [ǽpitàit]

n. 식욕, 공복(hunger), 욕망(desire)

A good appetite is a good sauce.
시장이 반찬이다. (속담)

□ **greed**
[griːd]

n. 욕심, 탐욕

greed for money 금전욕
You greedy pig!
이 돼지 같은 놈아!

❖ **greedy** a. 탐욕스러운, 열망하는

□ **avarice**
[ǽvəris]

n. 탐욕(greediness), 금전욕

❖ **avaricious** a. 탐욕스런

□ **hatred**
[héitrid]

n. 증오, 강한 혐오

Dislike easily rises into hatred.
혐오는 곧 증오로 바뀐다.

❖ **hate** v. 증오하다, 혐오하다

□ **detest**
[ditést]

v. 혐오하다(abhor), 싫어하다(hate)

I detest people who deceive and tell lies.
나는 속이고 거짓말하는 사람을 혐오한다.

❖ **detestation** n. 혐오, 증오

altitude [ǽltətjùːd]

n. 높이, 고도, (pl.) 높은 곳

It is difficult to breathe at high altitudes.
고지대에서는 호흡이 곤란하다.

☐ **barometer**
[bərámitər]

n. 기압계, 고도계, 지표

☐ **stature**
[stǽtʃər]

n. 신장, 키

He is short of stature.
그는 키가 작다.

☐ **elevate**
[éləvèit]

v. 올리다, 등용하다

an elevated position
높은 지위

❖ **elevation** n. 높은 곳, 승진

☐ **lift**
[lift]

v. 올리다(raise up), 향상시키다(elevate)

The mountain lifts its peaks skyward.
산봉우리가 하늘을 향해 솟아있다.

☐ **enhance**
[enhǽns]

v. (질을) 높이다(heighten), (가격을) 올리다
opp. spoil 손상시키다

enhance the royal power
왕권을 강화하다

conceal [kənsíːl]

v. 숨기다(hide), 비밀로 하다 opp. reveal

conceal the truth
진실을 은폐하다

❖ **concealment** n. 은닉, 은폐

☐ **lurk**
[ləːrk]

v. 숨다, 피하다, 잠재하다
Some suspicion still lurked in his mind.
그의 가슴 속에는 여전히 의혹이 남아 있었다.

☐ **cloak**
[klouk]

v. 은폐하다 n. 덮개, 망토
His friendly behavior was a cloak for his evil intentions.
그의 다정한 행동은 사악한 의도를 감추기 위한 것이었다.

☐ **surround**
[səráund]

v. 에워싸다(enclose), 둘러치다(encircle)
The prison is surrounded by a high wall.
교도소는 높은 벽으로 둘러싸여 있다.

the surrounding country
주변지역

❖ **surrounding** a. 둘러싸는, 주위의

☐ **wrap**
[ræp]

v. 감싸다, 둘러싸다, 숨기다
I wrapped the book up in paper.
나는 책을 종이로 쌌다.

206 **envelop** [envéləp]

v. 싸다, 봉하다(wrap, enfold)

The building was enveloped in flames.
그 건물은 불길에 휩싸였다.

❖ **envelope** n. 봉투, 덮개

☐ **encircle**
[ensə́:rkl]

v. 에워싸다(surround), 포위하다

a lake encircled by the pine grove
소나무 숲으로 둘러싸인 호수

☐ **enclose**
[enklóuz]

v. 동봉하다, 둘러싸다 opp. disclose 드러내다

❖ **enclosure** n. 포위, 울타리

☐ **bury**
[béri]

v. 파묻다, 잊다 opp. dig

They were buried alive.
그들은 생매장 당했다.

☐ **secret**
[sí:krit]

a. 비밀의 n. 기밀, 불가사의, 비결

the secret of happy 행복의 비결

❖ **secrete** v. 비밀로 하다

☐ **private**
[práivit]

a. 사사로운, 개인의(personal), 비밀의(secret) n. 병졸

private law 사법(私法) opp. public law 공법

❖ **privacy** n. 사생활, 비밀

---

207 **rent** [rent]

n. 집세, 땅세 v. 임대하다

a house for rent (미)셋집

❖ **rent-free** a. 사용료를 물지 않는

□ hire
[háiər]

v. 고용하다(employ) n. 고용, 임대료, 급료

The labored is worthy of his hire.

일꾼이 그 삯을 얻는 것은 마땅하니라. (성경)

□ employ
[emplói]

v. 고용하다, 소비하다

Time must be employed wisely.

시간은 현명하게 써야 한다.

full employment

완전 고용

❖ **employee** n. 종업원, 고용인
❖ **employer** n. 고용주
❖ **employment** n. 고용, 직업
❖ **unemployed** a. 실직한

□ loan
[loun]

n. 대부, 대여 v. 대여하다

public loan

공채

cave [keiv]

n. 동굴 v. 함몰시키다

In old times, people lived in caves.

옛날에 사람들은 동굴 속에서 살았다.

□ hollow
[hálou]

a. 속이 빈, 우묵한 n. 구멍(hole), 분지

a hollow can

속이 빈 깡통

divine [diváin]

a. 신성한(sacred) v. 예언하다(predict)

To err is human, to forgive divine.
잘못은 인간의 일이요, 용서는 신의 몫이다.

the Divine Comedy
신곡

❖ **divinity** n. 신성

□ **worship**
[wə́:rʃip]

n. 예배(divine service), 숭배 v. 경배하다

They joined in worship together.
그들은 다함께 신을 찬미했다.

□ **ritual**
[rítʃuəl]

n. 의식(儀式)(ceremony)
a. 의식의, 관습의

□ **superstition**
[sù:pərstíʃən]

n. 미신

It's a common superstition that black cats
are unlucky.
검은 고양이가 재수 없다는 것은 일반적인 미신이다.

□ **theology**
[θiːálədʒi]

n. 신학
❖ **theologian** n. 신학자

□ **holy**
[hóuli]

a. 성스러운, 덕이 높은

holy war
성전(聖戰)

□ **heretic**
[hérətik]

n. 이단자, 이교도
❖ **heresy** n. 이교, 이단

□ **heaven**
[hévən]

n. 천국, (pl.) 하늘 opp. hell 지옥

for heaven's sake
제발

□ **mission**
[míʃən]

n. 사절단, 사명, 전도(단)

carry out one's mission
사명을 완수하다

❖ **missionary** n. 선교사

□ **sacred**
[séikrid]

a. 신성한(holy), 종교적인 opp. profane

sacred music
종교음악

sacred writings
성전(聖典)

□ **creed**
[kri:d]

n. 교리, 신조, 신념

religious creed
종교적 신념

□ **profane**
[prəféin]

a. 불경스런, 세속적인(secular) v. 더럽히다

profane art
세속 예술

profane acts
불경스런 행위

---

integrity [intégrəti]

n. 성실(sincerity), 완전, 보전(保全)

territorial integrity
영토 보전

1
6

□ **sincere**
[sinsíər]

a. 진실한(real), 참된

a sincere friend
성실한 친구

❖ **sincerity** n. 성실, 진실
❖ **sinful** a. 죄 많은

---

211 | **respect** [rispékt]

v. 존경하다(honor) n. 존경, 점(point)

This is inferior to the other in all respects.
이것은 다른 것에 비해 어느 모로 보나 못하다.

a respectable price
상당한 가격

❖ **respectable** a. 존경할 만한, 꽤 많은
❖ **respectful** a. 경의를 표하는, 정중한
❖ **respective** a. 각각의, 각자의

They took their respective seats.
그들은 각자의 좌석에 앉았다.

□ **esteem**
[istí:m]

v. 존중하다, ~라고 생각하다 n. 존경, 존중

No one can esteem your father more than I do.
어느 누구도 나보다 네 아버지를 존경할 수 없을 게다.

□ **reverence**
[révərəns]

v. 존경하다 n. 존경, 숭배

The king was held in great reverence.
왕은 매우 존경받았다.

17thDay

---

212 **idle** [áidl]

a. (동음어 idol) 나태한(lazy), 무익한
v. 빈둥빈둥 지내다

an idle fellow
게으름뱅이

□ **indolent**
[índələnt]

a. 나태한(idle), 게으른

an indolent worker
게으른 일꾼

□ **untidy**
[ʌntáidi]

a. 흐트러진, 게으른(careless)

untidy room
너저분한 방

□ **lazy**
[léizi]

a. 나태한, 굼뜬 opp. diligent 근면한

a lazy person 게으름뱅이

---

213 **industry** [índəstri]

n. 산업, 근면(diligence), 노력

industrial unrest 산업의 불안
an industrious wife 부지런한 아내

❖ **industrialist** n. 실업가
❖ **industrial** a. 산업의, 공업의
❖ **industrious** a. 부지런한, 근면한

☐ **diligent**
[dílədʒənt]

a. 근면한(industrious), 노력하는(hardworking)
opp. lazy 태만한

He's a diligent worker and should do well on the job.
그는 부지런한 일꾼이니 그 일을 잘 해낼 것이다.

☐ **negligence**
[néglidʒəns]

n. 태만, 무관심, 부주의, 소홀

The accident was caused by the negligence of the driver.
운전자의 부주의로 사고가 일어났다.

negligence of one's duties
직무태만

❖ **negligent** a. 태만한, 부주의한

214 **navigation** [nævəgéiʃən]

n. 항해, 항해술

He studied aerial navigation.
그는 항공술을 배웠다.

ocean navigation
원양 항해

❖ **navigate** v. 항해하다, 조종하다(steer)

navigate the air
하늘을 날다

☐ **naval**
[néivəl]

a. 해군의

a naval academy
해군 사관학교

a naval port
군항

❖ **navy** n. 해군, 군인

□ **submarine**
[sʌ́blmərìːn]

a. 해저(海底)의   n. 잠수함, 해저동물

submarine volcano 해저 화산

an atomic submarine 원자력 잠수함

□ **channel**
[tʃǽnl]

n. 해협(strait보다 크다), 수로, 경로, 채널

the English Channel
영국해협

on Channel 6
채널 6에서

□ **shipwreck**
[ʃíprèk]

n. 난파, 파멸

❖ **shipboard** n. 갑판
❖ **shipbuilding** n. 조선술

□ **shore**
[ʃɔːr]

n. 강가, 바닷가, 기슭

We walked along the shore.
우리는 강가를 따라 걸었다.

❖ **ashore** ad. 뭍으로

□ **aboard**
[əbɔ́ːrd]

ad. 전 배에, (배, 버스)를 타고 opp. ashore 육지에

All aboard!
모두 승선(차)하시오!

---

215 | **abound** [əbáund]

ad. 풍부하다(be plentiful) opp. lack 부족하다

Fish abound in this lake.
이 호수에는 물고기가 많다.

❖ **abundance** n. 풍부
❖ **abundant** a. 많은

232

☐ **ample**
[ǽmpl]

a. 풍부한(abundant), 커다란   opp. scanty

The house has an ample yard.
그 집엔 넓은 뜰이 있다.

☐ **enrich**
[enrítʃ]

v. 풍요롭게 하다, (가치를) 높이다(improve)

Reading enriches the mind.
독서는 마음을 풍요롭게 한다.

❖ **enrichment** n. 풍부하게 함

---

216 | **above** [əbʌ́v]

prep. ~위에, 초월하여(beyond)

children of six and above
6세 이상의 어린이

☐ **beyond**
[bijánd]

prep. ~을 넘어서   ad. 저편에

beyond the bridge 다리 건너에

the life beyond 저승

☐ **abreast**
[əbrést]

ad. 나란히, 병행하여

keep abreast with the times
시대에 뒤쳐지지 않다

---

217 | **abrupt** [əbrʌ́pt]

a. 갑작스러운, 가파른(steep), 퉁명스러운

an abrupt descent
급한 내리막길

❖ **abruptly** ad. 갑자기

□ **imminent**
[ímənənt]

a. 긴박한, 급박한(impending)

A storm is imminent.

한바탕 폭풍우가 닥칠 것 같다.

□ **sudden**
[sʌ́dn]

a. 갑작스러운, 돌연한(abrupt)   n. 불시

a sudden incident

돌발사건

□ **impatient**
[impéiʃənt]

a. 성급한, 참을 수 없는(intolerant)

He is impatient to see his parents.

그는 부모님을 애타게 뵙고 싶어한다.

□ **steep**
[sti:p]

a. (경사가) 가파른, 험준한, 터무니없이 높은

a steep price

터무니없는 값

□ **absence**
[ǽbsəns]

n. 결석, 부재   opp. presence 출석

absence of mind

방심

---

218 | **absorb** [əbsɔ́:rb]

v. 흡수하다, 열중시키다

He was absorbed in the book.

그는 독서에 몰두해 있었다.

❖ **be absorbed in** 몰두하다
❖ **absorption** n. 흡수, 몰두

234

☐ **preoccupy**
[priːɑ́kjəpài]

v. 마음을 빼앗다(engross), 몰두하게 하다, 심취하다(absorb)

The park bench had been preoccupied.
공원 벤치는 사람들이 차지하고 있었다.

❖ **preoccupied** a. 선취된, 열중한
❖ **preoccupation** n. 선입관념

---

219 | **abstain** [əbstéin]

v. 끊다, 절제하다(refrain)

---

abstain from beer and wine
음주를 삼가다

❖ **abstainer** n. 절제가
❖ **abstention** n. 자제
❖ **abstinence** n. 금욕

☐ **refrain**
[rifréin]

v. 삼가다(abstain), 자제하다 n. 반복구, 후렴

I cannot refrain from laughing.
웃지 않을 수 없다.

❖ **refrain oneself** 자제하다

☐ **temperate**
[témpərit]

a. 절제하는, 온대의, 온화한(calm)

temperate behavior 절도 있는 행동
a temperate climate 온화한 기후

❖ **temperance** n. 절제, 자제

☐ **forbear**
[fɔːrbɛ́ər]

v. 참고 견디다(bear with), 삼가다, 참다

He deserved to be punished several times, but I've forborne from doing so.
그는 몇 번이고 벌 받아 마땅했지만, 나는 꾹 참아왔다.

❖ **forbearance** n. 인내, 관용
❖ **forbearing** a. 참을성 있는

accelerate [æksélərèit]

v. 속도를 더하다(make quicker), 촉진하다(hasten)
opp. decelerate 감속하다

The driver accelerated his car.
운전사는 차의 속력을 더 냈다.

❖ **acceleration** n. 가속(도), 촉진

☐ **velocity**
[vilásəti]

n. 속력, 속도
accelerated velocity
가속도

☐ **pace**
[peis]

n. 속도, 걸음 v. 천천히 걷다
Science progresses at a rapid pace.
과학은 빠른 속도로 발전한다.

go the pace
전속력으로 가다

❖ **keep pace with** ~에 뒤지지 않다

☐ **tempo**
[témpou]

n. 속도, 박자
the past tempo of city life
도시 생활의 빠른 템포

☐ **hasten**
[héisn]

v. 서두르게 하다, 재촉하다
Haste makes waste.
서두르면 일을 망친다. (속담)

❖ **hasty** a. 성급한
❖ **haste** n. 서두름

221 **greet** [griːt]

v. 맞이하다(receive), 인사하다(salute)

She greeted me by shouting "Good morning."
그녀가 내게 "안녕"하며 인사를 했다.

❖ **greeting** n. 인사

□ **salute**
[səlúːt]

v. 인사하다(greet), 경의를 표하다 n. 인사

salute a flag
국기에 경례하다

□ **sneak**
[sniːk]

v. 살금살금 가다, 훔치다(steal)

sneak around to the back door
뒷문으로 살금살금 돌아가다

□ **access**
[ǽkses]

n. 접근(approach), 출입, 병의 발작

❖ **have access to** ~에 출입할 수 있다
❖ **accessible** a. 손에 넣기 쉬운, 접근이 쉬운

□ **near**
[niər]

v. 접근하다 a. 친근한, 가까운 ad. 가까이
opp. far 멀리

He got nervous as the day neared.
그 날이 다가옴에 따라 그는 초조해졌다.

□ **approach**
[əpróutʃ]

v. 접근하다, 문의하다 n. 접근, 입문서

on the approach of death
죽음에 임박해서

□ **vicinity**
[visínəti]

n. 근처, 주변(neighborhood), 접근

in the vicinity of Seoul
서울 주변에

□ **approximate** v. 접근하다(approach), 어림잡다(estimate)
[əpráksəmèit]   a. 대략의, 비슷한

      approximate count
      대략적인 계산

     ❖ **approximately** ad. 대략, 거의

□ **creep**   v. 기다, 슬며시 접근하다
[kri:p]

     The cat crept silently toward the mouse.
     고양이는 쥐를 향해 살금살금 기어갔다.

---

adequate [ǽdikwit]

     a. 충분한(sufficient), 적절한(suitable)

---

     an adequate person for the job
     그 일에 맞는 적임자

□ **sufficient**   a. 충분한(enough, adequate)   opp. deficient
[səfíʃənt]

     30$ should be sufficient for a new pair of
     shoes.
     새 신발 한 켤레를 사는 데 30달러면 충분할 것이다.

□ **applicable**   a. 적용할 수 있는, 적합한(suitable)
[ǽplikəbəl]

     This rule is not applicable to foreigners.
     이 규칙은 외국인에게 적용될 수 없다.

223 admire [ædmáiər]

v. 감탄하다, 칭찬하다 opp. despise 멸시하다

I admired him for his honesty.
나는 그의 정직함에 감탄했다.

❖ admiration n. 감탄, 칭찬

□ adore
[ədɔ́ːr]

v. 숭배하다, 흠모하다(admire)

an adoring look
흠모의 표정

❖ adoration n. 숭배, 동경

□ exalt
[igzɔ́ːlt]

v. 찬양(칭찬)하다, 향상시키다(promote)

❖ exaltation n. 의기 양양, 승진

□ applause
[əplɔ́ːz]

n. 갈채, 칭찬

amidst a storm of applause
우뢰와 같은 박수 속에

❖ applaud v. 박수를 치다, 칭찬하다

224 advance [ədvǽns]

v. 나아가다, 출세하다, (날짜를) 앞당기다 n. 전진, 승진, 선불 opp. retreat 퇴각하다

Napoleon's army advanced on Moscow.
나폴레옹의 군대는 모스크바를 향하여 진격했다.

❖ in advance 미리, 선금으로
❖ advancement n. 진보, 출세
❖ advanced a. 앞선

promote
[prəmóut]

v. 승진시키다, 조장하다(further), 장려하다

The self-interest promotes the disorder.
이기심은 무질서를 조장한다.

❖ **promoter** n. 후원자(patron)
❖ **promotive** a. 증진하는
❖ **promotion** n. 승진, 판매촉진, 흥행

boost
[buːst]

v. 밀어 올리다(raise), 증진시키다(promote)
n. 후원, 증진

boost one's spirits
사기를 북돋우다

proceed
[prousíːd]

v. 진행하다, 착수하다, 고소하다

This problem proceeded from ignorance.
이 문제는 무지에서 비롯되었다.

❖ **proceeding** n. 행동(conduct), 조치

225

advantage [ədvǽntidʒ]

n. 이점, 편의, 이익

It is of great advantage to me.
그것은 내게 아주 유리하다.

❖ **disadvantage** n. 불리, 손실, 불편

benefit
[bénəfit]

n. 이익(advantage), 은혜 v. 이익이 되다

It is of great benefit to everyone.
그것은 누구에게나 유익하다.

226 incident [ínsədənt]

n. 사건(event) a. 우연한

This is only a casual incident.
이것은 우연한 사고일 뿐이다.

❖ incidental a. 부수적인, 우연한

☐ **event**
[ivént]

n. 사건, 결과, 경기종목

an eventful year
다사다난했던 한해

❖ eventful a. 사건이 많은, 중대한
❖ eventual a. 결국의, 최후의

☐ **phenomenon**
[finámənàn]

n. 현상, 사건, 경이, (pl.) 현상

psychological phenomena
심리현상

❖ phenomenal a. 현상의, 놀랄만한

☐ **affair**
[əfɛ́ər]

n. 사건(occurrence), 일(matter), (pl.) 사무

foreign affairs
외교

Mind your own affairs.
쓸데없이 참견 마라.

☐ **occur**
[əkə́:r]

v. 일어나다(happen), 생각이 떠오르다

The accident occurred at midnight.
한밤중에 사고가 일어났다.

❖ occurrence n. 발생, 사건

18th Day

---

227 | **aggravate** [ǽgrəvèit]

v. 더욱 악화시키다, 화나게 하다

The lack of rain aggravated the already serious lack of food.
강우량의 부족은 기존의 심각한 식량 부족을 더 악화시켰다.

❖ **aggravation** n. 분개

☐ **provoke**
[prəvóuk]

v. 화나게 하다(vex), 부추기다 opp. soothe

The dog is very dangerous when provoked.
그 개를 화나게 만들면 매우 위험스럽다.

❖ **provoking** a. 화가 나는, 귀찮은

☐ **displease**
[displíːz]

v. 불쾌하게 하다(offend), 화나게 하다

I was displeased at her remarks.
나는 그녀의 말에 기분이 상했다.

❖ **displeased** a. 불쾌한

☐ **tease**
[tiːz]

v. (남을) 놀리다, 괴롭히다(annoy)

They teased me because I was fat.
그들은 내가 뚱뚱하다고 놀렸다.

□ **torture**
[tɔ́:rtʃər]

v. 고문하다, 고통을 주다(annoy)
n. 고문(torment), 고뇌(agony)

torture a prisoner
죄인을 고문하다

the tortures of jealousy
질투의 고통

❖ **torturous** a. 고통스러운

□ **vex**
[veks]

v. 화나게 하다(irritate), 괴롭히다(torment)
opp. please 기쁘게 하다

□ **irritate**
[irətèit]

v. 짜증나게 하다, 자극하다

Very intense sunlight irritated my eyes.
너무 강렬한 햇빛이 내 눈을 자극했다.

❖ **irritation** n. 역정, 초조, 자극제

□ **exasperate**
[igzǽspərèit]

v. 격분케 하다(irritate)
❖ **exasperation** n. 격분

□ **integrate**
[íntəgrèit]

v. ~을 합치다(unify), 인종차별을 철폐하다

social integration
사회적 인종 무차별

❖ **integration** n. 통합(unification), 완성(completion),
인종차별의 폐지

□ **utter**
[ʌ́tər]

a. 전적인, 완전한(entire, total, complete)
v. 발언하다, 표명하다

an utter stranger
생판 모르는 사람

utter darkness
칠흑 같은 어둠

□ **violate**
[váiəléit]

v. 위반하다(infringe), 방해하다(disturb), 모독하다
opp. observe 준수하다

❖ **violation** n. 위반, 방해(disturbance)

□ **breach**
[bri:tʃ]

n. 위반(violation), 불화, 틈
a breach of contract
계약 위반

---

incite [insáit]

v. 격려하다(encourage), 선동하다, 자극하다

Interest is an incitement to study.
호기심은 공부하게끔 만드는 하나의 자극제이다.

❖ **incitement** n. 자극(제), 선동, 동기

□ **uplift**
[ʌplíft]

v. (사기를) 돋우다
uplifting words
사기를 돋우는 말들

□ **arouse**
[əráuz]

v. 깨우다(awaken), 자극하다, 환기시키다
arouse faculties
재능을 깨우치다

□ **intoxicate**
[intáksikèit]

n. (술에) 취하(게 하)다, 흥분시키다(excite)
driving while intoxicated
음주운전

He was intoxicated with the wine of victory.
그는 승리의 달콤한 술에 취해 있었다.

❖ **intoxication** n. 황홀

244

□ **rouse**
[rauz]

v. 깨우다(waken), 자극하다(excite)

A boat whistle roused me.
뱃고동 소리가 나를 깨웠다.

□ **stimulate**
[stímjəlèit]

v. (감정을) 자극하다(excite), 활기를 띠게 하다

Light stimulates the optic nerve.
빛은 시신경을 자극한다.

❖ **stimulus** n. 자극

□ **stir**
[stəːr]

v. 움직이다(move), 휘젓다, 분발시키다(rouse)
n. 흥분(excitement), 큰 소동 opp. still

He stirred sugar into his coffee.
그는 커피에 설탕을 넣어 휘저었다.

---

229 | **assist** [əsíst]

v. 돕다, 원조하다(help, aid) a. 보조의

She assisted me in my work.
그녀가 내 일을 도와주었다.

❖ **assistance** n. 원조, 도움(help, support)
❖ **assistant** n. 조수, 보조자

□ **remedy**
[rémədi]

v. 구제하다, 교정하다, 치료하다(cure)
n. 요법, 치유책, 약

Knowledge is the best remedy for
superstition.
지식은 미신을 없애는 즉효약이다.

❖ **remediable** a. 고칠 수 있는

□ **aid**
[eid]

v. 도와주다(help), 구원하다   n. 도움, 보조(물)

state aid 국가의 보조

first aid 응급치료

□ **innovation**
[ìnouvéiʃən]

n. 쇄신, 혁신

technological innovation
기술혁신

❖ **innovate** v. 새롭게 하다, 혁신하다

□ **reform**
[riːfɔ́ːrm]

v. 개량하다(improve), 고치다(remedy)   n. 개량

The committee decided to reform the
system of education.
교육위원회는 교육제도를 개선하기로 결정했다.

❖ **reformation** n. (the R-) 종교개혁

230
aim [eim]

v. 겨누다   n. 표적, 목표

He aimed the gun carefully.
그는 조심스럽게 총을 거누었다.

without aim
목적 없이

□ **end**
[end]

n. 끝, 목표(aim), 결과(result), 죽음

the end of the world
세상의 종말

The end justifies the means.
목적은 수단을 정당화한다.

❖ **ending** n. 종료(finish), 최후, 죽음
❖ **endless** a. 무한한(without end)

☐ **purpose**
[pə́:rpəs]

n. 목적(aim), 결의, 효과　v. ~하려고 생각하다(intend)

He went to France for the purpose of painting.
그는 그림 그릴 목적으로 프랑스에 갔다.

❖ **on purpose** 고의로, 일부러
❖ **purposeful** a. 목적이 있는, 중대한
❖ **purposeless** a. 목적 없는

☐ **target**
[tá:rgit]

n. 과녁, 표적(mark)

the target of jokes
갖가지 희롱의 대상

☐ **intend**
[inténd]

v. ~할 작정이다, 고의로 행하다

What do you intend to do today?
넌 오늘 무얼 할 작정이지?

❖ **intended** a. 고의적인
❖ **intent** n. 의도(intention), 목적(purpose)

☐ **landmark**
[lǽndma:rk]

n. 표지물, 지표(指標), 획기적인 사건

a landmark in history
역사에 획을 긋는 사건

☐ **epoch**
[épək]

n. 신기원, 획기적인 일

epoch-making idea
획기적인 생각

❖ **epoch-making** a. 신기원을 이루는

☐ **symbol**
[símbəl]

n. 상징(emblem), 심벌, 기호

A horseshoe is a symbol of good luck.
말의 편자는 행운의 상징이다.

❖ **symbolism** n. 상징주의, 상징파
❖ **symbolic** a. 상징적인
❖ **symbolize** v. 상징하다

miracle
[mírəkəl]

n. 기적, 경이

an economic miracle
기적과 같은 경제발전

❖ **miraculously** ad. 기적적으로

omen
[óumən]

n. 조짐(portent), 징조

an ill omen 불길한 징조

❖ **ominous** a. 불길한, 험악한

---

akin [əkín]

a. 동족의, 동류의

Pity is akin to love.
동정은 사랑에 가깝다.

alike
[əláik]

a. 서로 같은, 같은(equal), 마찬가지로

She treats all her children alike.
그녀는 자식들을 모두 똑같이 대한다.

resemble
[rizémbəl]

v. ~와 비슷하다(be like), 닮다

She resembles her sister in appearance but not in character.
그녀는 언니와 성격은 다르지만 외모는 닮았다.

❖ **resemblance** n. 유사

analogy
[ənǽlədʒi]

n. 유사함, 유추

❖ **analogous** a. 비슷한(similar)

similar
[símələr]

a. 유사한, 닮은, 같은 종류의

My opinions are similar to his.
내 의견은 그의 견해와 같다.

connect [kənékt]

v. 잇다, 접속하다

connected events
관련된 사건들

❖ **connected** a. 관련된
❖ **connection** n. 결합, 접속

□ **context**
[kántekst]

n. 전후 관계, 문맥

You should tell the meaning of this word from its context.

너는 문맥 속에서 이 말의 의미를 파악해야 한다.

□ **relate**
[riléit]

v. 진술하다(narrate), 결부시키다(connect)

I notice nothing except what relates to myself.

나와 관계된 일 외엔 아무런 관심도 없다.

❖ **related** a. 관계있는, 친척의

□ **relative**
[rélətiv]

a. 관련된(related), 상대적인 n. 친척

He is living in relative comfort.

그는 비교적 안락한 생활을 하고 있다.

❖ **relatively** ad. 비교적, 상대적으로
❖ **relativity** n. 관련성, 상대성

□ **intercourse**
[ìntərkɔ́:rs]

n. 교제, 교류

We have no diplomatic intercourse with that country.

우리는 그 나라와 외교관계가 없다.

□ **associate**
[əsóuʃièit]

v. 교제하다, 연합하다, 연상하다, 관련시키다
n. (발음)조합원 a. 결합한 opp. dissociate 분리하다

an associated bank
조합은행
the Associated Press
AP통신사

❖ **association** n. 교제, 연합, 협회

□ **variety**
[vəràiəti]

n. 다양성(diversity), 종류(kind)

❖ **various** a. 가지가지의(different), 다방면의(many-sided)

□ **diverse**
[divə́:rs]

a. 다른, 각종의(different, varied)

two widely diverse cultures
아주 다른 두 문화

□ **diversify**
[divə́:rsəfài]

v. 변화를 주다, 다양하게 하다(vary)

a diversify of methods
다양한 방법

❖ **dlversity** n. 상이(difference), 차이점

□ **vary**
[vέəri]

v. 수정하다(change, alter), 변경하다(modify),
다르다(differ)

Opinions on this matter vary.
이 문제에 대한 의견은 가지각색이다.

❖ **varied** a. 잡다한
❖ **variable** a. 변덕스러운(changeable), 변하기 쉬운

Her mood is variable.
그녀는 변덕쟁이다.

❖ **variation** n. 변화(형), 변동(률)

□ **substitute**
[sʌ́bstitjùːt]

n. 대리인, 대용품 v. 대신하다

He substituted a can for an ashtray.
그는 재떨이 대신 깡통을 썼다.

☐ **replace**
[ripléis]

v. 대신하다, 제자리에 놓다(put back),
교환하다(exchange)

I replaced a worn tire with a new one.
나는 낡은 타이어를 새것으로 교환했다.

❖ **replacement** n. 반환, 교환

☐ **transfer**
[trænsfɔ́:r]

v. 옮기다(convey), 갈아타다(change)
n. 이전, 갈아타는 역

☐ **commute**
[kəmjú:t]

v. 교환하다(exchange), 경감하다, 통근하다

commute iron into gold
쇠를 금으로 바꾸다

❖ **commuter** n. 통근자

☐ **transform**
[trænsfɔ́:rm]

v. 변형시키다(change the shape), 바꾸다

A caterpillar is transformed into a butterfly.
유충은 나비로 탈바꿈한다.

❖ **transformation** n. 변형, 변압

☐ **translate**
[trænsléit]

v. 번역하다(interpret), 변형하다(transform), 설명하다
n. 번역, 해석

☐ **interpret**
[intɔ́:rprit]

v. 해석하다, 통역하다

I'll interpret your silence as consent.
너의 침묵을 승낙으로 해석하겠다.

❖ **interpreter** n. 해설자, 통역자

☐ **render**
[réndər]

v. ~이 되게 하다, 주다, 번역하다, 표현하다, 갚다

Pennilessness renders me helpless.
나는 무일푼이라서 어찌해 볼 도리가 없다.

protest [prətést]

v. 항의하다(object), 주장하다(declare), 단언하다
n. 항의, 불복

They refused to buy the company's goods in protest against the way it treated its workers.
그들은 회사측이 노동자들을 처우하는 태도에 대한 항의 표시로 회사 상품에 대한 불매운동을 벌였다.

❖ **protestation** n. 항의

☐ disobey
[dìsəbéi]

v. 거역하다, 위반하다

❖ **disobedient** a. 반항적인

a disobedient child
반항아

☐ state
[steit]

n. 상태, 신분(status), 위엄(dignity), 국가
v. 말하다, 진술하다(express)

in state 당당하게

☐ object
n. [ábdʒikt]
v. [əbdʒékt]

n. 물건, 목표 v. 반대하다

an object of hatred
증오의 대상

❖ **objection** n. 반대, 이의
❖ **objective** a. 객관적인

previous [prí:viəs]

a. 이전의(prior), 예비의(preceding)

a previous engagement 선약
previous examination 예비시험

❖ **previously** ad. 앞서서, 사전에

☐ **precede**
[priːsíːd]

v. ~에 앞서다, ~보다 중요하다

Work takes precedence over play.
노는 것보다 일이 먼저다.

❖ **precedence, -cy** n. 선행, 우선권
❖ **precedent** n. 전례

☐ **stock**
[stɑk]

n. 재고품, 주(株), 저장, 가축 v. 사들이다

goods in stock
재고품

❖ **be stocked with** ~을 풍부하게 가지고 있다
❖ **out of stock** 품절된
❖ **stockbroker** n. 증권 중개인
❖ **stock farming** n. 목축업
❖ **stockholder** n. 주주

☐ **preliminary**
[prilímənèri]

a. 예비적인 n. 준비

a preliminary negotiation
예비교섭

☐ **allowance**
[əláuəns]

n. 수당, 급여(금), 할인, 승인

retirement allowance
퇴직금

❖ **make allowances for** ~을 참작하다

☐ **permit**
[pəːrmít]

v. 허가하다(allow) n. 허가(증), 면허(장)

Smoking is not permitted indoors.
실내에서는 금연이다.

with your permission
허락해 주신다면

❖ **permissible** a. 허가할 수 있는
❖ **permissive** a. 허락된, 임의의

concede
[kənsíːd]

v. 인정하다, 양보하다(yield), 부여하다

I conceded that he was right.
나는 그가 옳았음을 인정했다.

❖ **concession** n. 양보(yielding), 승인, 허가

recognize
[rékəgnàiz]

v. 인정하다(admit), 인식하다(identity)

He could recognize his old friend.
그는 오랜 친구를 알아볼 수 있었다.

❖ **recognition** n. 인식, 승인

grant
[grænt]

v. 인정하다, 용인하다(admit), 허락하다
n. 수여, 양도, 보조금

I granted that he was right.
나는 그가 옳다는 것을 인정했다.

We had taken for granted that he would
help us.
그가 우리를 당연히 도와줄 것으로 여겼다.

license
[láisəns]

n. 면허(장), 허가

a driver's license
운전 면허증

qualify
[kwáləfài]

v. 자격을 주다, 간주하다

He obtained a qualification to practice
medicine.
그는 개업의 자격을 취득했다.

❖ **qualification** n. 자격부여, 면허

entitle
[entáitl]

v. 이름을 붙이다, 권리(자격)를 주다

If you fall once more, you are not entitled
to try again.
한번 더 실패하면 다시 할 자격이 없을 줄 알아라.

235 **aloof** [əlúːf]

ad. 따로 떨어져서(apart), 초연히   a. 냉담한

He kept himself aloof from the others.
그는 남들로부터 초연하게 지냈다.

❖ **aloofness** n. 초연함, 냉담

☐ **apart**
[əpáːrt]

ad. 떨어져서(separately)

He has lived apart from his wife.
그는 아내와 떨어져서 살고 있다.

☐ **indifferent**
[indífərənt]

a. 무관심한(unconcerned), 냉담한, 평범한

She is indifferent to me.
그녀는 내게 냉담하다.

❖ **indifference** n. 냉담(unconcern)

☐ **chilly**
[tʃíli]

a. 차가운, 오싹한, 냉담한

It grew chilly when the fire went out.
불이 꺼지자 냉기가 감돌았다.

☐ **icy**
[áisi]

a. 차가운, 냉담한

She gave me an icy look.
그녀는 나를 쌀쌀맞게 쳐다보았다.

☐ **glacier**
[gléiʃər]

n. 빙하

Two thirds of the continent was covered in ice during glacial periods.
빙하시대에는 대륙의 2/3가 얼음으로 덮여 있었다.

❖ **glacial** a. 빙하의, 비우호적인, 냉담한

distant [dístənt]

a. 거리가 먼, 쌀쌀한

distant past
아득한 과거

a distant air
냉담한 태도

☐ **faraway**
[fáːrəwèi]

a. 아득히 먼, 꿈꾸는 듯한

a faraway place
아득히 먼 곳

a faraway look in one's eyes
꿈꾸는 듯한 시선

☐ **remote**
[rimóut]

a. 먼, 먼 곳의(distant, far) opp. near

a remote place
외딴 곳

remote control
원격 조종

a remote relative
먼 친척

❖ **remotely** ad. 멀리 떨어져서

☐ **ultimate**
[ʌ́ltəmit]

a. 가장 먼(farthest), 결정적인(decisive),
근본적인(fundamental), 최후의(last)

ultimate principles
근본 원리

basic [béisik]

a. 근본적인(fundamental), 기본의

a basic wage
기본급

basic principles
근본 원리

❖ **basically** a. 원래, 본래부터

□ **inhere**
[inhíər]

v. 타고나다

He has an inherent eye of beauty.
그는 미(美)에 대한 타고난 안목을 갖추었다.

❖ **inherent** a. 타고난, 고유의

□ **innate**
[inéit]

a. 선천적인(inherent), 타고난(inborn)

an innate gift
천부적 재능

□ **native**
[néitiv]

a. 출생지의, 타고난, 원주민의, 소박한

a native of London
런던 태생

native beautiful
소박한 아름다움

□ **spring**
[spriŋ]

n. 봄, 용수철, 샘(fountain), 근원(source)
v. 뛰어오르게 하다, 도약하다

hot springs
온천

❖ **springy** a. 탄력성이 있는

□ **origin**
[ɔ́:rədʒin]

n. 기원(source), 출처(birth), 태생 n. 원문, 원물

the origin of civilization 문명의 기원
an original idea 독창적인 생각

❖ **originate** v. 고안하다, 시작하다
❖ **originator** n. 창시자
❖ **originality** n. 독창성, 창조력

□ **source**
[sɔ:rs]

n. 원천, 출처, 원인, 소식통

This information came from a reliable source.
이 정보는 믿을만한 소식통으로부터 나왔다.

□ **substance**
[sʌ́bstəns]

n. 본질(essence), 물질(matter), 실체, 취지

Salt is a useful substance.
소금은 유용한 물질이다.

□ **essence**
[ésəns]

n. 본질, 실체

The essence of his religious teaching is love for all men.
그의 종교적 가르침의 본질은 만인을 사랑하라는 것이다.

❖ **essential** a. 필수불가결한, 꼭 필요한

□ **instinct**
[ínstiŋkt]

n. 본능, 천성

All living things have an instinctive dread of death.
살아있는 모든 것들은 죽음에 대한 본능적인 두려움을 갖고 있다.

❖ **instinctive** a. 본능적인, 천성의

□ **intrinsic**
[intrínsik]

a. 본래의(essential), 고유의(inherent)

the intrinsic value of the gem
보석의 본질적 가치

☐ **radical**
[rǽdikəl]

a. 철저한, 근본적인(fundamental), 급진적인
n. 급진주의자 opp. conservative 보수적인

☐ **fundamental**
[fʌndəméntl]

a. 근본적인, 기본의(basic)

The new government has promised to
make fundamental changes.

새 정부는 근본적인 개혁을 하겠다고 약속했다.

❖ **fund** n. 자금, (pl.) 재원

☐ **thorough**
[θə́:rou]

a. 철저한(complete), 완벽한

a thorough search

철저한 연구

❖ **thoroughfare** n. 도로, 통행

---

238 **absolute** [ǽbsəlù:t]

a. 완전한, 절대적인(positive) opp. relative 상대적인

There is no absolute to standard for beauty.

미(美)에 대한 기준은 절대적이지 않다.

☐ **positive**
[pázətiv]

a. 적극적인, 긍정적인, 절대적인, 명확한

a positive proof

확증

❖ **positivity** n. 적극성, 확실성, 명백

☐ **negative**
[négətiv]

a. 부정적인, 소극적인

a negative answer to my request

내 요구에 대한 부정적인 대답

negative virtue

소극적 미덕

□ **profound**
[prəfáund]

a. 깊은, 심원한(deep), 철저한
❖ **profundity** n. 심오, 깊이(depth)

□ **drastic**
[drǽstik]

a. 격렬한, 철저한
drastic changes
철저한 변화
❖ **drastically** ad. 격렬하게, 과감히

□ **fierce**
[fiərs]

a. 사나운, 맹렬한, 격렬한(intense)
That dog is very fierce.
저 개는 아주 사납다.

fierce envy
격렬한 질투심
❖ **fiercely** ad. 험악한 표정으로, 사납게

□ **intense**
[inténs]

a. 격렬한, 맹렬한(violent), 진지한(eager)
Intensive reading of a few books is better than careless reading of many.
많은 책을 대충대충 읽는 것보다 적은 책을 읽더라도 철저히 읽는 편이 낫다.
❖ **intensive** a. 진지한, 철저한
❖ **intensity** n. 강렬함

□ **serious**
[síəriəs]

a. 진지한, 엄숙한
a serious expression on her face
그녀의 얼굴에 나타난 진지한 표정

□ **sober**
[sóubər]

a. 진지한, 취하지 않은, 냉정한
Was he drunk or sober at the time of the accident?
사고 당시 그는 술 취한 상태였습니까 아니면 맨 정신이었습니까?

239 **furious** [fjúəriəs]

a. 격노한, 맹렬한(violent) opp. mild 온화한

He is furious with anger.
그는 몹시 화가 나 있다.

☐ **violence**
[váiələns]

n. 격렬함(intensity), 맹렬함(fury), 난폭
crimes of violence 폭행죄
a violent noise 굉장한 소음

❖ **violent** ad. 맹렬한, 거친

☐ **wrath**
[ræθ]

n. 격노, 격분(rage)
the wrath of God
신의 노여움

☐ **severe**
[sivíər]

a. 엄한(strict), 엄격한(stern), 근엄한
Don't be too severe on him.
그를 너무 엄하게 대하지 말아라.

☐ **stern**
[stə́ːrn]

a. 엄한(severe), 엄격한(strict), 단호한(firm)
stern resolve
굳은 결심
stern reality
냉혹한 현실

240 **exact** [igzǽkt]

a. 정확한(accurate), 엄격한(strict, severe)

Give me his exact words.
그가 한 말을 그대로 들려다오.

❖ **exactness** n. 정확, 정밀

□ **strict**
[strikt]

a. 정확한(precise), 엄격한(stern, rigid)
strict orders 엄명
❖ **strictly** ad. 엄밀히

□ **correct**
[kərékt]

a. 올바른, 정확한 v. 고치다, 교정하다
a correct answer 정답
correct the errors 틀린 곳을 고치다

□ **literal**
[lítərəl]

a. 문자 그대로의, 정확한
a literal translation 직역
❖ **literally** ad. 틀림없이, 글자 그대로

□ **accurate**
[ǽkjərit]

a. 정확한(correct), 엄밀한(precise)
Give me an accurate report of what
happened!
무슨 일이 벌어졌는지 정확한 보고를 해라!
❖ **accuracy** n. 정확성

□ **punctual**
[pʌ́ŋktʃuəl]

a. 시간을 엄수하는, 꼼꼼한
He is always punctual to the minute.
그는 언제나 시간을 잘 지킨다.
❖ **punctuality** n. 시간엄수

□ **precise**
[prisáis]

a. 명확한(definite), 정확한(exact), 꼼꼼한
a precise voice
분명한 목소리
precise calculation
정확한 계산
❖ **precision** n. 정확, 명확

19th Day

---

241 | **fallacy** [fǽləsi]

n. 그릇된 생각, 오류

---

a statement based on fallacy
오류에 바탕을 둔 주장

□ **rough**
[rʌf]

a. 거친, 난폭한(rude) ad. 거칠게 v. 거칠게 하다

rough weather
험궂은 날씨

rough manners
버릇없는 태도

❖ **roughly** ad. 거칠게, 대충

□ **rugged**
[rʌ́gid]

a. 거친, 억센, 울퉁불퉁한

rugged hills
울퉁불퉁한 언덕

□ **harsh**
[haːrʃ]

a. 거친, 딱딱한, (기후가) 혹독한

He was so harsh to the poor old lady.
그는 가엾은 할머니를 너무 심하게 대했다.

harsh to the ear
귀에 거슬리는

rude [ruːd]

a. 무례한(impolite), 거친(crude), 야만적인
n. 파멸, 파산, 파멸의 원인　opp. civil(정중한)

It was very rude of her to leave without telling us.
그녀가 말 한마디 없이 떠나간 것은 아주 무례한 짓이었다.

□ barbarian
[bɑːrbɛ́əriən]

n. 야만인, 미개인　a. 원시적인, 교양없는

Only a barbarian would not like the work of such a great writer.
미개인만이 그런 위대한 작가의 작품을 좋아하지 않을 것이다.

❖ barbarous　a. 야만스러운, 잔인한(cruel)

□ impolite
[ìmpəláit]

a. 버릇없는, 무례한(impudent)

It is impolite to interrupt the speaker.
말을 가로막는 것은 버릇없는 것이다.

□ insolent
[ínsələnt]

a. 무례한, 건방진(haughty), 오만한

What an insolent fellow you are!
너 참 방자한 녀석이로구나!

❖ insolence　n. 거만, 무례

□ arrogant
[ǽrəgənt]

a. 오만한, 거드름 부리는　opp. modest 겸손한

an arrogant official
거드름 피우는 공무원

❖ arrogance, -cy　n. 오만, 거만

□ imperious
[impíəriəs]

a. 오만한(haughty), 위풍당당한(commanding), 긴급한(urgent)

an imperious manner
오만한 태도

□ **haughty**
[hɔ́:ti]

a. 거만한, 건방진(arrogant)

You must not carry a haughty air.

오만불손한 태도를 취해서는 안 된다.

□ **lofty**
[lɔ́:fti]

a. 높은(elevated), 고귀한, 거만한

He had a lofty contempt for others.

그는 거만스레 남을 깔보았다.

---

243 | **insult** [ínsʌlt]

v. 모욕하다 n. 모욕, 무례(insolence)

He insulted me by calling me a pig.

그는 돼지라고 부르면서 나를 모욕했다.

❖ **insulting** a. 모욕적인, 무례한

□ **despise**
[dispáiz]

v. 경멸하다, 얕보다

I hate and despise that kind of cruel behavior.

나는 그런 잔혹한 행위를 증오하고 경멸한다.

□ **disdain**
[disdéin]

v. 경멸하다(scorn) n. 경멸, 모욕

❖ **disdainful** a. 경멸적인(scornful), 거만한

□ **ignore**
[ignɔ́:r]

v. 무시하다, 모른 체하다

True science teaches us to doubt and to free ourself from ignorance.

진정한 과학은 우리에게 의심하는 것과 무지에서 벗어날 것을 가르친다.

❖ **ignorance** n. 무지

☐ **illiterate**
[ilítərit]

a. 무식한, 문맹의 n. 무식자

About half the population is still illiterate.

여전히 인구의 절반 정도가 문맹이다.

❖ **illiteracy** n. 문맹, 무식

☐ **disregard**
[dìsrigá:rd]

v. 깔보다, 소홀히 하다(neglect) n. 무시

disregard an order

명령을 무시하다

☐ **scorn**
[skɔ:rn]

v. 업신여기다(despise) n. 멸시, 경멸

a scornful treatment

사람을 깔보는 처사

❖ **scornful** a. 경멸적인, 건방진

☐ **contempt**
[kəntémpt]

n. 경멸(disdain), 치욕, 굴욕

contempt of court

법정 모욕죄

❖ **contemptible** a. 경멸할 만한

☐ **despite**
[dispáit]

prep. ~에도 불구하고 n. 모욕(insult)

He came to the meeting despite his illness.

그는 아픈데도 불구하고 모임에 나왔다.

☐ **ridicule**
[rídikjù:l]

n. 비웃음, 조롱 v. 비웃다(laugh at), 놀리다

Don't hold him up to ridicule.

그를 비웃지 말아라.

❖ **ridiculous** a. 우스운, 바보 같은

☐ **sneer**
[sniər]

v. 조롱하다, 경멸하다 n. 냉소

Don't sneer at their religion.

그들의 종교를 비웃지 말아라.

□ **scoff**
[skɔːf]

v. 조롱하다(sneer), 조소하다　n. 비웃음

He was the scoff of the world.
그는 세상의 웃음거리가 되었다.

□ **mock**
[mɑk]

v. 비웃다, 업신여기다　a. 모조의, 가짜의

a mock trial
모의 재판

❖ **mockery** n. 비웃음(ridicule), 조롱거리

244 | **aloud** [əláud]

ad. 〈동음어 allowed〉 큰소리로(loudly)

read aloud
소리내어 읽다

□ **loud**
[laud]

a. 시끄러운, 화려한

loud music
시끄러운 음악

loud wallpaper
화려한 벽지

□ **noisy**
[nɔ́izi]

a. 시끄러운, 요란한

This office is very noisy.
이 사무실은 너무 시끄럽다.

whole [houl]

a. ad. (동음어 hole) 전부, 완전한

The whole of the morning was wasted.
아침을 전부 허비했다.

as a whole
전체로서

on the whole
대체로

☐ **throughout** ad. 어디든지, 전부 prep. ~동안
[θrúːáut]
throughout one's whole life
일생을 통해

amend [əménd]

v. 수정(개정)하다, 고치다(improve)

She amended her way of living.
그녀는 생활방식을 뜯어고쳤다.

❖ **amendment** n. 수정, 개정
❖ **amends** n. 배상, 변상

☐ **modify**   v. 변경하다, 수정하다
[mádəfài]
modified capitalism
수정 자본주의

☐ **revise**   v. 개정하다(reform), 교정하다
[riváiz]
revised edition
개정판

❖ **revision** n. 개정, 교열

□ **repair**
[ripέər]

v. 수리하다, 고치다

beyond repair
고칠 수 없는

He repaired his health.
그는 건강을 되찾았다.

□ **cure**
[kjuər]

v. 치료하다, 없애다, 고치다(heal)

cure a bad habit
나쁜 버릇을 고치다

□ **heal**
[hi:l]

v. (병을) 고치다, (상처가) 낫다

The wound is not yet healed.
부상자들은 아직 완쾌되지 않았다.

□ **machinery**
[məʃí:nəri]

n. 기계류, 기계장치

Nowadays, most farm work is done by machinery.
오늘날 대부분의 농장 일은 기계로 한다.

□ **mechanic**
[məkǽnik]

n. 기계공, 수리공

a car mechanic
자동차 수리공

□ **fix**
[fiks]

v. 고정시키다, 확립시키다, 수리하다(mend)
n. 곤경, 난처한 입장

Let's fix a time for the meeting.
만날 시간을 정합시다.

I get into a fix.
나는 곤경에 처해 있다.

❖ **fixation** n. 고정, 편견
❖ **fixed** a. 튼튼한(steady)

□ **restore**
[ristɔ́:r]

v. 회복시키다, 복구하다

He restored the purse to its owner.
그는 지갑을 주인에게 돌려주었다.

❖ **restorative** n. 의식 회복약

□ **resume**
[rizú:m]

v. 다시 시작하다, 회복하다(recover), 되찾다

We'll stop now and resume working at two o'clock.
여기서 중단했다가 2시에 다시 작업에 들어갑시다.

❖ **resumption** n. 재개, 회복

---

247 | **compensate** [kámpənsèit]

v. 보상하다, 배상하다, 갚다

without compensation
무보수로

❖ **compensation** n. 보상(금), 봉급(salary)

□ **recover**
[rikʌ́vər]

v. 회복하다, 되찾다(get back), 보상하다

He recovered consciousness soon after the accident.
그는 사고를 당한 후 곧 의식을 되찾았다.

❖ **recovery** n. 회복

□ **refresh**
[rifréʃ]

v. 기운을 돋우다, 상쾌하게 하다(make fresh), 새롭게 하다(renew) opp. exhaust

He refreshed himself with a short nap.
그는 잠깐 동안 낮잠을 자고 나니 기분이 상쾌해졌다.

❖ **refreshing** a. 산뜻한
❖ **refreshment** n. 원기회복, 음식물

☐ **regain**
[rigéin]

v. 되찾다, 회복하다

Lost wealth can be regained by industry and economy.
잃어버린 재산은 근면과 절약으로 다시 되찾을 수 있다.

☐ **revive**
[riváiv]

v. 되살아나다, 부활하다, 소생시키다

Hope revived in me.
내 마음속에서 희망이 다시 살아났다.

❖ **revival** n. 부활, 재생, 재상영

the Revival of Letters 문예 부흥

---

248 **amid** [əmíd]

prep. ~가운데에(among), 한복판에

He worked amid books.
그는 책에 파묻혀 일했다.

☐ **midst**
[midst]

n. 중앙, 한가운데

in the midst of ~의 한가운데에
first, midst, and last 시종일관

---

249 **animate** [ǽnəmèit]

v. 활기를 불어넣다(enliven), 고무하다(inspire)
a. 살아있는(living), 활기찬(lively)

Laughter animated his face for a moment.
웃음이 잠시 동안 그의 얼굴에 생기를 돌게 했다.

❖ **animated** a. 생기가 있는
❖ **animation** n. 생기, 동화(動畵)

□ **inspire**
[inspáiər]

v. 영감을 불어넣다, 고무하다(encourage), 격려하다(stimulate)

Poets often draw inspiration from nature.
시인은 종종 자연으로부터 영감을 얻는다.

❖ **inspiration** n. 감화, 격려, 고무, 영감

□ **breathe**
[bri:ð]

v. 숨쉬다, 쉬다(rest), 불어넣다

as long as one breathes
살아있는 한

breathe one's last
죽다

❖ **breathless** a. 숨가쁜
❖ **breath** n. 호흡, 숨

□ **encourage**
[enkə́:ridʒ]

v. 격려하다(inspirit), 북돋우다

I was encouraged by his success.
그의 성공으로 나는 용기를 얻었다.

□ **spur**
[spə:r]

n. 박차, 격려, 자극 v. 박차를 가하다(urge)

He needs the spur.
그는 자극 받을 필요가 있다.

□ **impulse**
[ímpʌls]

n. 충동, 충격, 자극(stimulus)

Many people are guided by impulse rather than reason.
많은 사람들은 이성보다 충동에 의해 이끌린다.

❖ **impulsive** a. 충동적인

□ **incentive**
[inséntiv]

n. 자극, 동기(motive) a. 자극적인, 장려하는

incentive wage system
추가수당 임금 제도

250 **stress** [stres]

n. 압박, 스트레스, 중점(emphasis)
v. 강조하다(emphasize)

under stress of poverty
가난에 쫓겨서

the stress of city life
도시 생활의 스트레스

☐ **tense** [tens]

v. 긴장하다 a. 팽팽한

a tense moment
긴장된 순간

☐ **emphasis** [émfəsis]

n. 강조, 강도, 힘, 중점(weight)

The dictionary puts an emphasis on examples.
그 사전은 예문에 중점을 둔다.

❖ **emphasize** v. 힘주어 말하다(stress)

☐ **urge** [ə:rdʒ]

v. 강조하다, 격려하다(encourage), 재촉하다(hasten)
n. 압박, 충동

251 **persecute** [pə́:rsikjù:t]

v. 박해하다, 귀찮게 조르다

the persecuted race
박해받는 민족

❖ **persecutor** n. 박해자

☐ **oppress**
[əprés]

v. 억압하다, 학대하다, 우울하게 하다

They have struggled against oppression.
그들은 압제에 대항하여 싸웠다.

the oppressed
학대받는 사람들

❖ **oppressive** a. 압박감을 주는, 답답한
❖ **oppressor** n. 압제자, 폭군

---

bump [bʌmp]

n. 충돌 v. 부딪치다

The car bumped the tree.
그 차는 나무에 쾅 부딪쳤다.

❖ **bumper** n. 완충기

☐ **impact**
[ímpækt]

n. 충돌(collision), 충격 v. 채워 넣다(pack)

the impact of the two cars
두 차의 충돌

☐ **collide**
[kəláid]

v. 충돌(격돌)하다(crash)

Many people were hurt when the two buses collided.
두 대의 버스가 충돌했을 때 많은 사람들이 다쳤다.

❖ **collision** n. 충돌, 상충

☐ **crash**
[kræʃ]

v. 깨지다, 부서지다
n. 추락, 충돌, 굉음

☐ **crush**
[krʌʃ]

v. 으깨다, 뭉개버리다

My hopes were crushed.
희망이 부서져 버렸다.

□ **fragment**
[frǽgmənt]

n. 파편, 단편   v. 부서지다, 산산조각 나다

She dropped the bowl on the floor, and it broke into fragments.

그녀는 방바닥에 사발을 떨어뜨렸는데 산산조각이 나버렸다.

□ **smash**
[smæʃ]

v. 박살나다, 분쇄하다(shatter)   n. 일격, 강타

a smash that sent his opponent to the floor

적수를 바닥에 쓰러뜨린 일격

253 | **flake** [fleik]

n. 파편, 엷은 조각

a flake of stone

돌조각

□ **fraction**
[frǽkʃən]

n. 분수, 작은 조각(particle)

a fraction of a second

순식간에

❖ **fractional** a. 극히 작은

□ **segment**
[ségmənt]

n. 조각(fragment), 부분(portion)   v. 나누다, 분할하다

a segment of an apple

사과 한 조각

□ **partial**
[pá:rʃəl]

a. 부분적인, 편파적인, 불공평한

An umpire shouldn't be partial to any of teams.

심판은 어느 팀도 편들어서는 안 된다.

❖ **partiality** n. 불공평, 국부성, 편파

fracture
[frǽktʃər]

n. 골절, 파손 v. 삐다

He fractured his wrist.

그는 손목을 삐었다.

slice
[slais]

n. 얇은 조각(piece) v. 얇게 썰다

a slice of bread

빵 한 조각

chisel
[tʃízl]

n. 정, 끌 v. 조각하다

She chiseled stone the figure of a lion.

그녀는 돌을 쪼아서 사자상을 만들었다.

engrave
[engréiv]

v. 새기다, 조각하다(carve), 명심하다

The terrible memory was engraved on my mind.

그 끔찍한 기억이 마음속에 각인되어 있었다.

❖ **engraver** n. 조각가

carve
[kɑːrv]

v. 조각하다, 개척하다

He carved his name on a tree.

그는 나무에 자기 이름을 새겼다.

cf. curve(곡선)와 혼동하지 말 것

scrap
[skræp]

n. 토막, 단편, 조각

a scrap of paper

신문 스크랩

sculpture
[skʌ́lptʃər]

v. 조각하다 n. 조각(술), 조각품

There are some important sculptures in this church.

이 교회에는 중요한 조각품이 몇 점 있다.

❖ **sculptor** n. 조각가

□ **statue**
[stǽtʃuː]

n. 조상(彫像)

Statue of Liberty
자유의 여신상

□ **inscribe**
[inskráib]

v. 기입하다, 새기다, 명심하다

inscribe a stone with one's name
돌에 이름을 새기다

❖ **inscription** n. 명각(銘刻), 기입, 비문

20th Day

254 | **answer** [ǽnsər]

v. 대답하다(reply), 부합하다, 책임지다

I will answer for her.
그녀에 대해 책임지겠다.

❖ **answer to** ~에 부합하다, 일치하다
❖ **answer for** ~의 책임을 지다

□ **reply**
[riplái]

v. 대답하다(answer) n. 응답, 회답
No reply is best.
말대꾸 않는 것이 상책이다.

□ **react**
[ri:ǽkt]

v. ~에 반응하다(respond), 역행하다
They reacted against this system.
그들은 이 제도에 반기를 들었다.

the forces of reaction
반동세력

❖ **reactionary** n. 반동주의자
❖ **reaction** n. 반작용, 반동, 역행

□ **backward**
[bǽkwərd]

ad. 거꾸로 a. 뒤쪽의, (진보 따위가) 늦은
a backward country
후진국

a backward spring
늦게 찾아온 봄

☐ **invert**
[invə́:rt]

v. ~을 거꾸로 하다, 뒤집다

She caught the insect by inverting her cup over it.
그녀는 컵을 뒤집어서 벌레를 덮쳐 잡았다.

❖ **inversion** n. 역전, 자리바꿈

---

255 **antique** [æntí:k]

a. 고대의(ancient), 구식의 n. 골동품

from immemorial antiquity
까마득한 옛날부터

❖ **antiquity** n. 고대, 고풍, (pl.) 고대의 풍습

☐ **immemorial**
[ìmimɔ́:riəl]

a. 태고의, 아주 오래된

Humanity have fought wars since time immemorial.
인류는 태고 적부터 전쟁을 해왔다.

---

256 **appliance** [əpláiəns]

n. 용구(devise), 장치

a safety appliance
안전 장치

a household appliance
가정용구

☐ **tackle**
[tǽkəl]

n. 태클, 도구(equipment) v. 태클하다

fishing tackle
낚시도구

□ **utensil**
[ju:ténsəl]

n. 기구, 용구

cooking utensils 요리도구

□ **apparatus**
[æpəréitəs]

n. 기구, 기계장치, (인체의)기관

a surgical apparatus
외과 수술 용구

□ **outfit**
[áutfìt]

n. 장비(equipment)

an outfit for a camping trip
캠핑장비

□ **implement**
[ímpləmənt]

n. 기구(instrument), 도구
v. 완성하다(complete), 수행하다(carry out)

The committee's resolution will be
implemented immediately.
위원회의 결의안은 곧 실행으로 옮겨질 것이다.

□ **instrument**
[ínstrəmənt]

n. 도구, 기구, 악기, 수단(means)

Literature is one of the most powerful
instruments for forming character.
문학은 인격을 형성하는 데 있어 가장 효과적인 도구
중의 하나이다.

❖ **instrumental** a. 유용한(useful)

□ **lever**
[lévər]

n. 지레, 수단 v. 지레로 움직이다

Mind is the great lever of all things.
마음은 모든 것을 움직이는 힘이다.

□ **scale**
[skeil]

n. 저울, (비유적으로) 재판(justice), 규모, 정도, 비늘,
물때

a spring scale 스프링 저울
on a small scale 소규모로

☐ **measure**
[méʒər]

n. 측정, 치수, (pl.) 수단, 조치
v. 측정(측량)하다, 비교하다

A clock measures time.
시계는 시간을 측정한다.

❖ **measurement** n. 계량, 측량

☐ **dimension**
[diménʃən]

n. 치수, (pl.) 크기, (수학) 차원

Length is one dimension, and width is another.
길이는 일차원이고 너비는 다른 차원이다.

---

257 | **geometry** [dʒiːámətri]

n. 기하학

space geometry
입체 기하학

❖ **algebra** n. 대수학

☐ **radius**
[réidiəs]

n. 반지름, 반경

one's radius of action
행동반경

❖ **diameter** n. 지름

☐ **magnitude**
[mǽgnətjùːd]

n. 크기(size), 방대, 중요성

an event of great magnitude
중대한 사건

☐ **significance**
[signífikəns]

n. 의미심장, 중대성(importance)

with a look of deep significance
의미심장한 표정으로

□ **size**
[saiz]

n. 크기(bigness), 규모 v. 재다(measure)

of natural size
실물 크기의

---

court [kɔːrt]

n. 안뜰(courtyard), 재판소, 막다른 골목

---

contempt of court
법정 모독

□ **judge**
[dʒʌdʒ]

v. 재판(심판)하다 n. 재판관, 법관

Judge whether he's right or wrong.
그가 옳은지 그른지 판단하여라.

❖ **judgment** n. 재판, 판정, 견해

□ **skim**
[skim]

v. 걷어내다, 대충 읽다, 미끄러지듯 가다

He skimmed a newspaper.
그는 신문을 대충 읽어보았다.

---

assess [əsés]

v. 자산을 평가하다, 부과하다(impose)

---

assess a tax on an income
수입세를 부과하다

❖ **assessment** n. 과세, 평가

□ **appreciate**
[əpríːʃièit]

v. 평가하다(estimate), 음미하다, 값이 오르다
opp. depreciate

❖ **appreciation** n. 평가, 이해, (값의)등귀
❖ **appreciative** a. 감사하는(grateful)

□ **bill**
[bil]

n. 계산서(account), 지폐, 법안, 어음

bill of sale
매도증서

❖ **billboard** n. 게시판, 광고판

□ **receipt**
[risíːt]

n. 영수증, 수취(受取)

Ask her to give you a receipt when you pay
the bill.
계산할 때 그녀에게 영수증을 달라고 해라.

❖ **reception** n. 수령, 환영

□ **arithmetic**
[əríθmətìk]

n. 산수, 셈, 계산(computation)

mental arithmetic
암산

My arithmetic is poor.
나는 계산에 서툴다.

□ **calculate**
[kǽlkjəlèit]

v. 계산하다(compute), 추정하다, 예상하다

Have you calculated the result?
결과를 예상하셨습니까?

❖ **calculation** n. 계산, 예상

□ **reckon**
[rékən]

v. 계산하다, 간주하다, 생각하다

I reckoned him learned.
나는 그가 학식 있는 사람이라고 생각했다.

❖ **reckoning** n. 계산, 어림

regard
[rigá:rd]

n. 주의, 존중, (pl.) 안부 v. 간주하다

I hold her in high regard.
나는 그녀를 굉장히 존경한다.

speculate
[spékjəlèit]

v. 깊이 생각하다(ponder, consider),
추측하다(guess), 투기하다

We can only speculate about what will
happen next.
다음에 무슨 일이 일어날 것인지 단지 추측만 할 수 있을
뿐이다.

speculate in property
부동산 투기를 하다

260

picture [píktʃər]

n. 그림, 사진, (pl.) 영화, 화신 v. 그리다, 상상하다

He is the picture of passion.
그는 정열의 화신이다.

❖ **picturesque** a. 그림 같은, 생생한

conceive
[kənsí:v]

v. 상상하다(imagine), 임신하다

I cannot conceive such an accident.
그런 일은 상상할 수도 없다.

❖ **conceivable** a. 생각할 수 있는

assume
[əsjú:m]

v. 가정하다(presume), ~인 체하다(pretend),
떠맡다(undertake) opp. render 내주다

assume office
취임하다

a mere assumption
근거 없는 억측

❖ **assumption** n. 가정, 횡령, 건방짐

☐ **presume**
[prizú:m]

v. 가정하다, 짐작하다, 예상하다
❖ **presumption** n. 가정, 추정, 무례
❖ **presumably** ad. 아마도

261 **resource** [rí:sɔːrs]

n. 자원, 수단, 재산, 기지(wit)

Education is Korea's most important
resource.
교육은 한국의 가장 중요한 자산이다.

❖ **resourceless** a. 수완이 없는

☐ **diplomacy**
[diplóuməsi]

n. 외교(술), 수완

bipartisan diplomacy
초당파적 외교

❖ **diplomat** n. 외교관

☐ **precaution**
[prikɔ́:ʃən]

n. 조심, 예방조치

We must take all the precautions against
fire.
화재에 대비하여 만반의 조치를 취해야 한다.

☐ **procedure**
[prəsí:dʒər]

n. 진행(progress), 조치, 절차 수속

legal procedure
소송절차

☐ **process**
[práses]

n. 경과(course), 과정, 방법(method), 처리
v. 기소하다, 가공 처리하다

in process of time 시간이 지남에 따라
a chemical process 화학 작용

❖ **procession** n. 행렬, 행진

apply [əplái]

v. 적용하다, 몰두하다, 신청하다, 문의하다

an applicant for a position
구직자

❖ **application** n. 적용, 신청
❖ **applicant** n. 지원자(volunteer)

☐ **quest**
[kwest]

n. 탐색(search), 탐구 v. 탐구하다

the long quest for a cure for the disease
질병 치료를 위한 오랜 탐구

☐ **research**
[risə́:rtʃ]

n. 연구, 조사(investigation), 탐구 v. 연구(조사)하다

intensive research
철저한 연구

☐ **monitor**
[mɑ́nitər]

v. 조사하다, 모니터로 감시하다
n. (학급의) 반장, 권고자(admonisher)

☐ **scrutinize**
[skrú:tənàiz]

v. 세밀하게 조사하다

❖ **scrutiny** n. 세밀한 조사

The teacher gave my homework a scrutiny.
선생님은 내 숙제를 꼼꼼하게 검토하셨다.

☐ **search**
[sə:rtʃ]

v. 탐색하다, 찾다 n. 탐색, 조사

❖ **search out** 찾아내다(look for)
❖ **in search of** ~을 찾아서
❖ **searchlight** n. 탐조등

☐ **explore**
[ikspló:r]

v. (미지의 세계를) 탐험하다, 조사하다, 진찰하다

explore the arctic regions
북극지역을 탐험하다

❖ **explorer** n. 탐험가

□ **expedition**
[èkspədíʃən]

n. 원정, 탐사 여행

an expedition to photograph wild animals in Africa
아프리카 야생 동물을 촬영하기 위한 탐사

□ **inquire**
[inkwáiər]

v. 묻다, 조사하다

We will inquire more deeply into the matter.
우리는 그 문제를 좀더 철저히 조사할 것이다.

❖ **inquiry** n. 질문, 심문, 조사, 연구
❖ **inquisitive** a. 호기심이 강한(curious)

□ **inspect**
[inspékt]

v. 조사하다, 시찰하다

The dentist inspected my teeth.
그 치과의사는 나의 치아 상태를 조사했다.

❖ **inspector** n. 검사관, 검열관

□ **investigate**
[invéstəgèit]

v. 세밀히 조사하다, 연구하다

The police investigated the cause of this accident.
경찰은 이 사건의 원인을 자세히 조사했다.

❖ **investigation** n. 조사보고, 기록, 논문

□ **review**
[rivjúː]

v. 자세히 살피다(survey), 복습하다 n. 복습

The airport authorities have promised to review their security arrangements.
공항당국은 공항의 안전계획을 재검토하겠다고 약속했다.

□ **survey**
[səːrvéi]

v. 내려다보다(look over), 조사하다, 측량하다
n. 개관, 개설, 측량

Has the house been surveyed?
그 집은 측량되었나요?

contrive [kəntráiv]

v. 궁리하다, 연구하다(devise)

contrive a robbery
강도질을 꾀하다

❖ **contrivance** n. 고안, 발명

□ **device**
[diváis]

n. 궁리, 고안, (pl.) 계략, 장치(apparatus)

❖ **devise** v. 고안하다, 궁리하다

□ **hatch**
[hætʃ]

v. 부화하다, 고안하다(contrive) n. 승강구

❖ **hatchback** n. 위로 젖히는 뒷문이 달린 자동차

□ **invent**
[invént]

v. 고안하다(think out), 날조하다

Alexander Graham Bell invented the
telephone.
알렉산더 그레이엄 벨이 전화를 발명했다.

❖ **invention** n. 발명(품)

□ **scheme**
[ski:m]

v. 기획하다(plan), 고안하다(devise)
n. 계획(program), 음모(intrigue), 체계(system)

a scheme of education
교육 계획

a scheme of political reform
정치 개혁 계획

□ **design**
[dizáin]

n. 설계, 디자인, 의도, (pl.) 음모 v. 기도하다(intend)

by design 고의로

□ **system**
[sístəm]

n. 계통, 체계, 제도

the solar system 태양계

the monetary system 화폐 제도

☐ **construct**
[kənstrʌ́kt]

v. 짜맞추다, 건설하다

under construction
공사 중

❖ **construction** n. 구조, 건축
❖ **constructive** a. 건설적인

☐ **structure**
[strʌ́ktʃər]

n. 구조(constitution), 구성, 조직

the structure of the brain
뇌의 구조

☐ **project**
v. [prədʒékt]
n. [prádʒekt]

v. 계획하다(scheme), 돌출하다 n. 계획, 기도

The management projected an increase of buildings.
경영진은 건물의 증설을 계획했다.

❖ **projection** n. 발사, 투영, 계획

---

264 | **vital** [váitl]

a. 생명의(of life), 치명적인(mortal), 활발한(lively), 긴요한

vital force
생명력, 활력

☐ **vivid**
[vívid]

a. 선명한, 활발한

vivid in one's memory
기억에 선한

☐ **ardent**
[á:rdənt]

a. 열렬한(eager, zealous), 강렬한

ardent eyes
이글거리는 눈

❖ **ardently** ad. 열렬히

□ **fiery**
[fáiəri]

a. 불같은, 열렬한

a fiery temper
불같은 성질

□ **vehement**
[víːəmənt]

a. 강한, 격한(violent), 열렬한

a vehement denial
강한 부정

□ **zeal**
[ziːl]

n. 열정, 열렬(fervor)

❖ **zealous** a. 열심인, 열렬한(fervent)

□ **intensify**
[inténsəfài]

v. 강하게 하다(strengthen), 격렬해지다

intensify one's efforts
더 한층 노력하다

❖ **intensity** n. 강렬함, 격렬함

□ **increase**
[inkríːs]

v. 증가하다, 증진시키다(intensify) n. 증가

Crime is on the increase.
범죄가 증가하고 있다.

❖ **increasingly** ad. 점점 더

□ **multiply**
[mʌ́ltəplài]

v. 늘리다, 증가시키다(increase), 곱하다

Two multiplied by three is six.
2 곱하기 3은 6이다.

---

265 | **hawk** [hɔːk]

n. 매; 강경론자, 협잡꾼(swindler)
opp. dove 온건론자

☐ **male**
[meil]

a. 남자의, 강한

a male screw
수나사

☐ **female**
[fí:meil]

n. 암컷 a. 여성다운

❖ **feminie** a. 여자다운, 섬세한(delicate)

feminine beauty
여성미

☐ **potent**
[póutənt]

a. 강력한, 효력(효능)있는, 성적 능력이 대단한

n. 가능, 잠재력

potent drinks 독한 술

❖ **potence, -cy** n. 능력, 권세
❖ **potential** a. (앞으로)가능한, 잠재적인
❖ **potentiality** n. 가능성, 잠재력

☐ **sound**
[saund]

a. 건강한, 믿을만한, 정직한 v. ~하게 들리다

A sound mind in a sound body.
건강한 신체에 건전한 정신이 깃든다.

☐ **healthy**
[hélθi]

a. 건강한, 건강에 좋은

healthy country air
건강에 좋은 시골 공기

☐ **robust**
[roubʌst]

a. 건강한 opp. delicate 허약한

a robust baby
건강한 아기

a robust company
탄탄한 회사

☐ **wholesome**
[hóulsəm]

a. 온건한, 건전한

Read wholesome books.
건전한 책을 읽으시오.

□ **sane**
[sein]

a. 건전한(sound), 제정신의(sensible)
opp. mad, insane

No sane man would do such a thing.
제정신이라면 누구도 그런 짓을 하지 않을 것이다.

□ **dove**
[dʌv]

n. 비둘기(pigeon); 온건파

my dove
내 사랑(my daring)

266 **region** [ríːdʒən]

n. 지방(district), 지대(area), 나라

a forest region
삼림지대

the region of the heart
심장부

❖ **regional** a. 지방의, 국부의

□ **area**
[ɛ́əriə]

n. 면적(space), 지역(region), 영역(range)

the metropolitan area
수도권

□ **countryside**
[kʌ́ntrisàid]

n. 시골, 농촌 지역

a quiet village by the countryside
한적한 시골 마을

□ **suburb**
[sʌ́bəːrb]

n. 시외, (pl.) 교외, 변두리

I live in the suburbs of Seoul.
나는 서울 교외에서 살고 있다.

❖ **suburban** a. 교외의

□ **district**
[dístrikt]

n. 관할구, 지역

a police district
경찰서 관할 구역

an electoral district
선거구

□ **neighbor**
[néibər]

n. 이웃, 동포, 이웃나라   v. 인접하다

Good fences make good neighbors.
좋은 울타리는 좋은 이웃을 만든다. (속담)

❖ **neighborhood** n. 근처, 이웃 사람들

□ **province**
[právins]

n. 지역(district)

the provinces
시골, 지방

□ **realm**
[relm]

n. 왕국(kingdom), 분야, 부문

the realm **of science**
과학의 영역

the realm **of commerce**
상업계

□ **scope**
[skoup]

n. (능력의) 범위(compass), 정도(extent)

This subject was outside the scope **of their inquiry.**
이 문제는 그들이 조사할 영역 밖의 일이었다.

---

267 **globe** [gloub]

n. 공(the globe), 지구, 세계

a global **problem** 세계적 문제

❖ **global** a. 지구의, 세계적인

orbit
[ɔ́:rbit]

n. 궤도, 세력권

the earth's orbit round the sun
태양 주위를 도는 지구의 궤도

satellite
[sǽtəlàit]

n. 위성, 위성국(도시)

satellite cities
위성도시들

cosmopolitan
[kàzməpálətən]

a. 국제적인 n. 세계인

New York is a cosmopolitan city.
뉴욕은 국제도시이다.

international
[ìntərnǽʃənəl]

a. 국가간의, 국제적인

an international conference
국제회의

frontier
[frʌntíər]

n. 국경(border), 변경, 새 분야

the hardships of frontier life
변경에 거주하는 개척자 생활의 고초

21 st Day

---

268 **migrate** [máigreit]

v. 이동하다, 이주하다

Most birds migrate to warmer regions in winter.
대부분의 새는 겨울철에 따뜻한 곳으로 이동한다.

❖ **migratory** a. 방랑성이 있는

☐ **immigrate**
[íməgréit]

v. 이주하다, 이민 오다

❖ **immigrant** n. 이주민, 이민

☐ **emigrate**
[éməgrèit]

v. (다른 나라로) 이민 가다

They emigrated to America in the 1960s to find a new site of life.
그들은 새로운 삶의 터전을 찾아 1960년대에 미국으로 이민 갔다.

❖ **emigration** n. 이민
❖ **emigrant** n. 이주자

---

269 **degree** [digríː]

n. 정도, 계급, 신분, 학위

---

in some degree
어느 정도

by degrees
차차, 점차

□ **extent**
[ikstént]

n. 범위(scope), 정도(degree), 넓이

to some extent
어느 정도까지

to full extent
충분히

□ **limit**
[límit]

n. 한계, 경계

There's a limit to a man's ability.
인간의 능력에는 한계가 있다.

□ **situation**
[sìtʃuéiʃən]

n. 위치(position), 사정(circumstances), 국면

Situations wanted.
구직: 일자리 구함

□ **phase**
[feiz]

n. (변화의) 단계, 국면

The political world entered upon a new phase.
정치권은 새로운 국면으로 접어들었다.

□ **range**
[reindʒ]

n. 범위(extent), 산맥   v. ~에 걸치다

a wide range of choice
넓은 선택범위

❖ **ranger**   n. 걸어다니는 사람

□ **territory**
[térətɔːri]

n. 영토, 분야, 세력범위

We traveled through unknown territory.
우리는 미지의 땅을 여행했다.

local [lóukəl]

a. 장소의, 지방의, 국부적인

a local paper
지방신문

❖ **locally** ad. 국부적으로
❖ **localism** n. 지방 사투리

☐ **rural**
[rúərəl]

a. 시골의(rustic)   opp. urban

rural life
전원생활

rural scenes
전원풍경

☐ **tenant**
[ténənt]

n. 차용자, 소작인   v. 차용하다   opp. landlord

a tenant farmer
소작농

☐ **cottage**
[kátidʒ]

n. 시골집, 오두막(small house)

cottage industry
가내 공업

☐ **medieval**
[mì:díí:vəl]

a. 중세의

medieval history
중세역사

medieval culture
중세문화

☐ **duke**
[dʲu:k]

n. 공작(公爵)

❖ **dukedom** n. 공국(公國)
❖ **duchess** n. 공작 부인

☐ **feudal**
[fjúːdl]

a. 봉건 제도의

the feudal times
봉건시대

❖ **feudalism** n. 봉건제도

☐ **fortify**
[fɔ́ːrtəfài]

v. 요새(성채)를 쌓다

a fortified city
요새화한 도시

Fort Apache
아파치 요새

❖ **fort** n. 성채, 보루, 요새
❖ **fortress** n. (작은) 요새

☐ **urban**
[ə́ːrbən]

a. 도시의

urban life
도시 생활

☐ **metropolis**
[mitrápəlis]

n. 중심지, 수도

Seoul is a busy, active metropolis.
서울은 번화하고 활기에 넘치는 대도시이다.

☐ **municipal**
[mjuːnísəpəl]

a. 시(市)의, 지방자치의

the municipal council
시의회

☐ **governor**
[gʌ́vərnər]

n. 관리자, 주지사

the governor of California
캘리포니아 주지사

271 **position** [pəzíʃən]

n. 장소(location), 형세(situation), 처지(stand),
지위(rank), 소재지

He is placed in an awkward position.
그는 곤란한 처지에 처해 있다.

☐ **locate**
[loukéit]

v. 소재를 파악하다, ~에 위치를 정하다
❖ **location** n. 장소, 위치

☐ **latitude**
[lǽtətjùːd]

n. 위도(緯度), (pl.) 지대(地帶) opp. longitude 경도
38 degrees north latitude
북위 38도

☐ **horizon**
[həráizən]

n. 수평선, 한계, 범위, 시야
Travel broadens one's horizons.
여행을 하면 시야가 넓어진다.

❖ **horizontal** a. 지평상의, 수평의
opp. vertical 수직의

272 **view** [vjuː]

n. 시야, 경치, 견해

a view of life
인생관
❖ **viewer** n. (텔레비전) 시청자

☐ **vision**
[víʒən]

n. 선견지명(foresight), 환영, 시력
field of vision
시야

□ **insight**
[ínsàit]

n. 통찰력(penetrator), 직관력(intuition)

A poet must have the power of insight.
시인은 통찰력이 있어야 한다.

❖ **insightful** a. 통찰력이 있는

□ **version**
[vɔ́:rʒən]

n. 의견, 견해

give one's version
의견을 말하다

□ **intuition**
[ìntʃuíʃən]

n. 통찰력, 직관

❖ **intuitive** a. 직관적인

□ **outlook**
[áutlùk]

n. 전망, 견해, 감시대(watchtower)

a narrow outlook
속좁은 견해

a window with an outlook on the sea
바다가 내다보이는 창

□ **standpoint**
[stǽndpɔ̀int]

n. 입장, 견지, 관점(viewpoint)

from an educational standpoint
교육적 견지에서 본다면

□ **notion**
[nóuʃən]

n. 개념(idea), 의견(opinion), 관념

an abstract notion 추상관념

❖ **notional** a. 관념적인

□ **conception**
[kənsépʃən]

n. 개념, 임신, 생각하는 힘

conception control 임신 조절

□ **foresight**
[fɔ́:rsàit]

n. 선견(지명), 통찰력

He is a man of foresight.
그는 선견지명이 있는 사람이다.

☐ **providence** n. 섭리, 선견지명, 조심, (P-) 하나님
[právədəns]

We believe in Divine Providence.
우리는 신의 섭리를 믿고 있다.

❖ **provident** a. 선견지명이 있는, 조심스런

---

273 **perspective** [pəːrspéktiv]

n. 투시도, 원근법, 전망, 균형

You must see things in perspective.
사물을 균형 있게 바라보아야 한다.

☐ **spectacle** n. 광경(sight), 구경거리, (pl.) 안경
[spektəkəl]

a moving spectacle
감동적인 광경

a man in spectacles
안경을 낀 사람

☐ **prospect** n. 경치(scene), 예상, 기대
[práspekt]

The house has a fine prospect.
그 집은 전망이 좋다.

❖ **prospective** a. 미래의, 예기된
❖ **prosper** v. 번영하다, 성공하다

☐ **scene** n. (동음어 seen) 장면, 무대, 경치, 사건현장
[siːn]

Act 1, Scene iii
1막 3장

the scene of the crime
범죄 현장

❖ **scenery** n. 배경, 풍경
❖ **scenic** a. 경치 좋은

□ **locality**
[loukǽləti]

n. 소재지, (사건) 현장

the locality of a murder
살인 사건 현장

□ **site**
[sait]

n. 사건의 현장, 부지　v. 자리잡다

a house sited to catch the sunshine
양지 바른 터에 자리잡은 집

---

arise [əráiz]

v. 발생하다(issue), 나타나다(appear)

Accidents arise out of carelessness.
사고는 부주의에서 비롯된다.

□ **befall**
[bifɔ́:l]

v. 일어나다(happen to), 생기다

What befell you?
무슨 일이 생겼니?

□ **result**
[rizʌ́lt]

v. 생기다　n. 결과

Sickness often results from a weak mind.
병은 종종 나약한 마음에서 생긴다.

❖ **result from** ~에 기인하다
❖ **result in** ~으로 끝나다(end in)

□ **generate**
[dʒénərèit]

v. 만들어내다(produce), (아이를) 낳다

Where there is money tragedy is generated.
돈이 있는 곳에 비극이 생긴다.

generation gap
세대 차

❖ **generation** n. 세대, 발생, 동시대 사람들

☐ **emerge**
[imə́:rdʒ]

v. (~속에서) 나타나다, 벗어나다

It emerged that the driver of the car had been drunk.
그 운전자는 술에 취해 있음이 드러났다.

an emergency exit
비상구

❖ **emergence** n. 출현
❖ **emergency** n. 긴급, 비상사태

---

275 | **display** [displéi]

v. 펼치다(unfold), 진열하다(show) n. 전시

I must display goods in the store window.
나는 진열장에 상품을 전시해야 한다.

☐ **exhibit**
[igzíbit]

v. 나타내다(show), 드러내다 n. 진열(품)

Do not touch the exhibits.
진열품에 손대지 마라.

❖ **exhibition** n. 전시, 전람회, 진열품

☐ **haunt**
[hɔːnt]

v. 자주 가다, (유령이) 출몰하다,
(추억, 생각 등이) 늘 붙어 다니다

I was haunted by his last words.
그의 마지막 말이 나의 뇌리를 떠나지 않았다.

❖ **haunted** a. 유령이 나오는

☐ **imply**
[implái]

v. 넌지시 나타내다, 암시하다(suggest)

Are you implying that I am not telling the truth?
내가 진실을 말하지 않는다는 것을 암시하는 겁니까?

represent
[règprizént]

v. 묘사하다(describe), 대표하다

This picture represents Nelson dying at Trafalgar.

이 그림은 트라팔가에서 전사하는 넬슨 제독을 묘사하고 있다.

reveal
[riví:l]

v. 폭로하다(disclose), 나타내다(display)

Do you promise not to reveal my secret?

비밀을 누설하지 않겠다고 약속하시겠어요?

unfold
[ʌnfóuld]

v. 펼치다, 털어놓다(reveal)

unfold a map

지도를 펴다

disclose
[disklóuz]

v. 드러나다(uncover), 밝혀내다(reveal)

He disclosed that he had been in prison.

그는 수감 중이었다고 밝혔다.

expose
[ikspóuz]

v. 드러내다, 진열하다, 폭로하다   opp. conceal

He died of exposure.

그는 길가에서 죽었다.

❖ **exposure** n. 노출, 폭로

infer
[infɔ́:r]

v. 추론하다(deduce), 의미하다, 암시하다

Your silence infers consent.

너의 침묵은 동의한다는 것을 암시한다.

❖ **inference** n. 추론, 결론(conclusion)

deprive [dipráiv]

v. 빼앗다, 이끌어내다(deduce)

I always deprive knowledge from conversation.

나는 언제나 대화를 통해서 지식을 얻는다.

❖ **deprivation** n. 빼앗기, 박탈

☐ **deduce**
[didʒúːs]

v. 추론하다(infer), 연역하다   opp. induce

I deduced from his remark that he didn't agree with me.

그의 말 속에서 그가 나와 의견이 같지 않음을 추론했다.

❖ **deduction** n. 추론, 연역법

☐ **indicate**
[índikèit]

v. 가리키다, 지적하다(point out), 암시하다

A signpost indicates the right road for us to follow.

이정표는 우리가 가고자 하는 길을 가리켜 준다.

❖ **indication** n. 지시, 징후

☐ **designate**
[dézignèit]

v. 지적하다(indicate), 지명하다(name)

On this map red lines designate main roads.

이 지도에서 붉은 선들은 간선도로를 가리킨다.

❖ **designation** n. 지명, 임명

☐ **score**
[skɔːr]

v. 기록하다   n. 20, 득점, (pl.) 다수

two score of eggs

달걀 40개

☐ **register**
[rédʒəstər]

v. 보이다, 등록하다(record)   n. 등록부

The thermometer registered 2 below zero.

온도계가 영하 2도를 가리켰다.

❖ **registration** n. 등록

□ **enroll**
[enróul]

v. 입회하다, 등록하다(record)

enroll one's name in the book fame
역사에 이름을 남기다

❖ **enrollment** n. 입학, 입회

---

refer [rifə́:r]

v. ~을 언급하다, 조회하다, 참조하다

---

refer to the Bible
성경을 참조하다

❖ **refer oneself to** ~에게 일임하다
❖ **refer to** ~을 언급하다

□ **repeat**
[ripí:t]

v. 되풀이하다, 암송하다   n. 반복, 복사

I repeated the word for emphasis.
나는 그 단어를 강조하려고 반복해서 말했다.

❖ **repeater** n. 암송자, 연발총, 재수생

□ **mention**
[ménʃən]

v. ~에 관해 말하다

Don't mention it.
천만에요.

□ **recite**
[risáit]

v. 암송하다

I like reciting poetry.
나는 시 암송하기를 좋아한다.

□ **dialogue**
[dáiəlɔ̀:g]

n. 대화, 회담

a short dialogue between her and me.
나와 그녀 사이에 오고간 짧은 대화

☐ **converse**
[kənvə́ːrs]

v. 대화하다 n. 담화, 역(逆) a. 뒤바뀐

The converse is true.
그 역도 참이다.

❖ **conversion** n. 전환, 변환
❖ **conversation** n. 대화

☐ **colloquial**
[kəlóukwiəl]

a. 이야기체의, 구어체의 opp. literary 문어적인

He is skilled in colloquial English.
그는 구어 영어에 능통하다.

☐ **slang**
[slæŋ]

n. 비어, 속어

army slang
군대 속어

---

278 **point** [pɔint]

n. 끝, 점(dot) v. 날카롭게 하다(sharpen)

I pointed out his error.
나는 그의 잘못을 지적했다.

☐ **recommend**
[rèkəménd]

v. 추천하다, 충고하다, 권고하다(advise)

I recommended the young man to our firm.
나는 그 젊은이를 우리 회사에 추천했다.

❖ **recommendation** n. 추천

☐ **nominate**
[námənèit]

v. 지명하다(name), 임명하다(appoint)

I wish to nominate him for president.
그를 회장으로 추천하고 싶다.

❖ **nomination** n. 지명, 임명
❖ **nominee** n. 지명된 사람, 후보자

☐ **appoint**
[əpɔ́int]

v. 임명하다, 지정하다, 약속하다

at the appointed date
지정된 날짜에

❖ **appointment** n. 임명, 결정
❖ **appointed** a. 결정된, 약속된

---

279 | **aristocracy** [æ̀rəstákrəsi]

n. 귀족정치(the aristocracy), 귀족 계급

He is considered the aristocracy.
그는 상류급 인사로 통한다.

❖ **aristocrat** n. 귀족(nobleman)

☐ **privilege**
[prívəlidʒ]

n. 특권 v. 특권을 부여하다, 면제하다(exempt)

the privilege of equality
평등의 권리

the privilege of private property
사유재산의 권리

❖ **privileged** a. 특권 있는

---

280 | **responsibility** [rispɑ̀nsəbíləti]

n. 책임, 부담(charge)

I take responsibility for losing the money.
돈을 잃어버린 책임은 내게 있다.

☐ **duty**
[djúːti]

n. 의무, 조세

customs duties 관세

a sense of duty 의무감

on duty 당번으로

❖ **dutiful** a. 의무를 다하는, 공손한

☐ **liability**
[làiəbíliti]

n. 책무, 의무, 빚

liability to pay taxes

납세의무

❖ **liable** a. 책임져야 할

☐ **owe**
[ou]

v. 힘입다, 빚이 있다(be indebted)

He owes his success to good luck.

그의 성공은 행운덕택이다.

☐ **due**
[djuː]

a. ~에게 빚지고 있는, 적당한 n. 부과금

❖ **due to** ~ 때문에(owing to)

☐ **indebted**
[indétid]

a. 빚이 있는, 은혜를 입고 있는(obliged)

I am indebted to you for your help.

도와주셨으니 내가 신세를 진 셈입니다.

❖ **indebtedness** n. 부채, 채무

☐ **spontaneous**
[spɑntéiniəs]

a. 자발적인, 자연발생적인 opp. compulsory

a spontaneous cheer from the crowd

군중들이 내뱉는 자발적인 환호

☐ **voluntary**
[vάləntèri]

a. 자발적인, 임의의

a voluntary army

의용군

arm [ɑːrm]

n. 팔

arm in arm
서로 팔을 끼고

❖ **armful** n. 한아름
❖ **armistice** n. 휴전(truce), 정전

□ **arms**
[ɑːrm]

n. 무기(weapon), 군사

A Farewell to Arms
무기여 잘 있거라

bear arms
무장하다

□ **army**
[ɑːrmi]

n. 육군(해군 navy, 공군 air force), 떼

leave the army
제대하다

an army of ants
개미떼

□ **strategic**
[strətíːdʒik]

a. 전략적인

strategic weapons 전략 무기
a strategic point 요충지

❖ **strategy** n. 병법, 계략

□ **armament**
[ɑːrməmənt]

n. (pl.) 군사력, 병기(weapons)

the reduction of armaments
군비축소

□ **military**
[mílitèri]

a. 군사의, 육군의

military academy 육군사관학교
military draft 징병

□ **might**
[mait]

n. 힘, 권력

Might makes right.
힘이 곧 정의다.

□ **sovereign**
[sávərin]

n. 통치자, 군주　a. 최고의(highest), 자주적인

Sovereign power must lie with the people.
한나라의 주권은 국민에게 있어야 한다.

the sovereign good
지고지선

□ **govern**
[gʌ́vərn]

v. 통치하다(rule), 억제하다, 결정하다

government offices
관공서

a government school
국립학교

❖ **governor** n. 지배자, 장관
❖ **government** n. 정치, 정부

□ **reign**
[rein]

v. 지배하다, 군림하다　n. 주권, 통치

The king reigns, but does not rule.
왕은 군림할 뿐 통치하지 않는다. (영국)

□ **lord**
[lɔ:rd]

n. 통치자(ruler), (남에게) 군림하다

Man is the lord of creation.
인간은 만물의 영장이다.

□ **warden**
[wɔ́:rdn]

n. 관리인, 감시자

the warden of an old people's home
양로원의 관리인

□ **oversee**
[òuvərsí:]

v. 감독하다, 단속하다(overlook)

to oversee the work
작업을 감독하다

cell [sel]

n. 작은 방, 세포

cells of the brain
뇌세포

☐ **organ**
[ɔ́ːrgən]

n. 오르간, 생물의 기관(器官)

a mouth organ
하모니카

a sense organ
감각기관

☐ **biological**
[bàiəládʒikəl]

a. 생물학(상)의

biological warfare
세균전

❖ **biology** n. 생물학
❖ **biologist** n. 생물학자

☐ **joint**
[dʒɔint]

n. 이음매, 관절 a. 공동(합동)의

a joint committee
합동 위원회

❖ **jointly** ad. 합동으로

☐ **palm**
[pɑːm]

n. 손바닥

read one's palm
손금을 보다

☐ **wrist**
[rist]

n. 손목, 관절

a wristwatch 손목시계

☐ **elbow**
[élbou]

n. 팔꿈치, 굽은 관

at a person's elbow
가까이에

□ **sole**
[soul]

n. 발바닥, 구두창　a. 단 하나의(single)

the sole right of use
독점 사용권

the sole survivor
유일한 생존자

❖ **solely** ad. 단독으로(alone), 단지(only)

□ **eyebrow**
[áibràu]

n. 눈썹

raise one's eyebrows
눈썹을 치켜 올리다

□ **toe**
[tou]

n. 발가락　opp. finger

from top to toe 철두철미

□ **thumb**
[θʌm]

n. 엄지손가락

all thumbs 솜씨 없는

□ **bosom**
[búzəm]

n. 가슴(breast), 유방; 정(情)　v. 가슴에 품다(embrace)

the wife of your bosom
네 품의 아내 (성경)

□ **breast**
[brest]

n. 유방, 가슴(chest), 마음

a baby still at its mother's breast
젖먹이

□ **chest**
[tʃest]

n. 가슴(breast), 흉곽, 포장 상자

a chest of jewels
보석 상자

□ **throat**
[θrout]

n. 목구멍, 목

clear one's throat
헛기침을 하다

□ sneeze
[sniːz]

v. 재채기하다, (口語) 코웃음치다　n. 재채기

He is not to be sneezed at.

그는 깔볼 만한 사람이 아니다.

□ muscle
[mʌ́səl]

n. 근육, 완력, 강제

His muscles were tight.

그의 근육은 단단했다.

□ bone
[boun]

n. 뼈, (pl.) 골격(skeleton)　opp. flesh 살

My old bones ache.

늙은 삭신이 쑤신다.

□ skeleton
[skélətn]

n. 뼈대, 해골

He has been reduced to a skeleton.

그는 하도 말라서 뼈만 앙상했다.

□ blood
[blʌd]

n. 피, 혈기, 가문

blood type

혈액형

Blood is thicker than water.

피는 물보다 진하다.

❖ **bloody** a. 피로 얼룩진

□ flesh
[fleʃ]

n. 살, 육체

Tigers are flesh-eating animals.

호랑이는 육식동물이다.

His life was devoted to the pleasures of the flesh.

그는 육체의 쾌락을 좇아 일생을 바쳤다.

□ **nerve**
[nə:rv]

n. 신경, 체력(strength), (pl.) 신경과민

He is quite nervous about the results.
그는 그 일의 결과에 신경이 곤두서 있다.

❖ **nerveless** a. 무기력한
❖ **nervous** a. 신경의, 초조한(irritable)

□ **pulse**
[pʌls]

n. 맥박, (세상의) 동향, 감정

The doctor began to measure my pulse rate
per minute.
의사는 나의 맥박 수를 측정하기 시작했다.

□ **lung**
[lʌŋ]

n. 폐, 허파

lung cancer
폐암

□ **beard**
[biərd]

n. 턱수염

Not all men have beards.
남자라고 아무나 턱수염이 나는 것은 아니다.

❖ **beardless** a. 풋내기의
❖ **mustache** n. 코밑 수염

□ **wrinkle**
[ríŋkəl]

n. 주름, 구김살(fold)

iron out wrinkles
다림질을 하여 주름을 펴다

□ **curl**
[kə:rl]

n. 고수머리 v. 곱슬해지다, 뒤틀다(coil up)

Smoke curled out of the chimney.
연기가 굴뚝에서 몸을 뒤틀며 올라갔다.

---

283 | **faint** [feint]

a. 희미한(dim), 약한(weak) v. 기절하다

I saw a faint light.
희미한 불빛을 보았다.

□ **slender**
[sléndər]

a. 호리호리한(slim), 가냘픈, 빈약한

a slender girl
호리호리한 아가씨

a slender earnings
얼마 되지 않는 수입

□ **slim**
[slim]

a. 빈약한, 가냘픈(slender)

You've slimmed down such a lot!
너 아주 날씬해졌구나!

□ **scratch**
[skrætʃ]

v. 문지르다, 할퀴다 n. 할퀴기, 긁힌 상처

Be careful of the cat; it'll scratch you!
그 고양이를 조심해라, 너를 할퀼지도 몰라!

□ **sweat**
[swet]

v. 땀흘리다, 땀흘리며 일하다
n. 땀(perspiration), 수증기, 힘든 일

He was sweated at his job.
그는 열심히 일했다.

284 | **gasp** [gæsp]

v. 숨을 헐떡이다 n. 숨막힘

to the last gasp 숨을 거둘 때까지

☐ **choke**
[tʃouk]

v. 질식하다(시키다) (suffocate)
He was choked with smoke.
연기 때문에 그는 숨이 막혔다.

☐ **suffocate**
[sʌ́fəkèit]

v. 질식하다(시키다) (stifle)
The heat suffocates me.
더워서 숨이 막힌다.

☐ **smother**
[smʌ́ðər]

v. 질식시키다, 숨막히다 n. 짙은 안개
He was smothered to death.
그는 질식해서 죽었다.

☐ **stifle**
[stáifəl]

v. 질식시키다(smother), 억누르다(suppress)
a stifling hot day
숨이 막힐 정도로 찌는 더위

❖ **stifling** a. 갑갑한

285 | **blink** [bliŋk]

v. 깜박거리다(wink), 힐끗 보다, 못 본 체하다

She blinked at my mistake.
그녀는 내 잘못을 보고도 못 본 체했다.

☐ **shudder**
[ʃʌ́dər]

v. 전율하다, 몸서리치다 n. 진저리
I shuddered at the sight of the dead body.
나는 시체를 보자 전율이 일었다.

□ **throb**
[θrɑb]

v. (심장이) 고동치다, 떨리다 n. 맥박

My heart was throbbing with excitement.
내 가슴은 흥분으로 두근거리고 있었다.

□ **vibrate**
[váibreit]

v. 진동하다(시키다), 떨리다

❖ **vibration** n. 떨림, 진동

□ **quiver**
[kwívər]

v. 진동하다(shake), 떨리다(tremble) n. 전율

I quivered with fear.
나는 무서워서 떨었다.

□ **shiver**
[ʃívər]

v. 떨다(tremble) n. 전율

I am shivering all over.
전신이 와들와들 떨린다.

---

286 **symptom** [símptəm]

n. 징후(sign), 증상

a symptomatic treatment
증상에 따른 치료법

❖ **symptomatic** a. 증상을 나타내는

□ **fever**
[fí:vər]

n. 열, 열병, 흥분(상태), 열광(craze)

He has a high fever.
그는 열병을 앓고 있다.

❖ **feverish** a. 열이 있는, 흥분한

□ **cancer**
[kǽnsər]

n. 암

lung cancer 폐암
cancer of the stomach 위암

☐ **plague**
[pleig]

n. 악성 돌림병, 페스트, 불행
v. 돌림병에 걸리게 되다, 괴롭히다

A plague on it!
염병할, 제기랄!

☐ **cripple**
[krípl]

n. 불구자 v. 손상하다

war cripples
상이군인

a mental cripple
정신적 불구자

☐ **limp**
[limp]

v. 절뚝거리다 n. 발을 절기

walk with a limp
절뚝거리며 걷다

☐ **bruise**
[bruːz]

n. 타박상 v. 상처를 입히다(injure)

She fell and bruised her knee.
그녀는 넘어져서 무릎이 깨졌다.

☐ **numb**
[nʌm]

a. 마비된, 저린 v. 마비시키다

My fingers are numb with cold.
추워서 손가락이 마비되었다.

☐ **paralyze, -se**
[pǽrəlàiz]

v. 마비시키다, 무력하게 하다 n. 중풍환자

Her legs were paralyzed.
그녀의 다리는 마비되었다.

❖ **paralysis** n. 중풍, 마비
❖ **paralytic** a. 무능력한, 마비성의

☐ **sting**
[stiŋ]

v. 쏘다, 괴롭히다 n. 침, 가시, 고뇌, 괴로움

His conscience stung him.
양심이 그를 괴롭혔다.

319

□ **bleed**
[bli:d]

v. 피를 흘리다

He bled for democracy.
그는 민주주의를 위해 피를 흘렸다.

---

funeral [fjúːnərəl]

n. 장례식 a. 장례식의

---

a funeral procession
장례행렬

a funeral service
장례식

□ **coffin**
[kɔ́:fin]

n. 관(棺) v. 관에 넣다

in one's coffin
죽어서

□ **cemetery**
[sémətèri]

n. 매장지, (공동)묘지(graveyard)

sleep in the cemetery
묘지에 잠들다

□ **tomb**
[tu:m]

n. 무덤(grave) v. 매장하다(entomb)

the tomb
죽음(death)

❖ **tombstone** n. 묘비, 묘석

□ **grave**
[greiv]

n. 무덤(tomb), 분묘 a. 중대한(serious)

on this side the grave
이승에서

❖ **gravestone** n. 묘비

320

288 **surgeon** [sə́:rdʒən]

n. 외과 의사 opp. physician 내과의사

❖ **surgery** n. 외과 opp. medicine 내과

☐ **recur**
[rikə́:r]

v. 재발하다, 되풀이하다

If the pain recurs, take this medicine.
만약 통증이 재발하면 이 약을 드십시오.

❖ **recurrence** n. 재발

☐ **incurable**
[inkjúərəbəl]

a. 불치의

an incurable disease
불치병

☐ **nutrition**
[njuːtríʃən]

n. 영양, 음식물(food)

insufficient nutrition 영양부족

❖ **malnutrition** n. 영양실조

☐ **thermometer**
[θərmámitər]

n. 온도계

a clinical thermometer 체온계

☐ **hospitalize**
[háspitəlàiz]

v. 입원시키다

He was hospitalized for a month.
그는 한 달 동안 입원해 있었다.

☐ **sanitary**
[sǽnətèri]

a. 위생상의(hygienic), 청결한(clean)

It's not very sanitary to let flies come near food.
파리가 음식물로 날아들도록 내버려두는 것은 위생상 좋지 못하다.

❖ **sanitarium** n. 요양소

321

□ **hygiene**
[háidʒi:n]

n. 위생학(hygienics), 청결

He studies mental hygiene.
그는 정신위생학을 연구한다.

❖ **hygienic** a. 위생학의, 건강에 좋은

□ **clinic**
[klínik]

n. 진료소, 상담소

The clinic is near the station.
그 진료소는 역 근처에 있다.

a speech clinic 언어 교정소

□ **medical**
[médikəl]

a. 의학의, 의술의 n. 신체검사

a medical examination 건강 진단

❖ **medicine** n. 의약품, 약물, 내과

□ **pill**
[pil]

n. 환약, 알약

cf. powder medicine 가루약
     liquid medicine 물약

□ **tablet**
[tǽblit]

n. 알약, 정제, 패

a memorial tablet 기념패

289　**glimpse** [glimps]

v. 힐끗 보다(glance) n. 힐끗 봄, 일별

catch a glimpse of~
~를 힐끗 보다

□ **glance**
[glæns]

n. 힐끗 보기, 번득임 v. 힐끗 보다, 얼핏 보다

I glanced round the room before I left.
나는 길을 떠나기 앞서 방안을 둘러보았다.

☐ **gaze**
[geiz]

v. 응시하다 n. 주목, 응시

He gazed after the ship regretfully.
그는 섭섭한 듯 떠나는 배에 눈길을 던졌다.

☐ **peer**
[piər]

v. 응시하다, 자세히 들여다보다 n. 동료

She peered down a well.
그녀는 우물 속을 들여다보았다.

❖ **peerage** n. 귀족계급

☐ **stare**
[stɛər]

v. 뚫어지게 쳐다보다(gaze) n. 응시

He sat staring into space, thinking.
그는 생각에 잠겨 허공을 응시하며 앉아있었다.

☐ **sight**
[sait]

n. 〈동음어 site, cite〉 시력, 명소, 광경

Out of sight, out of mind.
눈에서 멀어지면 마음마저 멀어진다. (속담)

❖ **sightseeing** n. 관광, 유람

☐ **behold**
[bihóuld]

v. 바라보다(look at, see)

❖ **beholder** n. 구경꾼(spectator)

---

290 | **audience** [ɔ́:diəns]

n. 청중, 관객, 시청자, (공식적)접견

the audible limit 가청한계

❖ **give audience to** ~을 접견하다
❖ **audible** a. 들을 수 있는
cf. **spectator** 보는 관객

☐ **deaf**
[def]

a. 귀가 먼, 귀머거리의

deaf-aid 보청기

mute
[mju:t]

a. 말없는(silent), 벙어리의(dumb) n. 벙어리
- ❖ **mutely** ad. 무언으로

dumb
[dʌm]

a. 벙어리의, 과묵한(mute)

The terrible news struck us all dumb.
무서운 소식에 우리들은 모두 말문이 막혔다.

---

291 | **click** [klik]

v. 짤까닥 소리나다

The door clicked shut.
문이 찰칵 소리를 내며 닫혔다.

slam
[slæm]

v. 쾅 닫다

Please, don't slam the door.
문을 쾅 닫지 말아요.

slap
[slæp]

v. 찰싹 때리다

She slapped him on the cheek.
그녀는 그의 따귀를 때렸다.

snap
[snæp]

v. 덥석 물다   n. 걸쇠, 스냅사진
a. 뜻밖의

whistle
[hwísəl]

v. 휘파람을 불다

He whistled to me from the other side of
the street.
그는 길 건너편에서 내게 휘파람을 불었다.

292 **eatable** [íːtəbəl]

a. 먹을 수 있는, 식용의 n. (pl.) 식료품

eatables and drinkables
먹을 것과 마실 것

☐ **scent**
[sent]

n. 냄새, 향수, 단서
the scent of roses
장미 향기

☐ **perfume**
[pə́ːrfjuːm]

n. 향기, 향수(scent) v. 향기롭게 하다
a delicious perfume
상쾌한 향기

❖ **perfumery** n. 향수류, 향수 제조소

☐ **odo(u)r**
[óudər]

n. 냄새(smell, scent), 향기
the odor of fresh grass
신선한 풀 냄새

☐ **fragrance**
[fréigrəns]

n. 냄새, 향기
This soap is made in several fragrances.
이 비누는 몇 가지 향을 넣어 만들었다.

❖ **fragrant** a. 향기로운, 즐거운

☐ **spice**
[spais]

n. 양념(condiment), 향미(향신)료, 정취
I don't like spicy food.
향료가 들어간 음식은 좋아하지 않는다.

❖ **spicy** a. 향료를 넣은, 향기로운

☐ **smell**
[smel]

v. 냄새를 맡다 n. 후각, 향기
He smelled out a mystery.
그는 비밀을 알아냈다.

☐ **flavo(u)r**
[fléivər]

n. (특유의) 맛, 향기 v. 맛을 내다

It is a book with the flavor of the sea.
이 책에는 바다의 향기가 묻어 있다.

❖ **flavo(u)ring** n. 조미료

☐ **savor**
[séivər]

n. 맛, 향미(flavor) v. 맛이 나다, 음미하다

She drank the wine, savoring every drop.
그녀는 포도주를 한 모금씩 음미하면서 마셨다.

---

293 **flock** [flɑk]

n. 떼, 양 v. 떼를 짓다

Birds of a feather flock together.
깃이 같은 새는 한 데 모인다. (속담)

☐ **beast**
[biːst]

n. 짐승(animal), 동물, 거친 사람

wild beast 야수
a beast of burden
짐을 나르는 짐승(소, 말)

❖ **beastly** a. 짐승 같은, 추잡한

☐ **bull**
[bul]

n. 황소

❖ **cow** n. 암소, 젖소
❖ **ox** n. 황소 (pl.) oxen

☐ **calf**
[kæf]

n. 송아지

calf love 풋사랑

☐ **lamb**
[læm]

n. 새끼양, 새끼양의 고기, 순진한 사람

behave like a lamb
얌전히 행동하다

☐ **salmon**
[sǽmən]

n. 〈단, 복수 동형〉 연어

canned salmon 연어 통조림

☐ **goat**
[gout]

n. 염소, 바보

act the goat
바보짓을 하다

☐ **paw**
[pɔː]

n. (짐승의) 발 v. 발로 긁다

The puppy pawed at the door.
강아지가 발로 문을 긁어댔다.

---

294 **pigeon** [pídʒən]

n. 비둘기

a carrier pigeon 전서구(傳書鳩)

☐ **goose**
[guːs]

n. <pl. geese> 거위, 얼간이

All his geese are swans.
자기 것이면 거위도 백조 (속담)

☐ **cage**
[keidʒ]

n. 새장, 감옥 v. 우리에 넣다

a caged bird 새장 속의 새

☐ **buzz**
[bʌz]

v. 윙윙거리다 n. 웅성거림

The crowd buzzed with excitement.
군중들이 흥분하여 웅성거리고 있었다.

☐ **flutter**
[flʌ́tər]

v. 퍼덕이다, 펄럭이다

The dead leaves were fluttering.
낙엽이 휘날리고 있었다.

☐ **feather**
[féðər]

n. 깃털, 조류

Fine feathers make fine birds.
옷이 날개다. (속담)

☐ **worm**
[wəːrm]

n. 벌레 v. 기어 들어가다

Even a worm will turn.
지렁이도 밟으면 꿈틀거린다. (속담)

☐ **insect**
[ínsekt]

n. 곤충, 벌레, 벌레 같은 인간

❖ **insecticide** n. 살충제

☐ **germ**
[dʒəːrm]

n. 병원균, 세균

a germ carrier
보균자

---

295 **tame** [teim]

a. 길들인(domesticated), 온순한(gentle)

---

a tame animal
길들여진 동물

☐ **meek**
[miːk]

a. 온순한(mild), 굴종적인

a meek eyed cow
순한 눈을 가진 황소

☐ **domestic**
[douméstik]

a. 가정의, 국내의

domestic relations court
가정법원

domestic science
가정학

❖ **domesticate** v. 길들이다(tame)

□ **indoor**
[índɔ́ːr]

a. 실내의, 집안의 opp. outdoor 옥외의

indoor **sports**
실내 스포츠

stay indoors
집안에 틀어박히다

❖ **indoors** ad. 집안에서(within doors)

□ **inland**
[ínlənd]

a. 내륙의, 국내의(domestic)

inland **trade**
국내 거래

□ **internal**
[intə́ːrnl]

a. 내부의 opp. external 외부의

internal **damage**
내부 손상

---

296 | **nourish** [nə́ːriʃ]

v. (영양분을) 주다, 기르다(feed)

Good books nourish **people's mind.**
좋은 책은 사람의 마음을 살찌운다.

❖ **nourishing** a. 자양분이 많은

□ **cultivate**
[kʌ́ltəvèit]

v. 경작하다, 기르다

cultivate **the soil**
땅을 갈다

cultivate **a love of art**
미술에 대한 사랑을 키우다

❖ **cultivation** n. 경작, 육성
❖ **cultivated** a. 경작된, 세련된

culture
[kʌltʃər]

n. 경작, 문화, 교양

cultural **studies** 교양과목

cultural **goods** 문화재

❖ **cultural** a. 재배의, 교양의

educate
[édʒukèit]

v. 교육하다, 길들이다, 기르다(cultivate)

He was educated at a very good school.
그는 아주 훌륭한 학교에서 교육받았다.

❖ **educated** a. 교양 있는
❖ **co-education** n. 남녀공학

nurse
[nəːrs]

n. 간호사, 유모 v. 기르다, 간호하다

She nursed him back to health.
그녀는 그를 간호해서 건강을 되찾게 했다.

a nursery **tale** 동화

a nursery **song** 자장가

❖ **nursery** n. 어린이방, 육아실

breed
[briːd]

v. 기르다(raise), 낳다, 새끼를 낳다

Ignorance breeds prejudice.
무지는 편견을 낳는다.

glide
[glaid]

v. 미끄러지다, 흘러가다, 활공하다 n. 활주

The years glided by.
어느덧 세월이 흘러갔다.

soar
[sɔːr]

v. 하늘 높이 날다(glide), (물가가) 급등하다

soaring **hopes**
부푸는 희망

soaring **prices**
치솟는 물가

297 **meadow** [médou]

n. 목초지, 초원

They raised many cows and sheep in the meadow.

그들은 목초지에서 많은 소와 양을 길렀다.

□ **plant**
[plænt]

n. 식물, 초목, 장치(apparatus), 공장(mill)
v. (초목을) 심다, (씨를) 뿌리다(sow), 놓다

a printing plant
인쇄공장

❖ **planter** n. 재배자
❖ **plantation** n. 큰 농장

□ **seed**
[si:d]

v. 씨를 뿌리다 n. 씨, 종자

She planted the seeds of mistrust among them.

그녀는 그들 사이에 불신의 씨앗을 심었다.

❖ **seedbed** n. 모판, 못자리

□ **moss**
[mɔ(:)s]

n. 이끼

A rolling stone gathers no moss.

구르는 돌에는 이끼가 끼지 않는다.

❖ **mossy** a. 이끼가 낀

□ **lawn**
[lɔ:n]

n. 잔디(밭)

a lawn mower
잔디 깎는 기계

stem [stem]

n. 줄기 v. 유래하다, 막다

His failure stemmed from his indolence.
그는 게을러서 실패했다.

❖ **stem from** ~에서 유래하다

☐ **branch**
[bræntʃ]

n. 가지, 지점(支店), 학과 v. 갈라지다

a branch of a tree 나뭇가지

❖ **bough** n. 큰 가지
❖ **twig** n. 잔가지
❖ **vine** n. 덩굴, 포도나무

☐ **blossom**
[blásəm]

v. 꽃피다(bloom), 번영하다 n. 꽃, 개화, 청춘, 전성기

a blossoming friendship
무르익은 우정

☐ **bud**
[bʌd]

n. 싹, 꽃봉오리 v. 싹트다

The plant will come into bud in spring.
그 식물은 봄에 싹이 틀 것이다.

☐ **sprout**
[spraut]

v. 싹트다 n. 새싹(shoot), 새눈

leaves beginning to sprout
움트기 시작하는 나뭇잎

☐ **vein**
[vein]

n. 잎맥, 정맥, 혈관(blood vessel), 기질
opp. artery 동맥

a romantic vein 낭만적 기질

☐ **leaf**
[liːf]

n. 잎, 잎사귀, 낱장

turn over a new leaf
마음을 고쳐먹다

❖ **leaflet** n. 작은 잎, 삐라

□ **weed**
[wi:d]

n. 잡초

The garden is full of weeds.
정원엔 잡초만 무성하다.

---

299 | **flourish** [flə́ːriʃ]

v. (초목이) 우거지다, (칼, 팔 등) 휘두르다

Very few plants will flourish without sunlight.
극소수의 식물들은 햇빛이 없어도 잘 자란다.

❖ **flourishing** a. 나무가 무성한, 활기찬

□ **foliage**
[fóuliidʒ]

n. 나뭇잎(leaves)

Most trees lose their foliage in winter.
대부분의 나무는 겨울에 잎이 떨어진다.

□ **mature**
[mətʃúər]

a. 성숙한(ripe) v. 성숙하다

Experiences matured him.
그는 많은 경험으로 원숙한 사람이 되었다.

❖ **maturity** n. 원숙, 성숙

□ **ripe**
[raip]

a. 잘 익은, 성숙한(developed)

a field of ripe corn
곡식이 무르익은 들판

ripe wisdom
원숙한 지혜

a girl ripe for marriage
결혼적령기의 아가씨

fellowship [félouʃìp]

n. 협력, 협회, 함께 하기(sharing)

fellowship in pain
고통을 나눠 갖기

☐ **conspire**
[kənspáiər]

v. 공모하다, 협력하다

The gangsters conspired to rob a bank.
갱들은 은행을 털기로 음모를 꾸몄다.

❖ **conspiracy** n. 공모, 음모

☐ **collaborate**
[kəlǽbərèit]

v. 합작하다, 협력하다(work together)

They collaborated on the novel.
그들은 공동으로 소설을 썼다.

❖ **collaborator** n. 공저자

☐ **compatible**
[kəmpǽtəbəl]

a. 협력할 수 있는, 공존할 수 있는

Do you think that religion is compatible with science?
종교와 과학이 공존할 수 있다고 생각합니까?

❖ **compatibility** n. 양립성

☐ **cooperate**
[kouápərèit]

v. 협력하다, 서로 돕다

❖ **cooperation** n. 협력
❖ **cooperative** a. 협조적인

23rd Day

301 community [kəmjúːnəti]

n. 공동체, 일반 대중

a college community
대학 사회

❖ **communism** n. 공산주의
❖ **communist** n. 공산주의자

☐ **corporate**
[kɔ́ːrpərit]

a. 공동체의, 집단의, 법인조직의

corporate responsibility
공동 책임

❖ **corporation** n. 회사, 법인

☐ **mutual**
[mjúːtʃuəl]

a. 서로의, 공동의

a mutual defense pact
상호방위 조약

☐ **society**
[səsáiəti]

n. 사회(community), 사교계, 교제, 협회

I am embarrassed in society.
사람들 앞에 서면 부끄러움을 탄다.

a medical society
의사협회 (협회의 뜻일 때는 관사를 붙임)

☐ **folk**
[fouk]

n. 사람들, 가족 a. 인간의

folk art
대중 예술

❖ **folklore** n. 민속학

lad [læd]

n. 젊은이(youth), 소년(boy)

He's just a lad.
그는 어린 소년일 뿐이다.

□ maid
[meid]

n. 소녀, 처녀(virgin), 여자 하인

a maiden work 처녀작

old maid 노처녀

❖ **maiden** n. 소녀, 처녀 a. 처녀의

□ youth
[ju:θ]

n. 젊음(youthfulness), 초기(early period)

in the youth of civilization
문명의 초기에

□ juvenile
[dʒúːvənəl]

a. 소년의, 젊은

a juvenile court
소년법원

juvenile literature
아동문학

□ orphan
[ɔ́ːrfən]

n. 고아 v. 고아로 만들다

The boy was orphaned by war.
그 소년은 전쟁으로 고아가 되었다.

□ pal
[pæl]

n. 친구(friend), 동무

a pen pal 편지 친구

□ beloved
[bilʌ́vid]

n. 애인(darling) a. 가장 사랑하는

beloved by all one's friends
모든 친구들에게서 사랑 받는

□ **senior**
[síːnjər]

n. 손윗사람(older man), 선배, 4학년생
a. 손위의(older)

a senior judge
수석 판사

He is senior to me.
그는 나보다 선배다.

□ **predecessor**
[prédisèsər]

n. 전임자, 선배

Our new teacher is much younger than his predecessor.
새로 오신 선생님은 전임자보다 훨씬 젊다.

□ **bride**
[braid]

n. 신부, 새색시

The bride wore a beautiful white dress.
신부는 아름다운 하얀 드레스를 입고 있었다.

❖ **bridal** a. 신부의
❖ **bridegroom** n. 신랑

□ **bachelor**
[bǽtʃələr]

n. 독신자, 미혼남자, 학사(석사는 master 박사는 doctor) cf. spinster 미혼여자

a bachelor of science
이학사

❖ **bachelorhood** n. 미혼, 독신

303 **diploma** [diplóumə]

n. 졸업장, 감사장, 특허장

He has a diploma in engineering.
그는 공과 대학 졸업증이 있다.

☐ **graduate**
[grǽdʒuèit]

v. 졸업시키다 n. 졸업생

He graduated from Oxford.
그는 옥스퍼드 대학을 졸업했다.

a graduate school
대학원

❖ **graduation** n. 졸업, 학사학위 취득

☐ **identify**
[aidéntəfài]

v. 확인하다, 동일시하다

He identified himself with one of the characters.
그는 작중인물 가운데 한 사람과 자기 자신을 동일시했다.

identification card
신분증명서

❖ **identical** a. 동일한, 같은
❖ **identification** n. 동일함, 신분증명
❖ **identity** n. 동일성(oneness), 정체, 신원

☐ **feature**
[fí:tʃər]

n. 얼굴 생김새, 특징(characteristic)

Her eyes are her best feature.
그녀는 눈이 가장 아름답다.

304 | **heed** [hi:d]

v. 주의하다 n. 유의, 주의(care)

You didn't heed my warning.
너는 내 경고에 주의를 기울이지 않았다.

❖ **heedful** a. 주의 깊은, 조심성 많은

☐ **attention**
[əténʃən]

n. 주의, 배려(heed, notice)

Attention! 차려!

❖ **attentive** a. 주의 깊은, 정중한(polite)

338

□ **notice**
[nóutis]

v. 주목하다, 알아차리다   n. 경고, 통보, 주목

She was wearing a new dress, but he didn't even notice.

그녀는 새 옷을 입었지만 그는 보지도 않았다.

❖ **noticeable** a. 남의 눈을 끄는, 현저한

□ **indecision**
[ìndisíʒən]

n. 망설임(hesitation), 우유부단(irresolution)

His indecision caused him to lose his love.

그는 우유부단함 때문에 사랑을 잃었다.

❖ **indecisive** a. 우유부단한, 결정적이 아닌

□ **stubborn**
[stʌ́bərn]

a. 불굴의(stiff), 완강한, 고집센(obstinate)
opp. docile 유순한

Facts are stubborn things.

진실은 굽힐 수 없다.

□ **rigid**
[rídʒid]

a. 굳은, 단단한(stiff)

She was rigid with fear.

그녀는 두려움으로 굳어 있었다.

□ **naughty**
[nɔ́:ti]

a. 개구쟁이의, 행실이 나쁜(mischievous)

a naughty boy

장난꾸러기 소년

It is naughty of you to do such a thing.

그런 짓을 하다니 행실이 좋지 못한 애로구나.

authorize [ɔ́ːθəràiz]

v. 권한을 주다, 위임하다(commission)

❖ **authorized** a. 공인된
❖ **authority** n. 권위, 대가, 당국

the authority of a court
법정의 권위

the Army investigation authorities
군수사 당국

He authorized me to act for him while he was away.
그는 자기가 없는 동안 그를 대행할 권한을 내게 주었다.

☐ **official**
[əfíʃəl]

a. 직무상의, 공적인 n. 관리, 임직원, 공무원

The news is not official.
이 소식이 공식적인 것은 아니다.

an official letter
공문서

❖ **officially** ad. 공식적으로, 직무상으로

☐ **chairman**
[tʃɛ́ərmən]

n. 의장

❖ **chairmanship** n. 회장의 직

☐ **kingdom**
[kíŋdəm]

n. 왕국, …계(界)

mineral kingdom
광물계

☐ **throne**
[θroun]

n. 왕좌, 왕권 v. 왕위에 오르다

She was only fifteen when she came to the throne.
그녀는 왕위에 올랐을 때 겨우 15살이었다.

☐ **tyrannize**
[tírənàiz]

v. 포악한 정치를 하다, 압제하다(oppress)
- ❖ **tyranny** n. 전제 정치, 폭정, 학정
- ❖ **tyrant** n. 전제군주, 폭군

☐ **despot**
[déspət]

n. 전제군주, 폭군(tyrant), 압제자
- ❖ **despotism** n. 전제주의

☐ **emperor**
[émpərər]

n. 제왕, 황제
- ❖ **empire** n. 제국

the Roman Empire
로마 제국

- ❖ **empress** n. 여제(女帝), 황후(皇后)
- ❖ **imperial** a. 제국의, 황실의, (상품)고급의

☐ **monarch**
[mánərk]

n. 군주, 왕

The lion is the monarch of all beasts.
사자는 맹수의 왕이다.

- ❖ **monarchy** n. 군주정치

☐ **republic**
[ripʌ́blik]

n. 공화국

a constitutional republic
입헌 공화국

a socialist republic
사회주의 공화국

☐ **federal**
[fédərəl]

a. 연방의

the Federal Government
연방정부, 중앙정부

☐ **ambassador**
[æmbǽsədər]

n. 대사(大使)

be appointed ambassador to France
프랑스 대사로 임명되다

- ❖ **embassy** n. 대사관

□ **senate**
[sénət]

n. 원로원

the Senate
상원

❖ **senator** n. 상원 의원

---

306 | **vote** [vout]

n. 투표(ballot), 표, 투표권

---

spoiled vote
무효투표

secret vote
무기명투표

❖ **voter** n. 유권자

□ **poll**
[poul]

n. 투표, 투표수 v. 투표하다(vote)

He was elected at the head of the poll.
그는 최고 득표로 당선되었다.

□ **ballot**
[bǽlət]

n. 투표

cast a ballot
투표하다

ballot box paper
투표용지

□ **candidate**
[kǽndədèit]

n. 후보자

a candidate for president
대통령 후보

307 **slavery** [sléivəri]

n. 노예제도, 노예 신분

The prisoner were sold into slavery.
죄수들은 노예로 팔려갔다.

☐ **bondage**
[bándidʒ]

n. 노예의 처지(slavery), 속박, 굴레
Of Human Bondage
인간의 굴레

☐ **bond**
[band]

n. 속박, 긴밀한 관계, 증서 v. 저당 잡히다
a strong bond of affection
강한 사랑의 결속
❖ **bondman** n. 노예

☐ **tie**
[tai]

v. 매다, 속박하다, 묶이다 n. 연줄, 매듭
family ties 가족 관계

308 **code** [koud]

n. 신호(체계), 기호, 암호

a message written in code
암호로 씌어진 통신

☐ **beckon**
[békən]

v. (손짓으로) 신호하다, 유인하다
She beckoned me to follow her.
그녀는 내게 손짓으로 따라오라고 했다.

☐ **patrol**
[pətróul]

n. 순찰, 정찰
We're on patrol.
우리는 순찰중이다.

□ **witness**
[wítnis]

v. 목격하다, 입증하다   n. 증거, 증언, 목격자

Did anybody witness the accident?
그 사고를 목격한 사람이 있습니까?

□ **testimony**
[téstəmóuni]

n. 증언, 고백, 선언

His smile is testimony of his joy.
그가 웃는 것은 기뻐하고 있다는 증거이다.

□ **client**
[kláiənt]

n. (소송) 의뢰인, 단골손님(customer)

a client state 무역 상대국

□ **patron**
[péitrən]

n. 고객, 단골손님; 옹호자, 후원자

the patron of the arts
예술의 후원자

---

309 **rob** [rab]

v. 강탈하다(steal)

He robbed me of my money.
그는 내 돈을 빼앗았다.

❖ **rob ~ of** … ~에게서 …을 빼앗다
❖ **robber** 도둑, 강도
❖ **robbery** n. 약탈, 강탈

□ **burglar**
[bə́:rglər]

n. 도둑(thief), 강도

a burglar alarm
도난 경보기

□ **pirate**
[páiərət]

n. 해적   v. 해적질하다

a pirated edition 해적판

❖ **piracy** n. 해적 행위, 표절

□ **rebel**
[rébəl]

n. 반역자 v. 모반하다(revolt), 반역하다
They rebelled against the Government.
그들은 대정부 반란을 일으켰다.

❖ **rebellion** n. 반란, 모반(revolt)

□ **fine**
[fain]

n. 벌금, 과태료 v. 벌금을 과하다
a parking fine 주차 위반 벌금

□ **jail**
[dʒeil]

n. 교도소, 형무소
break jail 탈옥하다

□ **imprison**
[impríz∂n]

v. 투옥하다, 가두다(jail), 감금하다
❖ **imprisonment** n. 투옥, 구금

□ **whip**
[hwip]

n. 채찍, 매 v. 매질하다
He wants the whip.
그는 채찍질이 필요하다.

---

310 | **troop** [tru:p]

n. 무리, 떼, (pl.) 군대(army) v. 모이(으)다

regular troops 상비군

□ **banner**
[bǽnər]

n. 기(flag), 가치, 현수막
fight under the banner of freedom
자유의 기치 아래 투쟁하다

□ **morale**
[mouráel]

n. 사기(士氣), 의욕
the morale of an army
군의 사기

nuclear [njú:kliər]

a. 핵의

a nuclear family
핵가족

nuclear submarine
원자력 잠수함

❖ **nucleus** n. 핵, 원자핵

☐ **atom**
[ǽtəm]

n. 원자

an atomic power plant
원자력 발전소

❖ **atomic** a. 원자의

☐ **gun**
[gʌn]

n. 총포, 총

❖ **shotgun** n. 엽총

☐ **shoot**
[ʃu:t]

v. 총을 쏘다, 싹이 트다   n. 사격, 싹

Buds shoot forth.
싹이 나오다.

❖ **shooter** n. 사수

☐ **fire**
[faiər]

v. 사격하다   n. 불, 화재

The guns were firing all night.
밤새도록 발포되고 있었다.

☐ **bullet**
[búlit]

n. 총알; 낚싯봉

A bulletproof garment stops bullets from
passing through it.
방탄복은 총알이 관통하는 것을 막는다.

☐ **artillery**
[ɑ:rtíləri]

n. 대포(guns), 포병대

❖ **artilleryman** n. 포병

□ **cannon**
[kǽnən]

n. 대포, 기관포

In this castle there are cannons from the 15th century.
이 성에는 15세기에 만들어진 대포가 있다.

□ **bomb**
[bɑm]

n. 폭탄, 돌발사건 v. 폭격하다

a time bomb
시한폭탄

❖ **bomber** n. 폭격기
❖ **bombing** n. 폭격

□ **bombard**
[bɑmbáːrd/bɔm-]

v. 폭격하다, (질문을) 퍼붓다

The warship bombarded the port.
군함은 항구에 포격을 가했다.

□ **sword**
[sɔːrd]

n. 검, 무력 v. 대항하다

sword dance 칼춤

❖ **swordplay** n. 검술
❖ **swordman** n. 검객

---

312 | **corps** [kɔːr]

n. (동음어 core) 군단, 단체

a medical corps
의료반 병과

the diplomatic corps
외교 사절단

□ **tactics**
[tǽktiks]

n. 전술, 작전

guerrilla tactics
게릴라 전법

triumph
[tráiəmf]

n. 승리(victory), 큰 업적(achievement)

v. 이기다(win) opp. defeat 패배

In the end righteousness will triumph.

종국에는 정의가 승리하리라.

---

exult
[igzʌ́lt]

v. 무척 기뻐하다, (승리에) 의기양양하다

They exulted at their victory.

그들은 승리하여 몹시 기뻐했다.

❖ **exultant** a. 의기양양한

---

313 **soul** [soul]

n. 넋(spirit), 정수, 열정, 화신(化身)

Brevity is the soul of wit.

간결함은 재치의 정수이다.

---

devil
[dévl]

n. 악마, 악인

Talk of the devil and he will appear.

호랑이도 제 말하면 온다. (속담)

---

demon
[díːmən]

n. 악령, 악마(devil)

a little demon 장난꾸러기

---

hymn
[him]

n. 성가, 찬송가

national hymn 국가(國歌)

---

pilgrim
[pílgrim]

n. 순례자, 나그네(traveler)

---

priest
[priːst]

n. 성직자, 사제

❖ **priestly** a. 성직자다운

314 **bless** [bles]

v. 신성케하다, 축복하다, 찬미하다(praise)

Bless the name of the God!
신의 가호가 있기를!

Bless me!
저런, 아차

❖ **be blessed with** ~을 누리다
❖ **blessing** n. 축복, 은총
❖ **blessed** a. 신성한, 행복한

☐ **bliss**
[blis]

n. 행복의 극치, 지복

Ignorance is bliss.
모르는 것이 약이다. (속담)

☐ **well-being**
[wélbíːiŋ]

n. 평안, 행복, 복지(welfare)   opp. misery 비참

a sense of well-being
행복감

☐ **welfare**
[wélfɛ̀ər]

n. 복리 복지, 번영

child welfare 아동 복지

☐ **preach**
[priːtʃ]

v. 전도하다, 설교하다

preach the Gospel 복음을 전하다
preach down 헐뜯다, 깎아내리다
preach up 칭찬하다

❖ **preacher** n. 설교자, 목사

□ **sermon**
[sə́ːrmən]

n. 설교, 훈계

deliver a sermon
설교를 하다

sermons in stones
돌(자연물) 속에 담긴 교훈

---

supernatural [sùːpərnǽtʃərəl]

a. 초자연의, 불가사의한 n. 신비

---

supernatural powers
초자연력

□ **mystery**
[místəri]

n. 신비, 불가사의, 신비한 것

Life is veiled in mystery.
인생은 신비에 싸여 있다.

□ **mythical**
[míθikəl]

a. 신화적인, 가공의

a mythical animal
가공의 동물

□ **myth**
[miθ]

n. 신화, 꾸민 이야기

the Roman myths
로마 신화

the mythical age
신화 시대

The story's a pure myth.
순전히 꾸며낸 이야기이다.

❖ **mythical, mythic** a. 신화의
❖ **mythology** a. 신화학

350

316 | **spirit** [spírit]

n. 정신, 영혼(soul), 망령, 기운 opp. body

His spirit was troubled.
그의 마음은 뒤숭숭했다.

the poor in spirit
마음이 가난한 자들

☐ **mental**
[méntl]

a. 정신의, 두뇌의

mental age
정신연령

mental hospital
정신병원

❖ **mentality** n. 정신력, 지성

☐ **ghost**
[goust]

n. 유령, 망령, 영혼

ghost story
괴담

☐ **witch**
[witʃ]

n. 마녀, 마귀할멈

❖ **witchcraft** n. 마법, 마력
❖ **wizard** n. 마법사

☐ **fairy**
[fɛ́əri]

n. 요정(妖精) a. 요정의, 뛰어나게 아름다운

fairy tale
동화

☐ **nightmare**
[náitmɛ̀ər]

n. 악몽, 가위눌림

I was troubled by nightmare last night.
지난밤 나는 악몽에 시달렸다.

architecture [ɑ́ːrkətèktʃər]

n. 건축술, 건축학 a. 건축상의

the architecture of ancient Greece
고대 그리스의 건축술

❖ **architect** n. 건축가

☐ **castle**
[kǽsl]

n. 성, 저택

An Englishman's house is his castle.
영국인의 집은 그의 성(城)이다.

castle in the air
사상누각; 공상

☐ **dormitory**
[dɔ́ːrmətɔ̀ːri]

n. 기숙사, 합숙소

dormitory car
침대차

☐ **gateway**
[géitwèi]

n. 출입구

❖ **gatepost** n. 문기둥

☐ **chamber**
[tʃéimbər]

n. 방(room), 회의소

the audience chamber
접견실

☐ **ceiling**
[síːliŋ]

n. (방의) 천장; (임금, 가격의) 최고한도 opp. floor

ceiling on prices
최고가격

☐ **chimney**
[tʃímni]

n. 굴뚝, 분화구

The factory chimneys poured smoke into.
공장 굴뚝이 연기를 내뿜었다.

☐ **landlady**
[lǽndlèidi]

n. 여자 지주, (여관의) 안주인

❖ **landlord** n. 지주, (여관)주인

☐ **household**
[háushòuld]

n. 가족(family), 세대   a. 가족의

household affairs
가사(家事)

❖ **householder** n. 세대주, 호주

☐ **chore**
[tʃɔːr]

n. 허드렛일

She did chores round the house.
그녀는 집 안팎의 자질구레한 일을 했다.

☐ **kin**
[kin]

n. 친족, 일가(relatives)

☐ **dwell**
[dwel]

v. 살다, 거주하다(live, reside)

I want to dwell in the country.
나는 시골에서 살고 싶다.

❖ **dwell on** ~을 곰곰이 생각하다

☐ **pioneer**
[pàiəníər]

n. 개척자, 선구자   v. 개척하다, 솔선하다

pioneer a road
도로를 개척하다

☐ **lodge**
[lɑdʒ]

v. 숙박하다, 숨겨주다   n. 오두막(hut)

Where are you lodging now?
지금 묵고 있는 데가 어디지?

☐ **inn**
[in]

n. 여인숙, 주막

stay in an inn
여관에서 묵다

☐ **shelf**
[ʃelf]

n. 선반, 모래톱(sandbank), 서가

Put the cup on the shelf.
컵을 선반 위에 갖다 놓아라.

☐ **install**
[instɔ́ːl]

v. 설치하다, 임명하다(induct)

install a heating system
난방장치를 하다

☐ **equip**
[ikwíp]

v. (장비를) 갖추다, ~에게 갖추게 하다

those equipped with special skills
특별한 기술을 갖춘 사람들

❖ **equipment** n. 장비, 준비, 지식

---

318 **robe** [roub]

n. 겉옷 (pl.) 예복

---

a judge's black robes
재판관의 검은 법복

☐ **fur**
[fəːr]

n. (동음어 fir) 모피, 털

a lady in furs 모피 코트를 입은 숙녀

☐ **sleeve**
[sliːv]

n. 소매, 소맷자락

a dress with long sleeves
소매가 긴 드레스

❖ **sleeveless** a. 소매가 없는

☐ **line**
[lain]

n. 끈, 선, 주름살, 손금, 진로, 노선, 윤곽

The old man's face is covered with lines.
노인의 얼굴은 주름살 투성이다.

□ **strip**
[strip]

v. 벗기다, 빼앗다   n. 가는 조각(narrow piece)

strip off one's clothes
옷을 벗다
a strip of land
길쭉한 땅

□ **patch**
[pætʃ]

n. 헝겊, 얼룩

in patches
군데군데

□ **pearl**
[pəːrl]

n. 진주, 은백색

throw pearls before swine
돼지한테 진주를 던져 주다

□ **ornament**
[ɔ́ːrnəmənt]

n. 꾸밈, 장식, 장신구, 간판격인 사람

He was an ornament to his age.
그는 그 시대의 대표적인 인물이었다.

❖ **ornamental** a. 장식의
❖ **ornamentation** n. 장식(품)

□ **neat**
[niːt]

a. 산뜻한(tidy), 멋진(skillful)

He keeps his office neat and tidy.
그는 자기 사무실을 산뜻 깔끔하게 사용한다.

❖ **neatness** n. 정연함

□ **lovely**
[lʌ́vli]

a. 아름다운, 멋진, 유쾌한(delightful)

a lovely view of the mountains
아름다운 산의 경치

shave [ʃeiv]

v. 면도하다

He shaved off his beard.
그는 턱수염을 깎았다.

□ **wipe**
[waip]

v. 닦다, 훔치다

Wipe your feet. 발을 닦아라.

□ **sweep**
[swi:p]

v. 청소하다(brush), 휩쓸다, 엄습하다   n. 청소

sweep up a room
방을 깨끗이 청소하다

❖ **sweeper** n. 청소부

□ **broom**
[bru(:)m]

n. 비

a new broom 신임관리
A new broom sweeps clean.
새 비는 잘 쓸린다. (속담, 신임관리는 일에 열심이고 폐
단을 일소하는 데 열심이라는 뜻)

stain [stein]

v. 더럽히다, 얼룩지다(soil)   n. 얼룩

stain one's life 인생에 오점을 남기다
stainless steel 스테인리스 강(鋼)

❖ **stainless** a. 녹슬지 않는

□ **spot**
[spɑt]

n. 반점(dot), 흠, ~을 찾아내다, 얼룩지게 하다

spot a friend in a crowd
군중 속에서 친구를 찾아내다

❖ **spotless** a. 아주 청결한, 오점이 없는

□ **dusty**
[dʌ́sti]

a. 먼지투성이의, 분명치 않은(indefinite)

a dusty speech
무미 건조한 연설

□ **flour**
[flauər]

n. (동음어 flower) 가루, 분말

We make flour into noodle.
밀가루로 국수를 만든다.

□ **loaf**
[louf]

n. (빵의) 한 덩이

a loaf of bread 빵 한 덩어리

□ **crust**
[krʌst]

n. (빵)껍질, 겉모양

a crusty old man
성마른 노인

❖ **crusty** a. 껍질로 덮인, 무뚝뚝한, 불쾌한

□ **beverage**
[bévəridʒ]

n. 음료(drink)

We sell hot beverages.
뜨거운 음료를 팝니다.

□ **carrot**
[kǽrət]

n. 당근

carrot and stick
당근과 곤봉 (협박과 회유)

---

321 **raw** [rɔː]

a. 날것의(uncooked), 순수한, 미숙한(unskilled)
n. 생것, 날것

a raw hand 풋내기
raw cream 생크림

❖ **rawboned** a. 뼈가 앙상한, 말라빠진

☐ **salty**
[sɔ́:lti]

a. 소금의, 신랄한, 재치 있는(witty)

☐ **sour**
[sáuər]

a. 신(acid) v. 시게 하다 n. 신 것, 쓴 것

sour green apples
신 풋사과

the sweet and sour of life
인생의 고락

☐ **acid**
[ǽsid]

n. (화학) 산(酸) a. 신, 신랄한

acid rain
산성비

cf. **alkali** n. 알칼리, 염기성 물질

☐ **peel**
[pi:l]

v. 껍질을 벗기다, 벗겨지다

I peeled an apple.
나는 사과 껍질을 벗겼다.

☐ **mixture**
[míkstʃər]

n. 혼합, 합성품

without mixture
순수한

☐ **blend**
[blend]

v. 혼합되다(mix, mingle), 조화되다 opp. sort

This house seems to blend well with the trees.
이 집은 나무들과 잘 어울리는 것 같다.

☐ **mingle**
[míŋgəl]

v. 섞(이)다(mix), 혼합되다(blend)

with mingled love and hate
사랑과 미움이 섞여서

broil [brɔil]

v. 굽다(grill), 내리쬐다   n. 불고기

It's really broiling today.
오늘은 찌는 듯이 더운 날씨다.

□ **feast**
[fiːst]

n. 성찬, 경축, 진수성찬   v. 잔치를 베풀다
A cheerful look makes a dish a feast.
아무리 하찮은 음식이라도 즐거운 마음으로 먹으면 진수
성찬이다. (속담)

□ **taste**
[teist]

v. 맛보다   n. 맛, 기호, 취미
This medicine tastes bitter.
이 약은 쓴맛이 난다.

□ **relish**
[réliʃ]

n. 맛(taste), 기호(liking)   v. 맛보다, 즐기다
Hunger gives relish to any food.
시장이 반찬이다.

□ **recreation**
[rèkriéiʃən]

n. 오락, 기분 전환
His only recreations are drinking beer.
그의 유일한 기분전환은 맥주 마시는 것이다.

□ **hobby**
[hábi]

n. 습관, 취미
My hobby is traveling.
내 취미는 여행이다.

□ **dessert**
[dizɔ́ːrt]

n. 디저트, 후식
We had ice cream for dessert.
우리는 디저트로 아이스크림을 먹었다.
〈desert와 동음이의어〉

☐ **dine**
[dain]

v. 정찬을 먹다

I'm going to dine out with her tonight.
나는 오늘밤 그녀와 함께 외식을 할 것이다.

☐ **chew**
[tʃuː]

v. 씹다, 심사숙고하다(ponder)

chew out 비난하다
chewing gum 껌

☐ **swallow**
[swálou]

v. 삼키다(gulp), 마시다, 참다

He swallowed and walked into the
examination room.
그는 침을 꿀꺽 삼키고 시험장으로 들어갔다.

☐ **lick**
[lik]

v. (~을 혀로) 핥다, 넘실거리다 n. 핥음

lick a person's shoes
남에게 굴종하다

☐ **suck**
[sʌk]

v. 빨다, (지식을) 흡수하다

The baby suck its thumb.
아기가 엄지손가락을 빨았다.

---

323 **thirst** [θəːrst]

n. 갈증; 열망 v. 갈망하다, 목마르다

Running five miles gave him a thirst.
5마일을 달리고 나니 그는 목이 말랐다.

☐ **starve**
[staːrv]

v. 굶어죽다 opp. sate 배부르게 하다

I am simply starving.
배고파 죽겠네.

❖ **starve for** ~을 갈망하다

□ **famine**
[fǽmin]

n. 굶주림, 기근

Parts of India have often suffered from famine.

인도 지역은 종종 기근으로 고통을 당하고 있다.

□ **grocery**
[gróusəri]

n. 잡화점, 식품점

❖ **grocer** n. 식료잡화상

□ **booth**
[bu:θ]

n. 노점, 매점, 투표용지 기입소

a telephone booth 전화박스

□ **butcher**
[bútʃər]

n. 백정, 푸주한 v. 도살하다

I bought this chicken at the new butcher.

나는 이 닭고기를 새로 생긴 푸줏간에서 샀다.

❖ **butcherly** a. 잔인한

---

324 | **purchase** [pə́:rtʃəs]

n. 구매(buying), 획득(gain) v. 사다(buy)

a purchase report
구매 보고서

□ **procure**
[proukjúər]

v. 획득하다(obtain), 얻다

You will have nothing to procure from the dispute.

말다툼해봐야 얻을 게 없다.

□ **obtain**
[əbtéin]

v. 획득하다, 행해지다

He obtained knowledge through experience.

그는 경험을 통해 지식을 습득했다.

❖ **obtainable** a. 손에 넣을 수 있는

□ **goods**
[gudz]

n. 소유물, 상품, 동산(movables)

goods in stock 재고품

□ **estate**
[istéit]

n. 소유지, 재산(property), 계급(class)

He owns large estates in Seoul.
그는 서울에 넓은 땅이 있다.

□ **property**
[prápərti]

n. 소유권, 재산, 소유물

Property has its obligations.
소유에는 의무가 따른다.

□ **treasure**
[tréʒər]

n. 보물, 재산 v. 소중히 간수하다

a treasured memory
소중한 추억

❖ **treasury** n. 국고, 보고(寶庫)

□ **worth**
[wə:rθ]

a. ~의 가치가 있는, ~할 만한 n. 가치, 재산

A bird in the hand is worth two in the bush.
수중에 있는 새 한 마리는 숲 속의 새 두 마리의 가치가
있다. (속담)

---

325 | **nationality** [næ̀ʃənǽləti]

n. 국적, 국민성, 민족

What is your nationality?
어느 나라에서 오셨습니까?

□ **belong**
[bilɔ́(:)ŋ]

v. 속하다, 소속하다, 출신이다

Mercies and forgiveness belong to God.
자비와 용서는 신의 몫이다.

❖ **belongings** n. 소유물, 가족, 친척

362

□ **pertain**
[pə:rtéin]

v. 속하다(belong), 부속하다, 어울리다

The documents pertain to this event.
그 문서는 이 사건과 관계가 있다.

❖ **pertinent** a. 적절한 관계가 있는

□ **possess**
[pəzés]

v. 소유하다, 유지하다, 자제하다

He is possessed of a large sum of money.
그는 거액의 돈을 거머쥐고 있다.

❖ **possessive** a. 소유의, 소유욕이 강한
❖ **possessor** n. 소유주

□ **own**
[oun]

a. 자신의, 같은 핏줄의 v. 소유하다, 인정하다

in my own way
나만의 독특한 방식으로

❖ **owner** n. 소유자
❖ **ownership** n. 소유(권)

---

326 **heir** [ɛər]

n. 상속인, 계승자

hereditary property
세습재산

❖ **heiress** n. 상속녀
❖ **hereditary** a. 유전하는, 세습의

□ **heritage**
[héritidʒ]

n. 유산, 상속재산

Much of our country's cultural heritage was destroyed during the war.
우리나라의 많은 문화유산들이 전쟁의 와중에 소실되었다.

❖ **heritor** n. 상속인

□ **legacy**
[légəsi]

n. 유물, 유산
legacies of civilization
문명의 유산

□ **fossil**
[fásl]

n. 화석 a. 화석의, 구습의
a fossil plant
화석 식물

□ **inherit**
[inhérit]

v. (재산을) 물려받다, 상속하다
inheritance tax
상속세

❖ **inheritance** n. 상속, 유산, 유전

□ **genetic**
[dʒinétik]

a. 유전학적인, 기원의
genetic engineering
유전자 공학

❖ **genetics** n. 유전학

□ **evolve**
[iválv]

v. 진화하다, 전개하다
the theory of evolution
진화론

❖ **evolution** n. 진화(론), 발전 opp. devolution 퇴화

25th Day

---

327 **raise** [reiz]

v. 일으키다, 올리다(lift up), 기르다
opp. lower 낮추다, 내리다

raise a family 가족을 부양하다
raise up an army 군사를 일으키다

□ **scramble**
[skrǽmbəl]

v. 기어오르다(climb), 혼란스럽게 하다
I scrambled up the rock.
나는 바위 위로 올랐다.

□ **climb**
[klaim]

n. 등반 v. 오르다(ascend, mount)
climb into society
출세하다

□ **escalate**
[éskəlèit]

v. 오르다, 단계적으로 확대하다
The cost of living is escalating.
생계비가 늘어나고 있다.

❖ **escalator** n. 에스컬레이터

□ **ascend**
[əsénd]

v. 올라가다, (시대를) 거슬러 오르다 n. 상승, 진보
opp. descend

Prices ascend.
물가가 오르다.

ascend to the 18th century
18세기로 거슬러 올라가다

❖ **ascent** n. 상승, 동반 opp. descent 내리막

☐ **ladder**
[lǽdər]

n. 사닥다리, 출세길

climb the ladder of success
출세길에 오르다

☐ **ancestor**
[ǽnsestər]

n. 조상, 선조 opp. descendant 자손(offspring)

My ancestors came from Spain.
나는 스페인계 사람이다.

☐ **forefather**
[fɔ́ːrfɑ̀ːðər]

n. 조상, 선조(ancestor)

One of his forefathers was an early settler in
the United States.
그의 조상들 중의 한 사람은 미국의 초기 정착민이었다.

☐ **posterity**
[pɑstérəti]

n. 자손(descendants), 후세

Abraham and his posterity
아브라함과 그 후손

❖ **posterior** a. 뒤의, 후의, 후천적인

☐ **offspring**
[ɔ́(ː)fsprìŋ]

n. 자식, 자손(descendant), 결과, 소산

the offspring of labor 노동의 소산

☐ **descend**
[disénd]

v. 내려가다, 유래하다

❖ **descent** n. 하강, 혈통
❖ **descendant** n. 자손, 후예

☐ **below**
[bilóu]

prep. ~보다 아래에, ~할 가치도 없는

His behavior is below contempt.
그의 행동은 경멸할 가치도 없다.

☐ **brand**
[brænd]

n. 상표(trademark), 낙인, 오명(disgrace)
v. 낙인찍다, 강한 인상을 남기다

The scene is branded on my memory.
그 광경은 내 기억에 생생하게 남아 있다.

328   **want** [wɔ(:)nt]

v. 필요로 하다   n. 결핍, 부족

be in want of food
먹을 것이 없다

☐ **necessary**
[nésəsèri]

a. 필요한(required), 필연적인(inevitable)   n. 필수품

Food is necessary for life.
음식은 생존에 필수적이다.

❖ **necessity**   n. 필요(need), 궁핍

They are in great necessity.
그들은 아주 궁핍한 위치에 있다.

☐ **integral**
[íntigrəl]

a. 필수적인, 중요한(essential)

an integral part of the argument
논쟁이 불가피한 부분

☐ **inevitable**
[inévitəbəl]

a. 막을 수 없는, 필연의(certain)

Death is inevitable.
죽음은 피할 수 없다.

329   **postage** [póustidʒ]

n. 우편 요금, 송료

postage free
우편요금 무료

☐ **cash**
[kæʃ]

n. 현금   v. 현금으로 바꾸다

Can you cash this check?
이 수표를 현금으로 바꿔 주시겠어요?

□ **penny**
[péni]

n. \<pl. pence\> 적은 금액, 푼돈

Take care of the pence, and the pounds will take care of themselves.
푼돈을 아끼면 큰돈은 저절로 모인다. (속담)

□ **token**
[tóukən]

n. 대용화폐, 부호(sign)

a bus token
버스 토큰

---

athlete [ǽθliːt]

n. 운동 선수

---

an athlete meeting
운동회

❖ **athletic** a. 운동경기의, 강한(strong)

□ **race**
[reis]

n. 경주, 인종

the white race
백인종

racial pride
민족의 자존심

❖ **racial** a. 인종상의, 민족의

□ **gym**
[dʒim]

n. 체육(과), 체육관

I have gym at 11:00.
11시에 체육 수업이 있다.

❖ **gymnast** n. 체육가, 체육 교사

□ **rivalry**
[ráivəlri]

n. 경쟁, 겨루기

a rival in love 연적

❖ **rival** n. 경쟁자, 호적수

☐ **momentum**
[mouméntəm]

n. 운동량, 기세, 추진력

with one's momentum
여세를 몰아서

☐ **propel**
[prəpél]

v. 추진하다, 몰아대다

propelling power 추진력

❖ **propeller** n. 프로펠러, 추진기

☐ **challenge**
[tʃǽlindʒ]

n. 도전 v. 도전하다

a challenging to violence
폭력에의 도전

☐ **leisure**
[líːʒər]

n. 일이 없음, 여가 a. 한가한

How do you fill your leisure?
한가한 시간을 어떻게 보내지요?

☐ **gamble**
[gǽmbəl]

v. 도박을 하다 n. 도박, 모험

to spend the night gambling
도박으로 밤을 새우다

☐ **bet**
[bet]

v. 걸다, 내기하다 n. 내기

I never bet.
나는 절대 내기를 하지 않는다.

☐ **riddle**
[rídl]

n. 수수께끼(puzzle) v. 수수께끼를 풀다(solve)

read a riddle 해답을 찾아내다

☐ **perform**
[pərfɔ́ːrm]

v. 수행하다, 완수하다, 이행하다

He performed his promise.
그는 약속대로 했다.

❖ **performer** n. 실행자, 연주자
❖ **performance** n. 실행, 이행

□ **role**
[roul]

n. (동음어 roll) 역할(part), 구실

I played the role of Hamlet.
내가 햄릿 역을 했다.

□ **document**
[dάkjəmənt]

n. 서류, 문서

official documents
공문서

❖ **documentary** a. 문서의

□ **pottery**
[pάtəri]

n. 도기(류) (earthenware)

Modern pottery is usually for show and not for practical use.
현대 도기류는 보통 장식용이지, 실용적인 목적으로 쓰이지는 않는다.

---

331 **clown** [klaun]

n. 어릿광대, 익살꾼(jester) v. 익살부리다

clown around
익살떨다

□ **mimic**
[mímik]

n. 흉내쟁이 v. 흉내내다(imitate) a. 모방의

mimic tears
거짓눈물

□ **imitate**
[ímitèit]

v. 본받다, 모방하다(simulate)

learn by imitation
모방을 함으로써 배우다

❖ **imitative** a. 모방의, 모조의
❖ **imitation** n. 흉내, 모조품, 위조품

370

332 **twist** [twist]

v. 꼬다, 감다

to make a rope by twisting threads
실을 꼬아 밧줄을 만들다

☐ **spin**
[spin]

v. 빙빙 돌다(돌리다), (실을) 잣다 n. 급회전
My head spun.
머리가 어지러웠다.

☐ **knit**
[nit]

v. 뜨개질하다, 접합하다, 찌푸리다
I'm knitting a pair of socks.
나는 양말 한 켤레를 뜨고 있다.

☐ **sew**
[sou]

v. (sewed; sewed, sewn) 깁다, 철하다(bind)
sewing machine 재봉틀

☐ **stitch**
[stitʃ]

n. 한 바늘 v. 꿰매다(sew)
stitch in a wound
상처를 꿰매다

☐ **weave**
[wi:v]

v. 짜다, 방직하다, (이야기 따위를) 꾸미다
to weave a mat
돗자리를 짜다

333 **cheer** [tʃiər]

n. 환호, 갈채 v. 격려하다 opp. gloom 우울

give a cheer 갈채를 보내다

❖ **cheer up** 격려하다
❖ **cheerful** a. 즐거운, 쾌활한

gay
[gei]

a. 명랑한(merry), 화사한(showy), 방탕한

All is gay that is green.
풋내기는 쾌활한 법. (속담)

❖ **gaily** ad. 유쾌하게(merrily), 화사하게

grin
[grin]

n. 방긋 웃음　v. 히죽거리다

grin from ear to ear
(이를 보이고) 씩 웃다

sorrow [sárou]

n. 슬픔(sadness), 비애　v. 슬퍼하다

be in deep sorrow
깊은 슬픔에 빠져 있다

misery
[mízəri]

n. 빈곤, 불행, 비참한 신세

miseries of mankind
인류가 짊어진 온갖 불행

❖ **miserable** a. 불쌍한, 비참한, 불행한

deplore
[diplɔ́ːr]

v. (잘못을) 뉘우치다, (죽음을) 슬퍼하다, 애도하다

❖ **deplorable** a. 통탄스러운(lamentable)

regret
[rigrét]

v. 후회하다　n. 유감, 후회

I regret the follies of my youth.
나는 젊은 날의 어리석음을 후회하고 있다.

❖ **regretful** a. 뉘우치는, 애석한

☐ **recede**
[ri:síːd]

v. 후퇴하다(retreat), 반환하다(return)

the receding tide 썰물

go into recess 휴회하다

❖ **recession** n. 후퇴, 반환, 불경기
❖ **recess** n. 휴식, 휴회

☐ **retreat**
[ri:tríːt]

v. 퇴각하다(retire), 은둔하다 opp. advance

The young retreated into the house.
젊은이들은 집안으로 쫓겨 들어갔다.

☐ **refund**
[ríːfʌnd]

v. 상환하다 n. 반환, 상환금

refund the admission fee
입장료를 돌려주다

☐ **repay**
[ripéi]

v. 되갚다

When will you repay me the money?
내 돈 언제 갚을 거지?

❖ **repayment** n. 상환(금)

☐ **retort**
[ritɔ́ːrt]

v. 보복하다, 말대꾸하다 n. 말대꾸

a good retort
멋진 응수

335 | **repent** [ripént]

v. 후회하다, 뉘우치다(regret)

The judge could see no sign of repentance
in the condemned man.
재판관은 사형수의 얼굴에서 뉘우치는 구석을 찾을 수
없었다.

❖ **repentance** n. 후회

sob
[sɑb]

v. 흐느껴 울다, (바람이)윙윙거리다

a sobbing wind
흐느끼는 바람

weep
[wi:p]

v. 울다, 한탄하다(lament), 슬퍼하다(mourn)

weep oneself to sleep
울다가 잠들다

sigh
[sai]

v. 한숨쉬다, 탄식하다, 그리워하다   n. 탄식

He sighed with relief.
그는 안도의 한숨을 쉬었다.

grieve
[gri:v]

v. 슬퍼하다, 괴로워하다, 슬프게 하다

a committee to deal with workers' grievances
근로자의 불만을 처리하는 위원회

❖ **grievance** n. 불만, 불평의 씨
❖ **grievous** a. 슬픈, 한탄스러운(deplorable)

wail
[weil]

v. 비탄하다, 슬피 울다   opp. joy

the wind wailing in the chimney
바람이 굴뚝 속에서 구슬피 우는 소리

moan
[moun]

v. 신음하다, 슬퍼하다, 투덜거리다   n. 신음

The wounded moaned ceaselessly.
부상자의 신음소리가 끊이지 않았다.

mourn
[mɔːrn]

v. 슬퍼하다, 한탄하다

He was mourning for his misfortune.
그는 자신의 불행을 한탄하고 있었다.

□ **lament**
[ləmént]

v. 한탄하다, 슬퍼하다(mourn) n. 푸념, 넋두리
lament the dead
죽은 이를 애도하다

□ **sullen**
[sʌ́lən]

a. 시무룩한, 뚱한, 쓸쓸한(mournful)
with a sullen brow
이마를 찡그리고

□ **melancholy**
[mélənkàli]

n. 비애 a. 우울한
a melancholy mood
우울한 기분

□ **homesick**
[hóumsìk]

a. 망향(望鄕)의
❖ **homesickness** n. 향수병

---

336 | **beauty** [bjúːti]

n. 장점, 미(美), 아름다움

Beauty is but skin-deep.
미(美)란 가죽 한 꺼풀 차이(겉모양으로 사람을 평가하지
말라는 속담)

□ **sublime**
[səbláim]

a. 장려(壯麗)한(majestic), 장렬한, 고상한
a sublime leader of the people
위대한 민중의 지도자

□ **gorgeous**
[gɔ́ːrdʒəs]

a. 화려한, 현란한
a gorgeous sunset
찬란한 석양
❖ **gorgeousness** n. 화려

glorify
[glɔ́:rəfài]

v. ~에게 영광을 주다, ~을 찬미(예찬)하다

a glorious day
화창한 날

❖ **glorious** a. 영광스러운, 멋진

splendid
[spléndid]

a. 찬란한(shining), 장려한(magnificent)

a splendid sunset
빛나는 일몰, 저녁놀

cute
[kju:t]

a. (작고) 예쁜(pretty), 영리한(clever)

a cute child
귀여운 아이

goodwill
[gúdwíl]

n. 호의, 친절, 친선

international goodwill
국제 친선

---

frown [fraun]

v. 눈살을 찌푸리다 n. 찡그린 얼굴

He frowned at me for laughing at him.
내가 비웃었다고 그는 얼굴을 찡그렸다.

savage
[sǽvidʒ]

a. 야만스러운(barbarous), 사나운, 미개의

a savage dog
사나운 개

a savage counterattack in the newspapers
신문지상을 통한 통렬한 반격

a savage country 미개국
savage tribes 야만족

□ **awe**
[ɔ:]

n. 두려움, 경외   v. 두렵게 하다

I am awed by Nature.

나는 자연에 경외감을 느낀다.

❖ **awesome** a. 무서운

□ **terrible**
[térəbəl]

a. 무서운, 지독한, 심한

What terrible weather we're having!

정말 짜증스런 날씨군!

□ **thrill**
[θril]

v. 오싹하다   n. 전율, 스릴, 감동

a story full of thrills

스릴 넘치는 이야기

□ **panic**
[pǽnik]

n. 공포, 공황   a. 공황의   v. 당황하게 하다

People were seized with a panic.

사람들은 공포에 사로잡혔다.

□ **monster**
[mánstər]

n. 괴물, 괴상한 것

He is a monster of cruelty.

그는 잔인무도한 괴물이다.

❖ **monstrous** a. 기괴한, 엄청난

□ **yearn**
[jə:rn]

v. 동경하다, 갈망하다(desire)

yearn for home

고향을 그리워하다

□ **bore**
[bɔ:r]

v. 질리게 하다(tire), 뚫다   n. 귀찮은 것(사람)

What a bore!

참 따분한 사람이군!

❖ **boredom** n. 권태
❖ **boring** a. 지겨운(tiresome)

moral [mɔ́(ː)rəl]

a. 도덕의, 품행이 방정한, 교훈적인   opp. immoral

Man is a moral being.
인간은 도덕적 존재이다.

□ **virtue**
[vɔ́ːrtʃuː]

n. 미덕, 장점(merit), 효험(efficacy), 정조

a woman of virtue
정숙한 여인

□ **goodness**
[gúdnis]

n. 미덕(virtue), 장점, 친절(kindness)

for goodness sake
제발

□ **righteous**
[ráitʃəs]

a. 정숙한(virtuous), 정정당당한, 정직한

a righteous man
정의로운 사람

evil [íːvəl]

a. 사악한, 불길한

a social evil
사회악

□ **sinister**
[sínistər]

a. 사악한, 불길한(ominous)

a sinister countenance
음흉한 얼굴 생김새

□ **jealous**
[dʒéləs]

a. 질투가 많은, 시샘하는

a jealous wife
질투심 많은 아내

□ **wicked**
[wíkid]

a. 사악한, 심술궂은(mischievous), 불쾌한

a wicked smile
장난기 있는 미소

□ **selfish**
[sélfiʃ]

a. 자기 본위의, 제멋대로의, 방자한

a selfish boy
제멋대로 하는 소년

❖ **selfishly** ad. 제멋대로

□ **optimism**
[áptəmìzəm]

n. 낙천주의 opp. pessimism 비관주의

an optimistic view
낙천적 견해

❖ **optimist** n. 낙천주의자
❖ **optimistic** a. 낙천적인

□ **pessimism**
[pésəmìzəm]

n. 염세주의, 비관론

❖ **pessimistic** a. 비관적인

□ **innocent**
[ínəsnt]

a. 순결한(pure), 결백한(guiltless), 악의 없는

"God alone knows," he said to himself,
"that I am innocent"
"오직 하나님만이 내가 결백하다는 사실을 알고 계신다"고
그는 혼잣말을 하였다.

❖ **innocence** n. 순결, 결백

□ **earnest**
[ə́ːrnist]

a. 진지한, 성실한 n. 진심

Life is earnest.
인생은 진지한 것이다.

❖ **in earnest** 진지하게, 진심으로

□ **hearty**
[háːrti]

a. 다정한, 진심에서 우러난

a hearty greeting
마음에서 우러난 인사

plot [plɑt]

n. 음모(conspiracy, intrigue), 줄거리 v. 꾀하다

a plot against the government
반정부 음모

□ trap
[træp]

n. 덫, 속임수(trick), 함정 v. 올가미를 씌우다
be caught in a trap
올가미에 걸려들다

□ snare
[snɛər]

n. 덫(trap), 유혹 v. 유혹하다
to snare a rabbit
덫으로 토끼를 잡다

□ disguise
[disɡáiz]

v. 변장하다, (정체를) 숨기다 n. 변장, 가면
She disguised herself as a man.
그녀는 남자로 변장했다.

□ bribe
[braib]

n. 뇌물 v. 뇌물을 쓰다, 매수하다
They bribed a witness.
그들은 목격자를 매수했다.
❖ bribery n. 뇌물 쓰기

341

solemn [sáləm]

a. 신성한(sacred), 진지한, 장엄한(grave)
opp. frivolous 경박한

a solemn look
진지한 표정

a solemn hymn
찬송가

❖ **solemnity** n. 장엄, 엄숙

☐ **proud**
[praud]

a. 자랑스러운, 뽐내는(haughty)

It's nothing to be proud of.
그것은 하나도 자랑할 만한 일이 아니다.

☐ **ideology**
[àidiálədʒi]

n. 이념, 이데올로기

Ideologically, they have many differences.
이념적으로 그들은 다른 점이 많다.

❖ **ideologically** 이념적으로

☐ **wit**
[wit]

n. 기지, 요령

conversation full of wit
재치가 넘치는 대화

❖ **witty** a. 기지(재치)가 있는

☐ **clue**
[klu:]

n. 실마리, 단서

He found a clue to the question.
그는 그 문제에 대한 실마리를 잡았다.

□ **deliberate**
[dilíbərèit]

a. 신중한, 사려 깊은, 의도적인(intentional)

a deliberate lie
의도적인 거짓말

a deliberate decision
심사숙고한 결정

□ **random**
[rǽndəm]

a. 되는 대로의

a random choice
마구잡이 선택

He spoke at random.
그는 아무렇게나 지껄였다.

❖ **at random** 아무렇게나

□ **awake**
[əwéik]

v. 깨우다(awaken), 자각시키다, 깨닫다

He was awaked to the problem.
그는 그 문제를 자각하고 있었다.

❖ **awaken** v. 깨우다, 자각시키다

□ **brief**
[bri:f]

a. 짧은, 간결한　n. 요점

a brief life 짧은 생애

❖ **in brief** 요컨대
❖ **briefly** ad. 간단히
❖ **briefing** n. 간략한 보고서

□ **concise**
[kənsáis]

a. 간명한, 간결한　opp. diffuse 산만한

a concise book 문체가 간결한 책

---

342 **rumor** [rʌ́mər]

v. 소문을 퍼뜨리다　n. 소문

an idle rumor 터무니없는 유언비어

□ **gossip**
[gásip]

n. 한담(chat), 쑥덕공론 v. 잡담하다

a gossip writer
가십기자

□ **episode**
[épəsòud]

n. 삽화, 에피소드

an episode in one's life
살다보면 일어나는 삽화적인 사건

□ **whisper**
[hwíspər]

v. 속삭이다 opp. shout 소리치다

whisper against a person
뒤에서 욕을 하다

□ **flatter**
[flǽtər]

v. 아첨하다, 칭찬하다

He flattered my cooking.
그는 내 요리솜씨를 칭찬했다.

❖ **flattery** n. 아첨
❖ **flatterer** n. 아첨꾼

□ **compliment**
[kámpləmənt]

n. (pl.) 인사(말), 찬사 v. 아첨하다, 칭찬하다

My compliments to your parents.
부모님께 안부 전해 주세요.

❖ **complimentary** a. 칭찬의, 무료의

□ **chat**
[tʃæt]

v. 잡담하다 n. 한담(gossip)

They chatted over tea.
그들은 차를 마시면서 담소를 나누었다.

❖ **chatter** v. 재잘거리다 n. 수다

Who chatters to you will chatter of you.
네게 남의 소문을 전해주는 자는 네 소문도 퍼뜨릴 것이다.
(속담)

❖ **chatterbox** n. 수다쟁이

exclaim [ikskléim]

v. 외치다, 절규하다

He exclaimed that he would rather die.
그는 차라리 죽어버리겠다고 소리질렀다.

❖ **exclamation** n. 절규, 외침

☐ **yell**
[jel]

v. 고함치다, 외치다 n. 고함

He yelled out orders at everyone.
그는 모두에게 고함쳐 명령했다.

☐ **scream**
[skri:m]

v. 고함치다, 비명을 지르다 n. 비명

scream with laughter
낄낄거리다

☐ **roar**
[rɔ:r]

v. 포효하다, 울다 n. 고함

The truck roared down the hill.
트럭이 굉음을 내며 언덕을 내려갔다.

illustrate [íləstrèit]

v. 설명하다, 예증하다(exemplify)

❖ **illustration** n. 설명, 예화, 삽화
❖ **illustrative** a. 설명에 도움이 되는

☐ **consult**
[kənsʌ́lt]

v. 상담하다, 참고하다

consulting room
진찰실, 상담실

a firm of consultants
자문회사

❖ **consultant** n. 상담역(consulter), 고문

☐ **promise**
[prámis]

n. 약속, 가망, 징조 v. 약속하다, 보증하다

the land of promise
약속의 땅

❖ **promising** a. 촉망되는(hopeful)

☐ **oath**
[ouθ]

n. (pl. oaths) 맹세, 서약

make an oath 맹세하다

an oath of office 취임선서

---

345 **grumble** [grʌ́mbəl]

v. 투덜거리다(murmur), 불평하다(complain)
n. 불평, 불만

He's always grumbling.
그는 항상 투덜거린다.

☐ **growl**
[graul]

v. 으르렁거리다, 불평하다(grumble)

The dog growled at a stranger.
그 개는 낯선 사람을 보고 으르렁거렸다.

☐ **howl**
[haul]

v. 울부짖다

The fox howled all night.
여우가 밤새도록 울부짖었다.

☐ **mutter**
[mʌ́tər]

v. 중얼거리다, 투덜거리다

She was muttering to herself.
그녀는 혼잣말로 중얼거리고 있었다.

☐ **shout**
[ʃaut]

v. 부르짖다, 외치다 n. 외침

There's no need to shout.
큰 소리로 말할 필요 없어.

☐ **discontent**
[dìskəntént]

n. 불만, 불평

Discontent is the first step in progress.
불만은 발전의 첫걸음. (속담)

☐ **dissatisfy**
[dissǽtisfài]

v. 언짢게 하다(displease)

He was dissatisfied with the news.
그는 그 소식을 듣고 기분이 언짢아졌다.

❖ **dissatisfaction** n. 불만

☐ **murmur**
[mə́:rmər]

n. 속삭임 v. 속삭이다, 투덜거리다(grumble)

without a murmur
불평 한 마디 없이

---

346 **verse** [və:rs]

n. 시, 운문 opp. prose 산문

Not all verse is great poetry.
모든 운문이 다 훌륭한 시는 아니다.

☐ **prose**
[prouz]

a. 산문의, 평범한 n. 산문(체), 단조

prose style 산문체
prose poem 산문시

❖ **prosy** a. 무취미한, 평범한

☐ **novel**
[nάvəl]

n. 소설 a. 새로운(new), 참신한, 신기한

All the great novels are concerned in one way
or another with the nature of good and evil.
모든 위대한 소설은 이런저런 방식으로 선과 악의 본질에
관련을 맺고 있다.

❖ **novelette** n. 단편소설, 소품
❖ **novelist** n. 소설가

386

☐ **biography**
[baiágrəfi]

n. 전기, 일대기

I was impressed to read his biography.
나는 그의 전기를 읽고 감명을 받았다.

❖ **biographer** n. 전기 작가
❖ **autobiography** n. 자서전

☐ **index**
[índeks]

n. 색인(索引), 목록, 지표(sign), 지침

Style is an index of the mind.
글은 마음의 표시이다.

☐ **poet**
[póuit]

n. 시인

A poet is born not made.
시인은 타고난 재능으로 된다.

❖ **poetic** a. 시적인
❖ **poetry** n. 시작법

☐ **masterpiece** n. 명작, 대표작
[mǽstərpìːs]

He talked a lot about the masterpiece that
he would soon paint.
그는 자신이 곧 그리게 될 걸작에 대해 많은 이야기를 했다.

☐ **narrate**
[nǽreit]

v. 이야기하다, 말하다

Shall I narrate a strange experience of mine?
기묘한 체험담 하나 이야기해줄까?

❖ **narrative** n. 화술(話術) a. 이야기체의
❖ **narration** n. 담화, 이야기

☐ **quote**
[kwout]

v. 인용하다(cite), 인증하다

quotation marks
따옴표

❖ **quotation** n. 인용(引用), 인용문

□ **journal**
[dʒə́ːrnəl]

n. 신문, 잡지, 정기 간행물

❖ **journalism** n. 신문, 잡지 발행업, 문필업
❖ **journalist** n. 언론인

□ **article**
[áːrtikl]

n. 기사, 조항, 품목(item)

the ninth article of the Constitution
헌법 제9조

□ **deadline**
[dédlàin]

n. 최종 기한, 사선(死線)

We finished it before the deadline.
우리는 그것을 마감 전에 끝냈다.

□ **draft**
[dræft]

n. 초고, 설계도, 통풍, 질병   v. 제도하다, 선발하다

a draft of a poem
시의 초고

❖ **drafter** n. 기안자

---

347 | **frugal** [frúːgəl]

a. 알뜰한, 절약하는(saving)

She leads a frugal life.
그녀는 알뜰한 생활을 하고 있다.

□ **economy**
[ikánəmi]

n. 경제, 절약

an economic point of view
경제적 관점

❖ **economic** a. 경제의, 실용적인(practical)
❖ **economical** a. 경제적인
❖ **economics** n. (pl.) 경제학
❖ **economization** n. 절약, 경제화
❖ **economize** v. 낭비하지 않다, 절약하다

348 **chemistry** [kémistri]

n. 화학

applied chemistry
응용 화학

❖ **chemical** a. 화학의 n. (pl.) 화학제품

☐ **paradox**
[pǽrədàks]

n. 패러독스, 역설(逆說)

"More haste, less speed" is a paradox.
"급할수록 천천히"라는 말은 하나의 역설이다.

☐ **scholar**
[skálər]

n. 학자, 장학생

❖ **scholarly** a. 학구적인
❖ **scholarship** n. 학식, 장학금
❖ **scholastic** a. 학자의, 현학적인

☐ **pupil**
[pjú:pəl]

n. 학생(주로 중학생 이하), 문하생(disciple)

☐ **disciple**
[disáipəl]

n. 제자, 문하생

Paul is one of the disciples of Christ.
바울은 예수의 제자 중 한 사람이다.

☐ **discipline**
[dísəplin]

n. 훈련, 규율, 훈계 v. 훈련하다

military discipline
군기

☐ **semester**
[siméstər]

n. 1학기(6개월)

I'm taking French this semester.
나는 이번 학기에 프랑스어를 수강하고 있다.

☐ **theme**
[θi:m]

n. 주제, 테마, 제목

theme song 주제가

☐ **numerous**
[njú:mərəs]

a. 수많은(very many), 밀집된

the numerous voice of the people
다수의 목소리

☐ **singular**
[síŋgjələr]

a. 진기한, 예외적인, 단일의

a singular phenomenon
진기한 현상

---

³⁴⁹ # **linguistic** [liŋgwístik]

a. 언어의

---

great linguistic knowledge
풍부한 언어 지식

❖ **linguistics** n. 언어학

☐ **verbal**
[vэ́:rbэl]

a. 말의, 구두의(oral), 축어적인

a verbal agreement
구두에 의한 동의

☐ **motto**
[mátou]

n. 좌우명, 표어

My motto is "Never lose hope."
나의 좌우명은 "희망을 잃지 말자"이다.

☐ **proverb**
[právə:rb]

n. 속담, 격언, 금언

"Don't put all your eggs in one basket" is
a proverb.
"모든 달걀을 한 바구니에 넣지 마라"는 속담이다.

☐ **phrase**
[freiz]

n. 구, 숙어, 경구(警句)

a set phrase
상투적인 문구

350 **hence** [hens]

ad. 지금부터, 여기서부터, 그러므로(therefore)

six years hence
지금으로부터 6년 후에

□ **otherwise**
[ʌ́ðərwàiz]

ad. 달리, 그렇지 않으면
I couldn't do it otherwise.
달리 어떻게 해 볼 방법이 없다.

351 **reputation** [rèpjətéiʃən]

n. 평판(fame), 세평

He lives up to his reputation.
그는 명성에 걸맞는 생활을 하고 있다.

❖ **reputable** a. 평판이 좋은
❖ **repute** n. 평판, 명성

□ **name**
[neim]

v. 이름짓다 n. 이름, 명성, 평판, (pl.) 욕
They called him names.
그들은 그를 욕했다.

a bad name
악평

nameplate
명찰, 문패

❖ **nameless** a. 무명의, 익명의
❖ **namely** ad. 바꾸어 말하면, 즉

□ **indeed**
[indí:d]

ad. 실로, 과연
Thank you very much indeed.
정말로 감사합니다.

☐ **scarce**
[skɛərz]

a. 드문(rare), 결핍된(scanty)

Fruit is scarce in winter, and costs a lot.
겨울에는 과일이 드물고 값이 비싸다.

❖ **scarcely** ad. 간신히, 거의 ~아니다
❖ **scarcity** n. 희귀함, 결핍, 기근

☐ **rare**
[rɛər]

a. 보기 드문(scarce), 희박한(thin)

It's very rare for him to be late.
그는 좀처럼 늦지 않는다.

❖ **rarity** n. 진품

☐ **ready**
[rédi]

a. 준비가 된 v. 준비하다(make ready)

He readily promised to help.
그는 기꺼이 도와주겠다고 약속했다.

❖ **readily** ad. 자진하여, 기꺼이

---

352 | **clay** [klei]

n. 점토, 흙(earth)

die and turn to clay
죽어서 흙이 되다

☐ **grain**
[grein]

n. 낟알, 소량

without a grain of love
애정이란 눈꼽만큼도 없이

☐ **hay**
[hei]

n. 꼴, 건초

Make hay while the sun shines.
햇볕이 날 때 풀을 말려라 – 기회를 놓치지 마라. (속담)

□ **plow/plough** n. 쟁기, 경작지 v. 일구다
[plau]
　plow a field
　쟁기로 밭을 일구다

□ **sow**　　v. (씨를) 뿌리다 n. 암태지
[sou]
　As a man sows, so he shall reap.
　뿌린 대로 거둔다. (속담)

□ **reap**　　v. 수확하다, 베다 opp. sow 뿌리다
[ri:p]
　Now is the time to reap.
　지금은 거둬들일 때이니라.
　❖ **reaper** n. 수확자, 베는 기계

□ **mow**　　v. (풀을) 베다, 쓰러뜨리다
[mou]
　We shall mow down the long grass in the field.
　우리는 밭에 길게 자란 풀을 베어낼 것이다.
　❖ **mower** n. 풀 베는 기계

□ **irrigate**　　v. 물을 대다, 관개(灌漑)하다
[írəgèit]
　❖ **irrigation** n. 관개

□ **dairy**　　n. 낙농장, 유제품 판매소, 낙농업
[déəri]
　dairymaid 젖짜는 아가씨

---

353 | **introduce** [ìntrədjú:s]
　　v. 도입하다(bring in), 소개하다, 안내하다

Let me introduce Mr. Han to you.
당신께 미스터 한을 소개하겠습니다.
❖ **introduction** n. 도입, 전래, 소개, 안내서

usher
[ʌ́ʃər]

v. 인도하다, 안내하다   n. 안내인

She ushered him into room.
그녀는 그를 방으로 안내했다.

shepherd
[ʃépərd]

n. 양치기   v. 돌보다, 인도하다
❖ **shepherdess** n. 양치는 여자

tend
[tend]

v. 돌보다, 지키다, 간호하다

She tended on the patient.
그녀는 환자를 간호했다.

graze
[greiz]

v. 풀을 뜯다

The cattle are grazing in the pasture.
소들이 목장에서 풀을 뜯어먹고 있다.

pasture
[pǽstʃər]

n. 목장, 방목지   v. 풀을 뜯어먹다
❖ **pasturer** n. 목장주

354

asset [ǽset]

n. 재산, 귀중한 것, 장점

His sense of humor is a great asset to him.
유머 감각은 그에게 커다란 재산이다.

budget
[bʌ́dʒit]

n. 예산, 운영비

a family budget 가계부
a budget committee 예산위원회

surplus
[sə́:rplʌs]

n. 잉여(excess)   opp. deficit 부족

a surplus population 과잉 인구

□ **thrive**
[θraiv]

v. 번창하다, 성공하다, 무성해지다

a thriving business
번창하는 사업

□ **invest**
[invést]

v. 투자하다, 부여하다

I have invested heavily in another business enterprise.
나는 또 다른 사업에 많은 투자를 하였다.

❖ **investment** n. 투자, 출자(액), 투자 대상

Real estate is a good investment.
부동산은 훌륭한 투자 대상이다.

□ **endow**
[endáu]

v. 기부하다, (재능을) 부여하다

mental endowments
지적 재능

❖ **endowment** n. 기부, (pl.) 재능

□ **fund**
[fʌnd]

n. 기금, 자금, (pl.) 재원

a relief fund 구제 기금

□ **finance**
[finǽns]

n. 재정, 자금, 재정학

an expert in finance
재정 전문가

financial difficulties
재정난

❖ **financial** a. 재정의, 금융의

□ **engage**
[engéidʒ]

v. 약속하다(pledge), 약혼하다, 공격하다

I have engaged myself to her daughter.
나는 그녀의 딸과 약혼했다.

❖ **engaged** a. 약속한, 바쁜
❖ **engagement** n. 약속, 예약, 약혼, 교전
❖ **engaging** a. 애교 있는, 매력적인

□ **wage**
[weidʒ]

n. 급료, 삯, 보답

The wages of sin is death.
죄의 삯은 사망이니라. (성경)

wage freeze 임금 동결

□ **fee**
[fi:]

n. 사례금, 요금

a patent fee 특허료

an admission fee 입장료

---

operate [ápərèit]

v. 작용하다, 수술하다, (결과를) 가져오다

---

operate changes 변화를 가져오다

❖ **operative** a. 작용하는, 효력 있는
❖ **operation** n. 작동, 수술

□ **function**
[fʌ́ŋkʃən]

n. 기능, 역할 v. 작용하다

the main function of language
언어의 주요 기능

□ **staff**
[stæf]

n. 직원, 간부; 의지가 되는 것

The college's teaching staff is excellent.
그 대학의 교수진은 훌륭하다.

the staff of life 생명의 양식

□ **organize**
[ɔ́:rgənàiz]

v. 조직하다, 편성하다(systematize), 개최하다
n. 조직, 편성

organize an entertainment
여흥을 베풀다

❖ **organizer** n. 창립자
❖ **organization** n. 조직(화), 단체

☐ **classify**
[klǽsəfài]

v. 분류하다(assort), 등급을 매기다

I spent lots of time classifying books.
책을 분류하는데 많은 시간이 걸렸다.

❖ **classification** n. 분류

☐ **sort**
[sɔ:rt]

n. 종류(kind), 품질(quality) v. 분류하다

He is bad sort.
그는 질이 안 좋은 사람이다.

☐ **species**
[spí:ʃi(:)z]

n. 종(種) (kind, sort), 인류

The Origin of Species
종의 기원

---

356 | **improve** [imprú:v]

v. 개선하다, 이용하다

This is not good enough; I want to improve it.
이 정도로는 충분치 않다. 더 잘하고 싶다.

❖ **improvement** n. 개선, 진보, 숙달

☐ **fulfill**
[fulfíl]

v. 실행하다(carry out), 이행하다

If you make a promise, you should fulfill it.
일단 약속을 하면 그것을 꼭 지켜야만 한다.

❖ **fulfillment** n. 이행

☐ **cope**
[koup]

v. 겨루다, 극복하다

cope with a difficulty
난국을 수습하다·

vehicle [víːikəl]

n. 차, 탈것, 매개물

public vehicles
대중교통

□ **shuttle**
[ʃʌ́tl]

n. 정기 왕복 운행(편)

❖ **shuttlecock** n. (배드민턴) 깃털 공

□ **cart**
[kaːrt]

n. 2륜 짐마차, 손수레   v. 짐수레로 나르다

put the cart before the horse
본말을 전도하다

❖ **carter** n. 짐마차꾼

□ **parachute**
[pǽrəʃùːt]

n. 낙하산

a parachute jump
낙하산강하

□ **parcel**
[páːrsəl]

n. 소포, 꾸러미

parcel post
소포 우편

□ **baggage**
[bǽgidʒ]

n. 여행용 수화물

baggage check
수화물 보관증

27th Day

---

358 | **atmosphere** [ǽtməsfiər]

n. 대기, 분위기, 환경

a religious atmosphere
종교적인 분위기

☐ **environment** n. 환경, 주위(surroundings)
[inváiərənmənt]

one's home environment
가정환경

❖ **environ** v. 에워싸다(enclose)

☐ **circumstance**
[sə́:rkəmstæns]

n. 사정, 환경, 경우

It depends on circumstances.
그것은 사정에 따라 다르다.

❖ **circumstantial** a. 우연의, 우발적인, 상세한

☐ **condition**
[kəndíʃən]

a. 조건, 요건, (pl.) 사태, 상황

in favorable conditions 유리한 상황에서

---

359 | **peak** [pi:k]

n. 산꼭대기, 절정(summit) v. 우뚝 솟다

The highest peak is covered with snow all the year round.
그 산꼭대기는 일년 열두 달 눈으로 덮여 있다.

□ **path**
[pæθ]

n. 길, 오솔길

a path through the woods
숲속으로 난 오솔길

□ **sidewalk**
[sáidwɔ̀ːk]

n. 인도, 보도

sidewalk artist
길거리 화가

□ **avenue**
[ǽvənjùː]

n. 대로, 가로수 길

5th Avenue 5번가(街)

an avenue to harmony
화합으로 가는 길

□ **halfway**
[hǽfwéi]

a. 중도의, 다소의   ad. 중도에서

the halfway point between Seoul and Busan
서울과 부산의 중간지점

□ **pave**
[peiv]

v. (길, 지역 등을) 포장하다

❖ **pavement** n. 포장 도로

---

360 | **luxury** [lʌ́kʃəri]

n. 사치, 사치품

It's a luxury to me.
나에게는 과분하다.

□ **miser**
[máizər]

n. 수전노

❖ **miserly** a. 욕심 많은

☐ **poverty**
[pávərti]

n. 가난(함), 결핍(scarcity)

poverty of blood 빈혈

poverty of thought 사상의 빈곤

☐ **needy**
[ní:di]

a. 가난한, 빈곤한

a needy family
빈곤한 가정

the needy
곤궁한 사람들

☐ **impoverish**
[impávəriʃ]

v. 가난하게 하다(make poor)

He was impoverished by university fees.
그는 대학등록금 때문에 돈에 쪼들리게 되었다.

❖ **impoverishment** n. 가난, 곤궁

☐ **destitute**
[déstətjù:t]

a. ~이 없는(lacking), 어려운, 빈곤한

I was born of the destitute family.
나는 가난한 집에서 태어났다.

❖ **destitution** n. 결핍, 빈곤

☐ **shortage**
[ʃɔ́:rtidʒ]

n. 부족(insufficiency), 결핍

food shortages during the war
전시의 식량부족

☐ **beggar**
[bégər]

n. 걸인

Beggars can't be choosers.
거지는 찬밥 더운 밥 가릴 수가 없다.

☐ **spare**
[spɛər]

a. 모자라는(scanty), 예비의(reserved)

v. 아끼다(grudge), 절약하다, 나누어주다

Spare the rod and spoil the child.
매를 아끼면 자식을 버린다. (속담)

□ **behalf**
[bihǽf]

n. 이익, 이로움(interest) (숙어로만 쓰임)

Will you do it on my behalf?
내 대신 그거 좀 해주시겠어요?

❖ **in behalf of** ~을 위하여

---

361 **explode** [iksplóud]

v. 폭발하다, (인구가) 급증하다, (사람이) 격분하다

---

explode a bomb
폭탄이 터지다

❖ **exploded** a. 파열된
❖ **explosion** n. 폭발
❖ **explosive** a. 폭발적인

□ **erupt**
[irʌ́pt]

v. 분출하다, 복받치다

He erupted angry words.
그는 욕설을 내뱉었다.

❖ **eruption** n. 폭발, 분출

□ **jet**
[dʒet]

n. 분출, 분사 v. 분출(분사)하다

a jet flier
제트기 조종사

□ **outbreak**
[áutbrèik]

n. 돌발, 폭동

There was an outbreak of fighting in the Middle East.
중동에서 전쟁이 발발했다.

□ **burst**
[bəːrst]

v. 파열하다, 갑자기 ~하기 시작하다

A tempest burst forth.
갑자기 폭풍우가 몰아치기 시작했다.

☐ **squeeze**
[skwiːz]

v. 압착하다(press), 밀어 넣다   n. 혼잡

We squeezed people into the car.
우리는 사람들을 차 안으로 밀어 넣었다.

☐ **grind**
[graind]

v. 빻다, 갈다, (실력을) 연마하다

Grind up the wheat to make flour.
밀을 빻아서 가루로 만들어라.

❖ **grindstone** n. 숫돌

☐ **split**
[split]

v. 쪼개(지)다,   n. 금, 균열, 불화

We split into two groups, and searched the forest.
우리는 두 그룹으로 나뉘어서 숲을 뒤졌다.

☐ **chop**
[tʃɑp]

v. 자르다(cut), 잘게 썰다

She chopped wood with an ax.
그녀는 도끼로 나무를 팼다.

☐ **crack**
[kræk]

v. 쪼개(지)다   n. 흠(flaw), 금

a crack in one's mind
정신이상

☐ **gap**
[gæp]

n. 틈, (의견이나 생각의) 차이

the generation gap
세대 차이

---

362   **grab** [græb]

v. 횡령하다, 움켜쥐다   n. 횡령

He grabbed the money and ran off.
그는 돈을 횡령하여 도망쳤다.

□ **drag**
[dræg]

v. 끌다(trail), 느릿느릿 나아가다

The day dragged by.
하루가 느릿느릿 지나갔다.

□ **tug**
[tʌg]

v. 홱 잡아당기다(pull hard)
n. 당기기, 노력(struggle)

□ **gravitate**
[grǽvətèit]

v. 인력에 끌리다, ~로 움직이다

universal gravitation 만유인력
a question of gravity 중대한 문제

❖ **gravitation** n. 중력
❖ **gravity** n. 중력, 인력, 중대성, 진지함

□ **strain**
[strein]

v. 당기다, 긴장시키다, 상하게 하다, 노력하다
n. 팽팽함, 긴장 opp. relax 늦추다

strain a rope
로프를 잡아당기다

□ **swing**
[swiŋ]

v. 회전하다, 흔들다

The sign was swinging in the wind.
표지판이 바람에 흔들리고 있었다.

□ **pinch**
[pintʃ]

v. 꼬집다, 괴롭히다 n. 꼬집기, 곤경

She pinched his arm.
그녀는 그의 팔을 꼬집었다.

363 **scatter** [skǽtər]

v. 뿌리다(strew), 해산시키다(disperse)

The police scattered the crowd.
경찰이 군중들을 해산시켰다.

□ **spread**
[spred]

v. 퍼지다, 뿌리다(scatter)

The news soon spread through the whole of the village.
그 소식은 곧 읍 전체로 퍼져나갔다.

□ **sprinkle**
[spríŋkəl]

v. 끼얹다

sprinkle flowers with water
꽃에 물을 뿌리다

❖ **sprinkler** n. 물뿌리는 장치

□ **spray**
[sprei]

n. 물보라, 물안개 v. 물보라를 날리다

spray a mob with tear gas
군중에게 최루가스를 뿌리다

❖ **sprayer** n. 분무기, 흡입기

□ **splash**
[splæʃ]

v. (흙탕물을) 튀기다(spatter) n. 오점, 얼룩

The water splashed my dress.
물이 옷에 튀었다.

□ **pour**
[pɔːr]

v. 쏟다(flow), 억수로 퍼붓다 n. 유출

a pouring rain
퍼붓는 비; 소나기

It never rains but it pours.
비가 왔다하면 억수 (불행은 겹치는 법)

□ **shed**
[ʃed]

n. 헛간, 오두막(hut) v. 흘리다

cattle shed
가축 우리

She shed tears.
그녀는 눈물을 흘렸다.

□ **drip**
[drip]

v. 똑똑 떨어지다, 똑똑 떨어뜨리다

The rain was dripping from the roof.

빗물이 지붕에서 똑똑 떨어지고 있었다.

□ **leak**
[li:k]

v. 새다, 누설되다 n. 누설

The bottle leaks.

그 병은 샌다.

---

364 **combine** [kəmbáin]

v. 결합하다, 화합하다

---

combined efforts

협력

❖ **combination** n. 결합, 동맹

□ **compound**
[kámpaund]

v. 합성하다(combine), 타협하다 a. 복합의

compound word

복합어

□ **link**
[liŋk]

n. 연쇄, 고리, 관련 v. 연결하다

Is there a link between smoking and lung diseases?

흡연과 폐질환 사이에 관련이 있습니까?

□ **bid**
[bid]

v. 명령하다(command), 인사를 하다, (값을) 매기다
n. 입찰(가격)

Do as he bid you.

그가 명령하는 대로 해라.

❖ **bidder** n. 입찰자

365 **prompt** [prɑmpt]

a. 신속한(quick), 재빠른, 기민한
v. 자극하다(incite), 몰아대다, 불러일으키다

What prompted the thought?
무엇 때문에 그런 생각을 하지?

a prompt acceptance
즉석승낙

❖ **prompter** n. (배우의)후견인

☐ **leap**
[li:p]

v. 뛰다, 도약하다(jump)

Look before you leap.
행동하기 전에 잘 생각하라. (속담)

☐ **skip**
[skip]

v. 뛰다, 빠뜨리다   n. 도약, 생략

The little boy skipped along at his mother's side.
꼬마 소년은 엄마 곁에서 겅중거리며 따라갔다.

❖ **skipping** n. 줄넘기

366 **hesitate** [hézətèit]

v. 망설이다, 말을 더듬다(stammer)

These is no room for hesitation.
조금도 망설이는 구석이 없다.

❖ **hesitation** n. 망설임, 말더듬기

☐ **stroll**
[stroul]

v. 어슬렁거리다(walk leisurely), 방랑하다(wander)
n. 산책

She was enjoying a leisurely stroll in the sunshine.
그녀는 햇빛을 받으며 한가로이 산책을 즐기고 있었다.

stride
[straid]

v. (성큼성큼) 걷다   n. 활보, 진전

make great(rapid) strides
장족의 진보를 이룩하다

tread
[tred]

v. 밟다, 걷다(walk)   n. 발소리, 발판

Don't tread on the flowers!
꽃을 밟지 마시오!

roam
[roum]

v. 방랑하다(wander), 거닐다   n. 배회

He roamed from place to place.
그는 여기저기 떠돌아다녔다.

vagabond
[vǽgəbɑ̀nd]

a. 유랑하는(wandering), 방황하는
n. 방랑자, 건달

linger
[líŋgər]

v. 꾸물거리다, 좀처럼 사라지지 않다

A doubt still lingers in my mind.
마음속에 여전히 의심이 남아있다.

wander
[wɑ́ndər]

v. 어슬렁거리다, 방황하다, 길을 잃다(stray)

❖ **wanderer** n. 방랑자(vagabond)

stray
[strei]

v. 길을 잃다, 헤매다   n. 미아(迷兒)

stray from what is right
정도에서 벗어나다

tumble
[tʌ́mbəl]

v. 구르다(fall), 쓰러지다, 넘어뜨리다

tumble about on the glass
풀 위를 뒹굴다

408

☐ **slip**
[slip]

v. 미끄러지다(slide) n. 미끄러짐, 실수, 조각

There's many a slip between the cup and the lip.

입에 든 떡도 넘어가야 제 것이다. (속담)

☐ **stagger**
[stǽgər]

v. 비틀거리다 n. 갈지자걸음

stagger under a heavy load

짐이 무거워 비틀거리다

☐ **crawl**
[krɔːl]

v. 기다(creep), 아첨 떨다

The hours crawled by.

시간이 지루하게 흘렀다.

☐ **whirl**
[hwəːrl]

v. 회전하다

❖ **whirlpool** n. 소용돌이

☐ **toss**
[tɔːs]

v. 던져 올리다(throw), 동요시키다

toss-up

동전던지기

☐ **pat**
[pæt]

v. 톡톡 치다, 쓰다듬다

She patted me on the back.

그녀는 내 등을 가볍게 두드렸다.

☐ **hug**
[hʌg]

v. 껴안다(embrace), 고집하다(cling to)

Don't hug a prejudice.

편견을 버려라.

lean [liːn]

v. 기울어지다, 기대다 a. 여윈, 마른

Don't try to lean on others.
남에게 기대려고 하지 마라.

☐ **recline**
[rikláin]

v. 기대다, 눕다, 의지하다(rely)

recline on the bed 침대에 눕다

☐ **depend**
[dipénd]

v. 의지하다, 신뢰하다(rely), (~여하에)달려있다

❖ **dependence** n. 의지하기
❖ **dependent** a. (남에게)의지하고 있는

☐ **meager**
[míːgər]

a. 여윈, 빈약한 opp. plump 살찐

a meager income 변변찮은 수입

☐ **cling**
[kliŋ]

v. 매달리다(stick), 달라붙다

The wet shirt clung to my body.
젖은 셔츠가 몸에 착 달라붙었다.

❖ **clingy** a. 달라붙는

---

bustle [bʌ́sl]

v. 법석 떨다, 북적거리다 n. 소동(stir)

They bustled around the house.
그들은 집 주위를 분주히 돌아다녔다.

☐ **fuss**
[fʌs]

n. 야단법석(bustle), 흥분 v. 법석 떨다

Don't fuss about nothing.
공연한 일로 소란을 피우지 말아라.

❖ **fussy** a. 야단법석을 떠는

□ **shift**
[ʃift]

v. 바꾸다, 이동하다(move), 그럭저럭 살아가다
n. 방편, 전환, 교대

They shifted with little money.
그들은 적은 돈으로 그럭저럭 살았다.

□ **fetch**
[fetʃ]

v. 데리고 오다, (한숨)짓다

fetch a sigh 한숨을 쉬다

Run and fetch the doctor!
달려가서 의사를 불러와!

---

369 **interval** [íntərvəl]

n. 사이, 휴게시간, 짬

---

in the intervals of work
공부하는 짬짬이

□ **sunset**
[sʌ́nsèt]

n. 일몰, 해넘이, 만년

the sunset of life 인생의 황혼기

□ **pause**
[pɔːz]

n. 멈춤, 주저 v. 멈추다, 쉬다(rest)

effort without pause
끊임없는 노력

□ **repose**
[ripóuz]

n. 휴식 v. 쉬다(rest), 자다(sleep)

They repose at Mangwol-dong Cemetery.
그들은 망월동 묘지에 잠들어 있다.

□ **relax**
[rilǽks]

v. 늦추다(loose), 쉬다(rest)

Relax and enjoy yourself.
긴장을 풀고 재미있게 지내세요.

❖ **relaxation** n. 이완, 휴식

loosen
[lú:sən]

v. 늦추다(slacken, relax), 해방시키다

The runners are just loosening up before the race.

주자들은 경주 전에 근육을 푸는 운동만을 하고 있었다.

---

nowadays [náuədèiz]

ad. 요즈음 opp. formerly 이전에는

The prices are skyrocketing nowadays.

요즘에는 물가가 천정부지로 치솟고 있다.

---

overnight
[óuvərnàit]

a. 하룻밤의 ad. 밤새워, 갑자기 n. 전야

an overnight guest

하룻밤 묵는 길손

---

latter
[lǽtər]

a. 마지막의, 후자의

the latter years of one's life

인생의 만년

---

secondary
[sékəndèri]

a. 2류의, 대리의 n. 부차적인 것

a matter of secondary importance

두 번째로 중요한 문제

---

frequency
[frí:kwənsi]

n. 빈발, 빈번, (전기) 주파수

Accidents are happening there with increasing frequency.

사고가 점점 더 빈번히 그곳에서 발생하고 있다.

❖ **frequent** a. 흔한, 상습적인 v. 자주 가다

371 **stage** [steidʒ]

n. 단계, 시기(period), 무대 v. 상연하다

He went on the stage.
그는 배우가 되었다.

☐ **era**
[íərə]

n. 연대, 시기(epoch), 시대
the Christian era
서기

a new era
새 시대

☐ **historic**
[histɔ́(:)rik]

a. 역사상 중요한
He gave all his historical papers to me.
그는 자기의 모든 역사 자료를 내게 주었다.

❖ **historical** a. 역사와 관련된, 역사적인

☐ **relic**
[rélik]

n. 유해(遺骸), 유물, 유품
This stone ax is a relic of ancient times.
이 돌도끼는 고대의 유물이다.

372 **span** [spæn]

n. 기간, 한 뼘

a person's life span
수명

☐ **term**
[təːrm]

n. 기간, 학기, 용어, (pl.) 조건, 교제 관계
During the term, we have examinations.
우리는 학기 중에 시험을 치른다.

session
[séʃən]

n. 개회(sitting), 학기(term), 회합

the summer session
여름 학기

decade
[dékeid]

n. 십 년간

Prices have risen steadily during the past decade.
지난 십 년 동안 물가는 꾸준히 올랐다.

for several decades
수십 년간

date
[deit]

n. 날짜, 만날 약속

out of date
낡은

up to date
지금 유행하는

lifelong
[láiflɔ̀(ː)ŋ]

a. 일생 동안의

❖ lifetime n. 일생, 한 평생

meantime
[míːntàim]

ad. 그 동안에, 한편에서는   n. 중간 시간

in the meantime
그러는 동안에

❖ meanwhile ad. 그 동안에, 동시에

rear
[riər]

v. 기르다, 재배하다(cultivate)

I have reared horses.
나는 말을 사육하고 있다.

373 | **interior** [intíəriər]

a. 안쪽의(inside), 내륙의(inland), 내면의 n. 안쪽, 옥내

An interior decorator
실내 장식가

☐ **extreme**
[ikstrí:m]

a. 극도의(utmost), 과격한(radical) n. 극단

Your political ideas are very extreme.
너의 정치사상은 너무 급진적이다.

❖ **extremely** ad. 극도로

☐ **parallel**
[pǽrəlèl]

a. 평행의 n. 평행선, 유사점 v. 평행하다, 필적하다

There is no parallel to him.
그에 필적할 만한 사람은 없다.

☐ **space**
[speis]

n. 공간, 우주(universe), 여백, 구간

❖ **spacious** a. 널찍한(vast)
❖ **spacecraft** n. 우주선
❖ **space station** n. 우주정거장

☐ **galaxy**
[gǽləksi]

n. 은하수(銀河水), 화려한 모임

a galaxy of film stars
기라성 같은 영화배우들

☐ **planet**
[plǽnət]

n. 행성, 유성

major planets
대행성

□ **solar**
[sóulər]

a. 태양의

a solar eclipse 일식

a lunar eclipse 월식

---

pole [poul]

n. 막대기, 전봇대; 극(지대)

---

the Polar Seas
극해

❖ **polar** a. 극의

□ **arctic**
[ɑ́ːrktik]

a. 북극의 opp. antarctic 남극의

the arctic regions
북극지방

the Arctic Ocean
북극해

□ **hemisphere**
[hémisfiər]

n. 반구(半球) (체)

the Northern Hemisphere
북반구

□ **north**
[nɔːrθ]

n. 북, 북쪽 ad. 북쪽으로 a. 북쪽의(northern)

The room faces north, so it's always cold.
그 방은 북향이어서 언제나 춥다.

□ **east**
[iːst]

n. 동쪽

the Eastern
동양, 아시아

❖ **eastern** a. 동쪽의

tropic [trápik]

n. 회귀선, 열대(지방)

the Tropic of Cancer
북회귀선

tropical fish
열대어

❖ **tropical** a. 열대의, 열렬한

□ **coast**
[koust]

n. 해안, 연안

a trip to the coast
연안 여행

□ **bay**
[bei]

n. 만

the Bay of Bengal
벵골만

□ **cape**
[keip]

n. 갑(岬), 곶(headland)

the Cape of Good Hope
희망봉

□ **port**
[pɔːrt]

n. 항구(harbor)

enter port 입항하다
leave port 출항하다

□ **tide**
[taid]

n. 조수, 형세, 풍조(trend), 때, 철(season)

Time and tide wait(s) for no man.
세월은 사람을 기다리지 않는다. (속담)

□ **flood**
[flʌd]

n. 홍수, 범람

a flood of tears
줄줄 쏟아지는 눈물

□ **overflow**
[òuvərflóu]

v. 범람하다, 넘치다   n. 범람, 홍수

The beer is overflowing the glass.
맥주가 잔에 넘치고 있다.

□ **ripple**
[rípəl]

v. 파문이 일다   n. 잔물결(small wave), 파문

The wind rippled the lake.
바람이 호수에 잔물결을 일으켰다.

□ **foam**
[foum]

n. 거품   v. 거품이 일다

the foaming waves
거품이 이는 파도

---

376 | **vessel** [vésəl]

n. 그릇; 배(ship)

---

a steam vessel 기선
a vessel of war 군함
a drinking vessel 물 그릇

□ **barrel**
[bǽrəl]

n. 나무통(cask); 원유를 담는 용기

a beer barrel
맥주통

□ **fleet**
[fli:t]

n. 함대   a. 빠른, 신속한(rapid)

Time is fleeter than an arrow.
세월이 화살보다 더 빠르다.

□ **steer**
[stiər]

v. (배의) 키를 잡다, 조종하다, 이끌다

steering committee
운영 위원회

377 **float** [flout]

v. 뜨다   opp. sink 가라앉다

An idle rumor is floating about
헛소문이 떠돌고 있다.

☐ **drift**
[drift]

n. 표류, 흐름(trend) v. 표류하다
He drifted aimlessly through life.
그는 일생을 빈둥거리며 지냈다.

☐ **trend**
[trend]

v. 향하다, 기울다 n. 방향, 추세, 유행(트랜드)
the trend of public opinion
여론의 동향

☐ **current**
[kə́:rənt]

a. 현재의, 통용하는 n. 흐름, 경향
the current price
시가(時價)

current English
시사 영어

❖ **currency** n. 통화(current money), 유통

☐ **tendency**
[téndənsi]

n. 경향, 추세
the tendency of events
사태의 추이

☐ **cliff**
[klif]

n. 벼랑, 절벽
❖ **cliff-hanging** a. 손에 땀을 쥐게 하는

☐ **earthquake**
[ə́:rθkwèik]

n. 지진, (정치 · 사회적) 대변동
The city was destroyed by the earthquake.
그 도시는 지진으로 파괴되었다.

□ **canal**
[kənǽl]

n. 운하

The Panama Canal joins two oceans.
파나마 운하는 두 대양을 연결한다.

---

378 | **level** [lévəl]

n. 수평, 고도 a. 수평의 v. 평평하게 하다

---

the level of one's eyes
눈높이

□ **flat**
[flæt]

a. 평평한, 바람이 빠진, 균일한, 지루한(dull)

Life seemed flat to him.
그에게 인생은 지루하기 짝이 없었다.

❖ **flatten** v. 평평하게 하다

□ **average**
[ǽvəridʒ]

a. 평균 v. 평균 내다

the average life
평균 수명

□ **norm**
[nɔːrm]

n. 표준, 평균 성적

The norm in this examination is 70 out of 100.
이번 시험의 평균은 100점 만점에 70점이다.

□ **straight**
[streit]

n. 곧은(erect), 정직한(honest) ad. 수직으로

a straight line
직선

❖ **straightforward** a. 솔직한

□ **perpendicular**

[pə̀:rpəndíkjələr]   a. 수직의(vertical), 직립한(upright), 깎아 세운 듯한

a perpendicular line
수직선

a perpendicular cliff
깎아지른 낭떠러지

□ **erect**

[irékt]   a. 똑바로 선, 직립한(upright)

with hair erect
머리카락을 곤두세우고

❖ **erection** n. 직립, 건설

□ **vertical**

[və́:rtikəl]   a. 수직의 opp. horizontal 수평의

a vertical movement
수직 운동

---

379 | **broad** [brɔːd]

a. 폭이 넓은

broad shoulders
떡 벌어진 어깨

❖ **broaden** v. 넓어지다

Travel broadens the mind.
여행은 마음을 너그럽게 해준다.

□ **widen**

[wáidn]   v. 확장하다

to widen a road
길을 넓히다

❖ **wide-eyed** a. 놀란, 순진한

☐ **depth**
[depθ]

n. 깊이, 심원(profundity)

depth of knowledge
지식의 심오함

☐ **slant**
[slænt]

n. 경사 v. 기울다(slope)
a. 비탈진

☐ **slope**
[sloup]

n. 비탈, 경사(inclination) v. 비탈지다(lean)

a gentle slope
완만한 경사

☐ **shallow**
[ʃǽlou]

a. 얕은, 천박한, 피상적인(superficial)

a shallow thinker
생각이 얕은 사람

---

380 | **breeze** [briːz]

n. 산들바람, 말다툼 opp. gale 질풍

We were shooting the breeze.
우리는 가벼운 대화를 나누고 있었다.

☐ **gale**
[geil]

n. 강풍, 질풍

The gale blew down an old tree.
강풍이 고목을 쓰러뜨렸다.

☐ **blow**
[blou]

v. 불다, 내뿜다 n. 강타, 구타

at a blow
일격에, 순식간에

❖ **blow up** 폭파하다
❖ **blower** n. 송풍기, 허풍선이

□ **storm**
[stɔːrm]

n. 폭풍(우), 소동, 급습 opp. calm 고요

After a storm comes a calm.
폭풍 후에 고요가 찾아든다. (속담, 고진감래)

❖ **stormy** a. 날씨가 험악한, 격렬한

□ **blast**
[blæst]

n. 돌풍 v. 폭파하다(explode), 폭파시키다

The road is closed because of blasting.
그 도로는 발파 작업으로 폐쇄되어 있다.

at a blast
단숨에

□ **thunder**
[θʌ́ndər]

n. 천둥, 우뢰 v. 천둥치다, 고함지르다

After the lightning came the thunder.
번개가 치고 나서 천둥이 울렸다.

□ **hail**
[heil]

n. 우박, 싸라기눈 v. 퍼붓다

a hail of bullets
쏟아지는 총알

It's hailing.
우박이 퍼붓고 있다.

---

381 **foggy** [fɔ́(ː)gi]

a. 흐릿한(obscure), 안개가 자욱한

a foggy morning
안개 낀 아침

❖ **fog** n. 안개

□ **mist**
[mist]

n. 안개, (눈의)흐림 v. 안개가 끼다

She smiled in a mist of tears.
그녀는 눈물이 고인 눈으로 웃어 보였다.

haze [heiz]

n. 안개, 아지랑이 v. 몽롱해지다

evening haze
저녁안개

smoke [smouk]

n. 연기, 매연 v. 담배를 피우다

❖ **smoky** a. 연기 나는, 연기 같은
❖ **smoke screen** n. 연막

vapo(u)r [véipər]

n. 증기

A cloud is a mass of vapor in the sky.
구름은 하늘에 떠있는 증기 덩어리이다.

---

382 **freeze** [friːz]

v. 결빙하다(시키다)

The pond has frozen over.
연못이 얼어붙었다.

melt [melt]

v. 용해시키다, 녹이다, 녹다

The sun melted the snow.
태양이 눈을 녹였다.

dissolve [dizálv]

v. 녹이다; 해산하다(terminate)

The military dissolved parliament.
군인들은 국회를 해산시켰다.

mold [mould]

n. 틀, 거푸집 v. 주조하다

a figure of a man molded out of clay
점토로 빚은 인물상

□ **thaw**
[θɔː]

v. 녹다, 녹이다(melt) n. 해빙, 긴장완화

The snow is thawing.
눈이 녹고 있다.

□ **fuse**
[fjuːz]

n. 퓨즈, 도화선 v. 녹다(녹이다) (melt)

put a new fuse in
새 퓨즈를 끼우다

---

383 | **skin** [skin]

n. 피부, 가죽

Beauty is but skin-deep.
미모는 가죽 한 꺼풀 차이 – 외모로 인격을 판단하지 마라. (속담)

❖ **skinny** a. 여윈
❖ **skin-deep** a. 가죽 한 꺼풀의, 피상적인

□ **fabric**
[fǽbrik]

n. 편물, 짜임새, 뼈대(framework)

silk fabrics 견직물

□ **fiber**
[fáibər]

n. 섬유

artificial fibers 인조섬유

---

384 | **mine** [main]

n. 광산, 지뢰, 보고(寶庫) v. 채굴하다

a mine of information
지식의 보고

❖ **mineral** n. 광물, (pl.) 광천수

bronze
[brɑnz]

n. 청동

a bronze medal
동메달

the Bronze Age
청동기 시대

steel
[sti:l]

n. 강철, 칼(sword) v. 굳게 하다

I steeled myself to go in and say I was sorry.
들어가서 잘못했노라고 말하기로 마음을 굳게 먹었다.

❖ **steely** a. 강철의, 무정한

magnet
[mǽgnit]

n. 자석(磁石); 사람을 끄는 사람

a bar magnet
막대자석

rust
[rʌst]

v. 녹슬다

Your skill has rusted.
너의 솜씨가 녹슬었다.

❖ **rusty** a. 녹슨

poison
[pɔ́izən]

n. 독, 독약 v. 독살하다

One man's meat is another man's poison.
갑의 약은 을에게는 독. (속담)

❖ **poisonous** a. 독 있는, 해로운

fume
[fju:m]

a. 증기, 연무(煙霧), 화 v. 연기나다

in a fume 대노하여

exhaust fumes 배기가스

grease
[gri:s]

n. 윤활유 v. 기름을 바르다

He put grease on his hair.
그는 머리에 기름을 발랐다.

426

385 **pile** [pail]

n. 더미, 퇴적(heap)   v. 쌓아올리다

a pile of newspapers
차곡차곡 쌓인 신문지

□ **heap**
[hi:p]

n. 더미, 퇴적물, 다수   v. 쌓다

a heap of sand
모래산

heaps of times
몇 번씩

□ **stack**
[stæk]

n. 낟가리, 퇴적(pile)   v. 쌓아올리다(heap)

a stack of wood
장작더미

□ **bunch**
[bʌntʃ]

n. 송이(cluster), 다발, 무리   v. 다발로 묶다

A bunch of girls enjoys swimming.
한 무리의 소녀들이 수영을 즐기고 있다.

□ **bundle**
[bʌ́ndl]

n. 꾸러미, 다발   v. 묶다

a bundle of letters
한 다발의 편지

□ **cluster**
[klʌ́stər]

n. 덩어리, 송이(bunch), 무리(group)

a cluster of stars
별무리

386 | fluid [flú:id]

n. 액체 a. 유동성의, 변하기 쉬운

fluid plans
유동적인 계획

❖ **fluidity** n. 유동성 opp. solidity

☐ liquid
[líkwid]

n. 액체 a. 유동체의, 투명한

Water is a liquid.
물은 액체이다.

☐ solid
[sálid]

a. 고체의, 견실한, 믿을 만한

solid information
믿을 만한 정보

a solid building
견고한 건물

☐ concrete
[kánkri:t]

a. 실재의, 구체적인, 고체의

in the concrete
구체적으로, 실제로

☐ embody
[embádi]

v. 구체화하다, 수록하다, 포함하다

The letter embodied all his ideas.
편지에는 그의 모든 생각들이 나타나있다.

❖ **embodiment** n. 형태를 부여하기, 구체적 표현

☐ **stiff**
[stif]

a. 빳빳한, 완강한, 곤란한

New shoes are stiff.

새 신발은 빳빳하다.

❖ **stiffness** n. 완고함

---

387 **detail** [díːteil]

n. 세부사항, 사소한 일   v. 자세히 말하다

---

in detail 항목에 따라, 상세하게

❖ **detailed** a. 상세한

☐ **specimen**
[spésəmən]

n. 표본(sample); 별난 놈(person)

The doctor will need a specimen of your blood.

의사는 네 혈액의 검사용 표본을 필요로 할 것이다.

☐ **pattern**
[pǽtərn]

n. 본보기, 경향   a. 모범적인   v. ~를 본뜨다

a pattern husband

모범적인 남편

☐ **instance**
[ínstəns]

n. 실례(example), 경우(case)   v. 예로 들다(cite)

an instance of bad behavior

나쁜 행실의 한 가지 예

---

388 **glass** [glæs]

n. 유리, 컵, (pl.) 안경

---

a friendly glass

친구끼리 한 잔

□ **gravel**
[grǽvəl]

n. 자갈 v. 자갈을 깔다
a gravel walk
자갈길

□ **marble**
[máːrbəl]

n. 대리석, 구슬
a game of marbles
구슬치기

□ **tray**
[trei]

n. 쟁반, 접시
an ash tray
재떨이

□ **blanket**
[blǽŋkit]

n. 담요, 온통 뒤덮인 것
The valley was covered with a blanket of snow.
계곡이 온통 눈에 덮혀 있었다.

□ **pillow**
[pílou]

n. 베개 v. 얹다
He slept his head pillowed on a book.
그는 책을 베개 삼아 잠을 잤다.

□ **mirror**
[mírər]

n. 거울, 반사경 v. 비추다, 반영하다(reflect)
Language is the mirror of society.
언어는 사회의 거울이다.

□ **thread**
[θred]

n. 실; 줄거리, 맥락 v. 이어 붙이다
a thread of light
한줄기 빛

□ **tag**
[tæg]

n. 딱지, 물표 v. 부가하다(add), 붙어 다니다
price tag 가격표
tag question 부가의문부호

□ **hook**
[huk]

n. 고리, 덫
  fishhook 낚싯바늘
  a hat hook 모자걸이

□ **frame**
[freim]

v. 액자에 끼우다 n. 토대, 틀
  I haven't selected frames for my glasses yet.
  아직 내 안경테를 고르지 못했다.
  ❖ **framework** n. 뼈대, 틀, 체제
  the framework of government 정치체제

□ **timber**
[tímbər]

n. 목재, 삼림지(timberland); 사람의 됨됨이
  standing timber 입목

---

389 | **excursion** [ikskə́:rʒən]

n. 소풍, 행락

---

go on a day excursion
당일치기로 소풍을 가다

□ **journey**
[dʒə́:rni]

n. 긴 여행, 여정
  one's journey's end
  인생행로의 끝

□ **tour**
[tuər]

n. 일주여행
  ❖ **tourist** n. 관광객
  ❖ **tourism** n. 관광사업

□ **travel**
[trǽvəl]

v. 여행하다, 이동하다 n. 여행
  Ill news travels apace.
  나쁜 소문은 빨리 퍼진다.

obstacle [ábstəkəl]

n. 장애(물), 방해

obstacle race
장애물 경주

☐ **barrier**
[bǽriər]

n. 울타리, 장애물

a language barrier 언어 장벽
tariff barrier 관세 장벽

☐ **brick**
[brik]

n. 벽돌, 쾌남아

a house built of brick
벽돌로 지은 집

☐ **fence**
[fens]

n. 벽, 담

a backyard fence 뒤뜰의 벽(담)

---

layer [léiər]

n. 층; 쌓는 사람

a bricklayer 벽돌공

☐ **laborer**
[léibərər]

n. 노동자, 노무자

Labor Day 노동절 *May Day

❖ **laborious** a. 힘이 드는, 어색한

☐ **toil**
[tɔil]

v. 힘써 일하다(labor) n. 고된 일

Fortune waits on honest toil and earnest
endeavor.
행운은 정직한 노동과 진지한 노력을 위해 일한다.

□ **trade**
[treid]

n. 생업(occupation), 장사, 무역, 교환
v. 장사하다, 무역하다

Two of a trade seldom agree.
같은 장사끼리는 화합이 안 된다.

□ **career**
[kəríər]

n. 경력, 생애, 직업, 성공, 속력(speed)

make a career
성공하다

in full career
전속력으로

□ **occupy**
[ákjəpài]

v. 점유하다, 종사하다, 차지하다

Many worries occupy his mind.
그의 마음엔 이런저런 걱정거리로 가득차 있다.

❖ **occupant** n. 거주인, 점유자
❖ **occupation** n. 일, 점유

---

392 **commerce** [káməːrs]

n. 무역(trade), 상업

commercial bank
상업 은행

commercial art
상업 미술

❖ **commercial** a. 상업의 n. 광고 방송

□ **commodity**
[kəmádəti]

n. 상품, 물품

household commodities
일용품

prices of commodities
물가

merchant
[mə́:rtʃənt]

n. 상인, 무역상

a jewelry merchant
보석 도매상인

❖ **merchandise** v. 거래하다

---

laboratory [lǽbərətɔ̀:ri]

n. 실험실, 실습실

The university has a well-equipped
laboratory.
그 대학에는 훌륭한 설비를 갖춘 실험실이 있다.

ray
[rei]

n. 광선 v. 방사하다(radiate)

a ray of hope 한 가닥 희망

dazzle
[dǽzəl]

v. 눈부시게 하다, 현혹시키다

The lights of the car dazzled me.
자동차 불빛 때문에 눈이 부셨다.

radiate
[réidièit]

v. 발하다, 방출하다(emit)

❖ **radiator** n. 방열체, 냉각 장치

emit
[imít]

v. (빛·열을) 내다, 방출하다

The chimney emitted smoke.
굴뚝이 연기를 내뿜었다.

❖ **emission** n. 방사, 배출

illuminate
[ilú:mənèit]

v. 밝게 하다(light up), 계몽하다

The room was illuminated by candles.
그 방은 촛불로 밝혀졌다.

❖ **illumination** n. 조명

□ **enlighten**
[enláitn]

v. 계몽하다, 교화하다

enlighten the ignorant
무지한 사람들을 계몽하다

394 **dim** [dim]

a. 어둑한(faint), 침침한(vague), 모호한

a dim view
불투명한 전망

□ **blur**
[blə:r]

n. 흐릿함, 얼룩   v. 흐릿하게 하다, 흐리다

Tears blurred my eyes.
눈물이 앞을 가렸다.

□ **gloom**
[glu:m]

n. 어둠, 침울

gloomy news
우울한 소식

❖ **gloomy** a. 어두운, 음산한

□ **blush**
[blʌʃ]

v. 얼굴을 붉히다   n. 홍조(紅潮)

He blushed for shame.
그는 부끄러워 얼굴이 붉어졌다.

□ **pale**
[peil]

a. 창백한(wan), 흐릿한

a pale light
희미한 빛

□ **fade**
[feid]

v. 희미해지다, 사라지다, 바래다

She was fading away.
그녀가 서서히 사라져 갔다.

vast [væst]

a. 거대한, 방대한(enormous, immense)
opp. narrow

a vast crowd of people
엄청난 군중

□ **massive**
[mǽsiv]

a. 큼직한, 당당한, 대규모의

a massive increase in the cost of living
엄청난 생계비 증가

□ **growth**
[grouθ]

n. 성장, 발육, 증가

the growth of population
인구증가

□ **supreme**
[səprí:m]

a. 최고의, 극도의

the Supreme Court
최고 법원, 대법원

□ **superb**
[supə́:rb]

a. 최고의, 우수한

The food was superb.
음식이 최고급이었다.

□ **summit**
[sʌ́mit]

n. 정상(top), 절정

summit conference
정상회담

□ **worthwhile**
[wə́:rθhwáil]

a. ~할 가치가 있는

a poet worthy of the name
시인다운 시인

❖ **worthy** a. 가치가 있는, ~에 알맞은

□ **deserve**
[dizə́:rv]

v. ~할 만한 가치가 있다

Good work deserves good pay.
훌륭한 일은 많은 급료를 받을 만한 가치가 있다.

❖ **deserving** a. ~을 받을 만한

---

396 | **slight** [slait]

a. 근소한, 가녀린(slender), 변변찮은

I have not the slightest doubt.
나는 조금도 의심하지 않는다.

□ **trifle**
[tráifəl]

n. 사소한 일 v. 농담하다

a trifling error
사소한 잘못

❖ **trifling** a. 하찮은, 시시한(trivial)

□ **frivolous**
[frívələs]

a. 시시한, 어리석은, 경박한

Don't waste your time on frivolous matters.
하찮은 일로 시간을 낭비하지 마라.

❖ **frivolity** n. 경박

□ **petty**
[péti]

a. 작은(minor), 시시한(trifling)

petty expenses
잡비

❖ **pettiness** n. 편협, 비열

□ **trivial**
[tríviəl]

a. 하찮은, 변변찮은

Why do you get angry over such trivial matters?
그런 하찮은 일로 왜 화를 내고 그래?

□ **subtle**
[sʌtl]

a. 희박한(rarefied), 미묘한, 능란한, 교활한

a subtle charm
미묘한 매력

□ **tough**
[tʌf]

a. 단단한, 완고한(sturdy), 곤란한 n. 깡패

a tough will
불굴의 의지

a tough job
곤란한 일

□ **firm**
[fə:rm]

a. 견고한, 단단한 n. 회사, 상사

a firm belief
확고한 믿음

□ **tight**
[tait]

a. 빡빡한, 단단한, 촘촘한 opp. loose

a tight schedule
꽉 짜인 스케줄

□ **dense**
[dens]

a. 짙은(thick), 어리석은(stupid), 밀집한

a dense crowd
꽉 들어 찬 관중

❖ **densely** ad. 빽빽하게

□ **thick**
[θik]

a. 두꺼운, 굵은 opp. thin

The fog is thick.
안개가 자욱하게 깔렸다.

□ **swift**
[swift]

a. 신속한, 재빠른, 민첩한

He is swift of foot.
그는 걸음이 빠르다.

438

☐ **rapid**
[rǽpid]

a. 빠른, 가파른(steep)

a rapid descent
가파른 내리막 길

a rapid stream
급류

❖ **rapidity** n. 신속
❖ **rapidly** ad. 신속히

397 **odd** [ɑd]

a. 기묘한(strange), 여분의, 외짝의 n. (수학) 홀수
opp. even 짝수

at odd times 짬짬이

☐ **peculiar**
[pikjúːljər]

a. 별난, 기묘한

This style is peculiar to him.
이것은 그의 독특한 문체이다.

❖ **peculiarity** n. 괴상함, 특수성

☐ **queer**
[kwiər]

a. 묘한(odd), 의심스러운(doubtful), 괴상한

a queer sort of fellow 괴짜

❖ **queer-looking** a. 이상한 모습의

☐ **fortune**
[fɔ́ːrtʃən]

n. 운수, 재산, 행운 opp. misfortune

fortune's wheel
운명의 수레바퀴

❖ **fortunate** a. 운 좋은, 징조가 좋은

☐ **imperative**
[impérətiv]

a. 명령적인, 긴급한, 피할 수 없는

in an imperative tone
명령적인 어조로

□ **urgent**
[ə́:rdʒənt]

a. 긴급한, 다급한

It's not urgent; it can wait until tomorrow.
그것은 다급하지 않다. 내일까지 기다려도 돼.

❖ **urgency** n. 절박, 긴급

---

398 | **prey** [prei]

n. 먹이, 희생 v. 먹이로 하다

What does the kite prey upon?
솔개는 무얼 잡아먹고 살지?

□ **victim**
[víktim]

n. 희생(자)

the victims of war
전쟁의 희생자

---

399 | **shelter** [ʃéltər]

v. 보호하다, 피난하다 n. 피난처

In the storm I took shelter under a tree.
폭풍이 몰아치자 나는 나무 아래로 몸을 숨겼다.

□ **haven**
[héivən]

n. 피난처, 안식처(shelter), 항구(harbor)

The book is his haven.
책은 그의 안식처이다.

□ **safety**
[séifti]

n. 안전, 무사

a safety zone
안전지대

□ **deliver**
[dilívər]

v. 배달하다, 구출하다, 진술하다(utter)
❖ **delivery** n. 배달, 배달품, 구출, 해방
❖ **deliverance** n. 구출, 해방

□ **rescue**
[réskju:]

v. 구출하다, 해방시키다 n. 석방

He rescued the man from drowning.
그는 물에 빠진 사람을 구해냈다.

❖ **rescuer** n. 구조자

□ **flee**
[fli:]

v. 도망가다, 지나가다

Night fled and the day broke.
밤이 가고 아침이 되었다.

---

400 | **chase** [tʃeis]

v. 추적하다, 내쫓다 n. 추적(pursuit)

The police chased after the murderer.
경찰이 살인자를 뒤쫓았다.

□ **pursue**
[pərsú:]

v. 쫓다, (연구를)수행하다

He pursued his studies from birth to death.
그는 평생토록 연구에 종사했다.

□ **heel**
[hi:l]

n. 뒤축

on the heels of
~에 잇따라서

□ **trail**
[treil]

v. 끌다(drag), 추적하다(pursue) n. 자국

Her long skirt was trailing behind her.
그녀의 긴 스커트가 질질 끌리고 있었다.

☐ **overtake**
[òuvərtéik]

v. 만회하다, 덮치다, ~를 따라잡다

Disaster overtook us.
우리에게 재난이 덮쳤다.

401

arrange [əréindʒ]

v. 정돈하다, 준비하다(prepare)

---

arrange flowers
꽃꽂이하다

❖ **arrangement** n. 정돈, 협약, 준비

☐ **prepare**
[pripέər]

v. 준비하다, 각오시키다

a preparatory course
준비과정

❖ **preparatory** a. 준비의, 예비의

☐ **array**
[əréi]

n. 정렬, 집결 v. 정렬시키다

The soldiers were arrayed on the opposite hill.
군인들이 맞은편 언덕에 포진하고 있었다.

☐ **rank**
[ræŋk]

n. 열(raw), 지위 v. 정렬시키다

He has rank and wealth.
그는 지위와 부를 소유하고 있다.

402

depot [díːpou]

n. 정거장, 창고

---

food depot 식품 창고

□ **destination**
[dèstənéiʃən]
n. 행선지, 종착역

What's the destination of the train?
그 기차의 종착역은 어디입니까?

---

403 **suppress** [səprés]

v. 정복하다(subdue), 억제하다, 숨기다

The rebels were suppressed by the army.
반역자들은 군대에 의해 진압되었다.

□ **gulp**
[gʌlp]
v. 꿀꺽 삼키다, 억누르다(suppress)

He gulped a glass of whisky.
그는 위스키 한 잔을 꿀꺽 삼켰다.

□ **conquest**
[kάŋkwest]
n. 정복, 극복

the Norman Conquest 노르만 정복

❖ **conquer** v. 정복하다

□ **control**
[kəntróul]
v. 억제하다, 관리하다 n. 지배, 억제

He lost control of his temper.
그는 감정을 억제할 수 없게 되었다.

□ **boss**
[bɔ(:)s]
n. 두목 a. 주인의 v. 감독하다

Who's boss?
누가 책임자요?

□ **head**
[hed]
n. 머리, 우두머리 v. 선두에 서다(lead)

the head of a household 호주(戶主)

❖ **heading** n. 표제
❖ **heady** a. 고집 센
❖ **headline** n. 제목

□ **leader**
[líːdər]

n. 지도자, 지휘자

❖ **leadership** n. 지도(권), 통솔(력)
❖ **leading** a. 주된, 주요한(chief)

---

404 | **arrive** [əráiv]

v. 도착하다(reach), 도달하다(attain), 태어나다
opp. depart 떠나다

---

a new arrival 신생아
safe arrival 안착

❖ **arrival** n. 도착 opp. departure 출발

□ **reach**
[riːtʃ]

v. 도착하다, 뻗다 n. 미치는 범위
The bottle was within my reach.
그 병은 손이 닿는 곳에 있었다.

□ **attain**
[ətéin]

v. 달성하다, 도달하다
a man of great attainments
박식한 사람

❖ **attainment** n. 성취, (pl.) 학식

□ **stretch**
[stretʃ]

v. 뻗다(extend) opp. shrink 줄다
stretch the wings
날개를 활짝 펴다

---

405 | **ebb** [eb]

n. 썰물, 쇠퇴기 v. 줄다

---

the ebb and flow of life 인생의 성쇠

□ **minimize**
[mínəmàiz]

v. 과소평가하다, 최소로 줄이다

minimized demands
최소한의 요구

❖ **minimum** n. 최소한도, 최소량 a. 최소한도의

□ **decrease**
[díːkriːs]

v. 줄이다(diminish), 줄다 n. 감소

Our sales are decreasing.
매출이 줄고 있다.

□ **reduce**
[ridʒúːs]

v. 줄이다(diminish), 굴복시키다(subdue)

a map on a reduced scale
축척 지도

❖ **reducible** a. 줄일 수 있는

□ **stoop**
[stuːp]

v. 몸을 굽히다, 굴복하다

stoop from age
늙어서 허리가 구부러지다

□ **submit**
[səbmít]

v. 제출하다(present), 항복하다, 복종하다

submit to God's will
하나님의 뜻에 따르다

❖ **submission** n. 복종, 굴복

□ **obedient**
[oubíːdiənt]

a. 기꺼이 순종하는, 고분고분한

an obedient child
고분고분한 어린이

❖ **obedience** n. 복종

---

406 | **art** [ɑ:rt]

n. 기교(skill), (pl.) 술책(trick), 인문과학

Art is long, life is short.
예술은 길고, 인생은 짧다.

the fine arts
미술(회화, 조각 등)

☐ **eloquent**
[éləkwənt]

a. 능변인, 웅변의, 감정이 풍부한

I'm not eloquent, but I don't tell a lie.
나는 말은 서툴어도 거짓말은 하지 않는다.

❖ **eloquence** n. 웅변

☐ **fluent**
[flú:ənt]

n. 유창한, 달필의

a fluent speaker
달변가

❖ **fluency** n. 유창, 능변

---

407 | **ascertain** [æ̀sərtéin]

v. 찾아내다(find out), 확인하다

I ascertained that he was dead.
나는 그가 죽은 것을 확인했다.

446

☐ **discover**
[diskʌ́vər]

v. 발견하다, 찾아내다(detect), 깨닫다

Columbus discovered America in 1492.

콜럼버스는 1492년에 아메리카를 발견하였다.

❖ **discovery** n. 발견(물)

☐ **grope**
[group]

v. 더듬다, 모색하다

He groped in his pocket for his money.

그는 주머니 속을 더듬어 돈을 찾았다.

☐ **detect**
[ditékt]

v. 발견하다, 탐지하다

❖ **detective** a. 탐정의 n. 탐정
❖ **detection** n. 발견(discovery), 간파

☐ **solution**
[səljúːʃən]

n. 해결, 용해, 분해 opp. hardening 경화(硬化)

It's difficult to find a solution to this question.

이 문제에 대한 해결점을 찾기란 어려운 일이다.

☐ **seek**
[siːk]

v. 찾다, 얻고자 힘쓰다 opp. hide

He seeks after fame.

그는 명성을 추구한다.

---

408 **assimilate** [əsíməlèit]

v. 동화시키다, 지식을 흡수하다

They were assimilated easily with the natives.

그들은 토착민에 쉽게 동화되었다.

❖ **assimilation** n. 동일화

☐ **naturalize**
[nǽtʃərəlàiz]

v. 귀화시키다, 들여오다

a naturalized word 외래어

□ **merge**
[mə:rdʒ]

v. 동화되다, 합병시키다

The two small banks merged with a larger one.

두 개의 작은 은행이 큰 은행으로 합병되었다.

❖ **merger** n. 합병, 합동

□ **engross**
[engróus]

v. 열중시키다(absorb)

He is engrossed in reading.

그는 독서에 열중하고 있다.

endanger [endéindʒər]

v. 위태롭게 하다(imperil)

Smoking endangers your health.

흡연은 건강을 해친다.

□ **imperil**
[impéril]

v. 위험에 처하게 하다(endanger)

He imperiled his life to save a child.

그는 죽음을 무릅쓰고 아이를 구했다.

□ **adventure**
[ædvéntʃər]

n. 모험(venture), 위험(risk), (pl.) 모험담

I told them of my adventures in the mountains.

나는 산에서 겪었던 모험담을 그들에게 이야기했다.

❖ **adventurous** a. 대담한, 위험한(risky)

□ **crisis**
[kráisis]

n. 위기, 위험한 고비

the Cabinet crisis

내각의 위기

□ **venture**
[véntʃər]

v. 모험하다, 위험에 내맡기다

Nothing venture, nothing have.

모험을 하지 않으면 아무 것도 얻을 수 없다.

---

410 **establish** [istǽbliʃ]

n. 설립하다, 제정하다(found, institute)
opp. abolish 폐지하다

❖ **establishment** n. 설립, 창립

□ **constitute**
[kánstətjù:t]

v. 구성하다, 임명하다, 설립하다

constitutional reform

헌법 개정

❖ **constitution** n. 헌법, 설립, 구성
❖ **constitutional** a. 근본적인, 헌법의

□ **institute**
[ínstətjù:t]

v. 설립하다, 제정하다   n. 협회, 관행, 제도

This law was instituted in the time of Napoleon.

이 법은 나폴레옹 시대에 제정되었다.

❖ **institution** n. 설립, 관행, 학회

□ **build**
[bild]

v. 세우다, (인격을) 도야하다

Hard work builds character.

고된 노동은 인격을 도야한다.

capricious [kəpríʃəs]

v. 믿을 수 없는, 변덕스러운(fickle)

The weather is so capricious.
날씨가 너무 변덕스럽다.

❖ **caprice** n. 변덕
❖ **capriciously** ad. 변덕스럽게

□ **mobile**
[móubəl]

a. 움직이기 쉬운, 변덕스러운

mobile troops 기동부대, 유격대

□ **opportunity**
[àpərtjú:nəti]

n. 기회, 호기(good chance)

equality of opportunity 기회균등

❖ **opportune** a. 때에 알맞은
❖ **opportunist** n. 기회주의자

infancy [ínfənsi]

n. 유년시절, 초기, 미성년(minority)

a happy infancy 행복한 유아 시절

❖ **infant** n. 소아, 유아

□ **cradle**
[kréidl]

n. 요람, 기원, 근원

What is learned in the cradle is carried to the tomb.
세살 버릇 여든까지 간다.

□ **childhood**
[tʃáildhùd]

n. 어린 시절, 유년

in one's second childhood 늘그막에

❖ **childish** a. 어린애다운, 유치한
❖ **childlike** a. 어린애의, 천진한

413 **excerpt** [éksəːrpt]

n. 인용, 발췌(extract, selection)
v. 인용하다(quote)

☐ **cite**
[sait]

v. 인용하다(quote), 열거하다

cite Shakespeare
셰익스피어의 작품을 인용하다

❖ **citation** n. 인용문

☐ **comprehend**
[kàmprihénd]

v. 이해하다(understand), 포함하다

The United States comprehends 50 states.
미국에는 50개 주가 있다.

☐ **include**
[inklúːd]

v. 포함하다(enclose)

The price includes the packing charge.
그 값에는 포장비가 포함되어 있다.

❖ **inclusion** n. 포함, 함유물

☐ **comprise**
[kəmpráiz]

v. 포함하다(contain), 구성하다, 의미하다

The committee comprises six members.
위원회는 6명으로 구성되었다.

☐ **contain**
[kəntéin]

v. 포함하다(include), 참다

Try to contain yourself!
참으시오!

❖ **container** n. 용기(容器), 컨테이너

company [kʌ́mpəni]

n. 사귐, 동무, 회사(약어 Co.)

Two is company, three is none.
둘이면 친구가 되고, 셋이면 갈라진다. (속담)

□ **colleague**
[káliːg]

n. 동료, 동업자(companion)

He was respected by all his colleagues.
그는 모든 동료들로부터 존경을 받았다.

❖ **colleagueship** n. 동료관계

core [kɔːr]

n. 〈동음어 corps〉 중심부, 핵심, 응어리

the core of the matter
문제의 핵심

□ **concentrate**
[kánsəntrèit]

v. (주의를) 기울이다, 집결하다

You should concentrate more on your work.
네 일에 더 집중해야 한다.

❖ **concentration** n. 집중, 집결, 농도

□ **focus**
[fóukəs]

n. 초점, 중심 v. 집중시키다

in focus
분명히

out of focus
흐릿하게

☐ **main**
[mein]

n. 힘   a. 주요한(chief)

with might and main
온 힘을 다하여

☐ **crucial**
[krúːʃəl]

a. 가장 중요한, 결정적인

Speed is crucial to our success.
신속함이 우리의 성공에 결정적이다.

☐ **foremost**
[fɔ́ːrmòust]

a. 가장 중요한

Shakespeare is said to be the foremost
writer in the English language.
세익스피어는 영어권에서 가장 중요한 작가로 일컬어진다.

☐ **momentous**
[mouméntəs]

a. 중요한, 중대한

a momentous decision
중대한 결정

---

416 **toll** [toul]

n. 통행료

❖ **tollgate** n. 통행료 징수소

☐ **passage**
[pǽsidʒ]

n. 통로, 출구

He forced a passage through the thick forest.
그는 울창한 숲을 뚫고 나아갔다.

☐ **insert**
[insə́ːrt]

v. 삽입하다, 게재하다   n. 삽입물

insert a key in a lock
열쇠를 자물쇠에 끼우다

❖ **insertion** n. 끼우기, 삽입, 삽입물

453

cram
[kræm]

v. 쑤셔 넣다, 밀어 넣다

He crammed the books into a bag.
그는 가방에 책을 쑤셔 넣었다.

stick
[stik]

n. 나뭇가지, 막대기 v. 찌르다, 고수하다

He uses a walking stick to support him
when he goes out.
그는 외출할 때는 몸을 지탱하기 위해 지팡이를 사용한다.

penetrate
[pénətrèit]

v. 꿰뚫다, 관통하다(pierce), 간파하다

This tunnel penetrates the bottom of the sea.
이 터널은 바다 밑을 관통하고 있다.

❖ **penetrating** a. 통찰력이 있는, 날카로운

pierce
[piərs]

v. 찌르다, 관통하다

The spear pierced his heart.
창이 그의 가슴을 꿰뚫었다.

❖ **piercing** a. 꿰뚫는, 날카로운

417

unanimity [jùːnəníməti]

n. 만장일치

The vote was unanimous.
표결은 만장일치였다.

❖ **unanimous** a. 만장일치의

consensus
[kənsénsəs]

n. 일치(agreement), 여론

consensus of testimony
증언의 일치

454

☐ **correspond** v. 일치하다, 조화하다, 상응하다, 주고받다
[kɔ̀:rəspánd]
  ❖ **correspondence** n. 일치, 조화, 통신
  ❖ **correspondent** a. 대응하는 n. 통신원

418 | **doze** [douz]
  n. 졸기 v. 선잠 자다

  doze away one's time
  꾸벅꾸벅 졸면서 시간을 보내다

☐ **slumber** v. 자다, 졸다, 하는 일없이 지내다 n. 잠
[slʌ́mbər]
  He slumbered his life away.
  그는 일생을 무위도식하며 지냈다.

419 | **mechanical** [məkǽnikəl]
  a. 기계의, 무의식적인

  a mechanical heart
  인공심장
  a mechanical smile
  형식적인 웃음

☐ **conscious** a. 의식하고 있는, 제정신의, 지각이 있는
[kánʃəs]
  Man is a conscious being.
  인간은 지각이 있는 존재이다.
  ❖ **consciousness** n. 의식, 자각

□ **automatic**
[ɔ̀:təmǽtik]

a. 자동의, 무의식적인 n. 자동 권총

an automatic vendor
자동판매기

❖ **automation** n. 자동 제어

---

420 **consonant** [kánsənənt/kɔ́n-]

n. 자음(자)
opp. vowel 모음

□ **vocal**
[vóukəl]

a. 발성(용)의

the vocal cords 성대

❖ **vocalist** n. 가수

□ **tongue**
[tʌŋ]

n. 혀, 혓바닥, 어투, 언어

one's mother tongue
모국어

tongues of flames
날름거리는 불길

---

421 **monument** [monument]

n. 기념비, 유적

---

a natural monument
천연기념물

□ **souvenir**
[sù:vəníər]

n. 기념품, 선물

I bought this bag as a souvenir of my visit
to Seoul.
서울을 방문한 기념품으로 이 가방을 샀다.

☐ **anniversary** n. 기념일 a. 예년의
[æ̀nəvə́ːrsəri]
a wedding anniversary
결혼기념일

☐ **memorial** n. 기념물, 연대기
[mimɔ́ːriəl]
a war memorial
전쟁 기념비

---

422 | **manufacture** [mæ̀njəfǽktʃər]

n. 제조, 제품
v. 대량으로 제조하다, 날조하다(fabricate)

a manufacturing industry 제조업

❖ **manufacturer** n. 제조자

☐ **technology** n. 과학기술, 공학
[teknάlədʒi]
The development of the steam engine was a
great technological advance.
증기 기관의 개발은 과학기술의 커다란 진전이었다.

☐ **man-made** a. 인조의, 인공의, 합성의
[mǽnméid]
a man-made lake
인공 호수

---

423 | **outlive** [àutlív]

v. ~보다 오래 살다(survive)

He outlived his contemporaries.
그는 동년배들보다 오래 살았다.

□ **subsist**
[səbsíst]

v. 생존하다(exist), 부양하다(feed)

subsist on bread and water
빵과 물로 살아가다

❖ **subsistence** n. 생계, 생존

□ **survive**
[sərváiv]

v. ~보다 오래 살다, 살아남다

She survived her husband.
그녀는 남편보다 오래 살았다.

❖ **survivor** n. 생존자

---

424 | **prelude** [prélju:d]

n. 서곡, 전조, 서문(preface)

---

the prelude to war
전쟁의 전조

□ **preface**
[préfis]

n. 머리말(foreword), 실마리
v. 서문을 달다(prelude), 시작하다

□ **prolog(ue)**
[próulɔːg]

n. 서막, 서시, 머리말(preface)
opp. epilogue 맺음말

---

425 | **legislate** [lédʒislèit]

v. 법률을 만들다, 입법(立法)하다

In the United States the Congress has the
power to legislate.
미국에서는 의회가 입법권을 가지고 있다.

❖ **legislature** n. 입법부

□ **legitimate**
[lidʒítəmit]

a. 합법의(lawful), 정당한 v. 합법화하다

legitimate proceedings
적법한 절차

legitimate claims
합법적인 요구

□ **legal**
[lígəl]

a. 법률의, 법률로 정해진, 법정의

a legal act
합법적 행위

□ **lawful**
[lɔ́:fəl]

a. 합법적인, 법을 준수하는 opp. lawless 불법의

lawful citizens 법을 지키는 시민

❖ **lawgiver** n. 입법자

□ **illegal**
[ilí:gəl]

a. 위법의(unlawful) opp. legal

illegal entry into a country
불법 입국

---

426 | **junior** [dʒú:njər]

a. 연하의, 하급의 n. 연소자

She is junior to me.
그녀는 나보다 나이가 어리다.

□ **inferior**
[infíəriər]

a. 하급의, 열등한 n. 손아랫사람

He's so clever he makes me feel inferior.
그는 아주 영리하여 나로 하여금 열등감을 느끼게 한다.

□ **subordinate**
[səbɔ́:rdənit]

a. 하급의, 종속하는 n. 부하

❖ **subordination** n. 하위, 복종

recollect [rèkəlékt]

v. 상기하다(remember), 회상하다   opp. forget

I couldn't recollect what he said.
그가 무슨 말을 했는지 알 수가 없었다.

❖ **recollection** n. 회상, 상기, (pl.) 추억

□ **recall**
[rikɔ́:l]

v. 상기하다, 소환하다   n. 소환, 철회(cancellation)

Can you recall the date of your birth?
네 생일을 기억하겠니?

dual [djú:əl]

a. 〈동음어 duel〉 이중인(double)

a dual personality
이중인격

dual ownership
공동소유

□ **twice**
[twais]

ad. 2회, 두 배로

once or twice
한두 번

□ **annual**
[ǽnjuəl]

a. 매년의, 1년에 한 번의

an annual event
연례행사

annual rings
나이테

❖ **annually** ad. 해마다, 매년

429 **philosophy** [filɑ́səfi]

n. 철학, 철리

practical philosophy
실천철학

natural philosophy
자연철학

☐ **psychology** n. 심리상태, 심리학
[saikɑ́lədʒi]

the psychology of the adolescent
청소년의 심리

criminal psychology
범죄 심리학

❖ **psychologist** n. 심리학자

☐ **ethics** n. 윤리학, 윤리
[éθiks]

processional ethics
직업윤리

practical ethics
실천 윤리학

"Johnny, where's your homework?" Miss Martin said to little Johnny.

"My dog ate it," was her answer.

"Johnny, I've been a teacher for eighteen years."

"Do you really expect me to believe that?"

"It's true, Miss Martin, I swear," insisted Johnny.

"I had to force him, but he ate it!"

 해 석

"쟈니야 너 숙제 어디 있니?"라고 마틴 선생님이 쟈니에게 말씀하셨다.

쟈니는 "우리집 개가 먹어버렸어요"라고 대답했다.

"쟈니야, 내가 교사생활이 벌써 18년이란다. 내가 너의 그런 핑계를 믿을 것 같니?"

"그건 사실이라구요! 맹세해요, 제가 비록 억지로 입에 쑤셔넣긴 했지만 먹긴 먹었다구요."

Index

cheer	371	cloak	224	commute	251
chemistry	389	close	197	compact	45
cherish	99	cloth	176	company	452
chest	313	clothe	176	compare	112
chew	360	clown	370	compass	104
childhood	450	clue	381	compatible	334
chilly	255	clumsy	67	compel	211
chimney	352	cluster	427	compensate	270
chisel	276	coarse	107	compete	75
chivalry	105	coast	417	competent	12
choice	101	code	343	compile	220
choke	317	coffin	320	complacent	50
choose	101	cohere	46	complain	170
chop	403	coincide	43	complex	112
chore	353	collaborate	334	complicate	113
circle	103	collapse	145	compliment	383
circuit	103	colleague	452	comply	42
circulate	103	collect	219	component	180
circumstance	399	collide	274	compose	91
cite	451	colloquial	307	compound	406
civil	104	colony	154	comprehend	451
civilize	104	combat	74	compress	131
claim	61	combine	406	comprise	451
clarify	106	comfort	108	compromise	24
classify	397	comic	93	compulsory	212
clay	392	command	109	conceal	224
clean	105	commence	77	concede	254
clever	89	comment	138	conceit	80
click	324	commerce	433	conceive	284
client	344	commit	110	concentrate	452
cliff	419	commodity	433	conception	300
climb	365	common	111	concern	91
cling	410	communicate	68	concise	382
clinic	322	community	335	conclude	152

472

478

Index

shrink	131	slender	316	soothe	108
shudder	317	slice	276	sore	36
shuttle	398	slight	437	sorrow	372
shy	59	slim	316	sort	397
sidewalk	400	slip	409	soul	348
siege	40	slope	422	sound	291
sigh	374	slumber	455	sour	358
sight	323	sly	27	source	258
significance	281	smash	275	souvenir	456
silly	18	smell	325	sovereign	311
similar	248	smoke	424	sow	393
simple	188	smother	317	space	415
simultaneous	44	smuggle	69	span	413
sin	136	snap	324	spare	401
sincere	229	snare	380	sparkling	88
singular	390	snatch	10	species	397
sinister	378	sneak	237	specific	192
sink	167	sneer	266	specimen	429
site	302	sneeze	314	spectacle	301
situation	296	soak	167	speculate	284
size	282	soar	330	spell	64
skeleton	314	sob	374	spend	133
skeptical	55	sober	260	spice	325
skill	11	society	335	spin	371
skim	282	soften	179	spirit	351
skin	425	soil	168	splash	405
skip	407	solace	109	splendid	376
slam	324	solar	416	split	403
slang	307	sole	313	spoil	148
slant	422	solemn	381	sponsor	115
slap	324	solid	428	spontaneous	309
slaughter	33	solitude	160	spot	356
slavery	343	solution	447	spray	405
sleeve	354	solve	153	spread	405

Memo

Memo

Memo

중학영어 기초가 정답이다

방정인 저 | 188*258mm | 252쪽 | 12,000원

중학 영어 기적의 영문법 1, 2

방정인 저 | 188*258mm
1권 204쪽, 2권 212쪽 | 각 12,000원

30일 만에 끝내는 필수 영숙어 900개 수록
중학 매일 영숙어 완전정복

Max Lee 편저 | 128*188mm | 464쪽 |
10,000원(mp3 파일 무료 제공)

TOEFL, TOEIC, TEPS 보카바이블 –
중 · 고등학생에게 꼭 필요한 핵심영단어 30일 완성

초급 Junior Voca 3000

이흥배 저 | 188*258mm | 300쪽 | 12,000원

TOEFL, TOEIC, TEPS, 편입, 공무원 보카바이블 –
대학생에게 꼭 필요한 핵심영단어 60일 완성

중급 College Voca 5000

이흥배 저 | 188*258mm | 496쪽 | 14,000원

TOEFL, SAT, IELTS 보카바이블 –
대학생 및 유학생에게 꼭 필요한 핵심영단어 30일 완성

고급 최상위 Voca 2400

최예름 저 | 188*258mm | 304쪽 |
14,000원(mp3 파일 무료 제공)